J. Schneider

Geschichte der evangelischen Kirche in Elsass

In der Zeit der französischen Revolution (1789-1802)

J. Schneider

Geschichte der evangelischen Kirche in Elsass
In der Zeit der französischen Revolution (1789-1802)

ISBN/EAN: 9783743663497

Hergestellt in Europa, USA, Kanada, Australien, Japan

Cover: Foto ©ninafisch / pixelio.de

Weitere Bücher finden Sie auf **www.hansebooks.com**

Geschichte
der
evangelischen Kirche
des Elsaß

in der Zeit der französischen Revolution

(1789—1802)

von

J. Schneider
Pfarrer in Oberbetschdorf.

Straßburg
C. F. Schmidt's Universitäts-Buchhandlung
Friedrich Bull
1890.

Druck von J. H. Ed. Heitz (Heitz und Mündel).

Herrn A. Erichson, lic. theol.
Direktor des theologischen Studienstiftes zu Straßburg.

Dir die nachstehenden Blätter zu widmen ist mir ein wahres Herzensbedürfnis. Bist Du doch, — nebst Dr. Rudolf Reuß, der Vater des Gedankens, — und mein in der heimathlichen Geschichtskunde so unverdrossener Mitarbeiter.

Legte meine Schrift auch noch Zeugniß davon ab, wie Du das elsässische Pfarrhaus mit dem Collegium Wilhelmitanum in engen Beziehungen zu erhalten weißt, so ginge mir ein Herzenswunsch in Erfüllung.

Der Verfasser.

Bei Gelegenheit der Centenarfeier der französischen Revolution mit der Darstellung der Geschichte der protestantischen Kirche des Elsaß in jener Zeit beschäftigt, einer Zeit, die nur für Straßburg genau schon untersucht worden ist, und in der Voraussetzung, daß hin und her in Pfarr- und Gemeindearchiven Briefschaften (Korrespondenzen der weltlichen und kirchlichen Behörden), Aufzeichnungen in den Pfarrbüchern (amtliche oder Privatnotizen der derzeitigen Geistlichen) für die Jahre von 1789 bis 1802 vorhanden seien, versandte ich an sämmtliche evangelische Geistliche des Ober- und Unterelsaß, sowie an einzelne Lehrer und Bürgermeister, einen Fragebogen mit der Bitte um gütige Auskunft. Eine Fülle urkundlichen, bislang nicht veröffentlichten Materials lief in Folge dessen als Antwort bei mir ein. In der vorliegenden Arbeit hat dasselbe Aufnahme gefunden und wird dem Buch einen bleibenden Werth sichern. Für diese freundliche Mitwirkung sei allen Einsendern — auch an dieser Stelle — herzlich Dank gesagt.

Inhaltsverzeichniß.

Einleitung.

I. Zwei Ursachen der Revolution. — Zustände vor 1789. — Die Wahlen in die Reichsstände und die Beschwerdenhefte. — Aus der protestantischen Kirche. — Aus der katholischen Kirche. — Ihre gegenseitige Stellung 1

Erster Abschnitt.
Unter der Nationalversammlung.
(5. Mai 1789 — 30. September 1791.)

II. Die Eröffnung der Reichsstände. — Die Nationalversammlung. — Die ersten Unruhen zu Straßburg, im Ober- und Unterelsaß. — Die Ohnmacht der Regierung. — Die Zuschrift des Straßburger Kirchenkonvents. — Ihre Wirkung. — Die Nacht vom 4. August 1789 17

III. Die kirchlichen Reformen der Nationalversammlung. — Der Ausschuß für Kirchensachen. — Die Aufhebung der Klöster und der Klostergelübde. — Die Verstaatlichung des Kirchengutes. — Die religiöse Freiheit. — Die bürgerliche Verfassung der Geistlichkeit 28

IV. Die Bundesfeste — Das Fest des 14. Juli 1790. — Eine Fahnenweihe im Kochersberg. — Der Freiheitstaumel in der Schule. — Eine Fahnenweihe zu Barr 41

V. Die Stellung der Protestanten des Elsaß zur Revolution. — Kirchliche Fürbitten und patriotische Predigten. — Verhandlungen wegen des Zehnten und des protestantischen Kirchenguts. — Organisationsentwürfe 49

VI. Konfessionelle Wirren. — Politische Parteikämpfe. — Emigration des Kardinals von Rohan und Wahl des konstitutionellen Bischofs Brendel. — Der Eid. — Rede von Pfarrer Kampmann von Reitweiler 59
VII. Die Konstitutionsfeste 67

Zweiter Abschnitt.
Unter der gesetzgebenden Versammlung.
(1. Oktober 1791 — 21. September 1792.)

VIII. Die Legislative. — Die Parteien. — Französisirungsversuche. — Eine Rede Oberlins — Die Pflanzung eines Freiheitsbaumes zu Rudolsheim 73
IX. Krieg mit Oesterreich und Preußen. — Oberlin und die Freiwilligen. — Patriotismus der Protestanten und ihrer Geistlichen. — Die Septembermorde. — Die Niederlage der Verbündeten. 80

Dritter Abschnitt.
Unter dem Nationalkonvent.
(21. September 1792 — 26. Oktober 1795.)

X. Der Nationalkonvent. — Des Königs Prozeß und Tod. — Die Jakobiner streben nach der Herrschaft. — Politisches Gebahren der konstitutionellen Geistlichkeit. — Das Verhalten der protestantischen Pfarrer 87
XI. Der Anfang der Schreckenszeit. — Rühl, Denzel und Couturier. — Einsetzung der Jakobiner in die Verwaltung. — Angriffe auf das protestantische Kirchengut. — Bürgerscheine 93
XII. Der öffentliche Ankläger Eulogius Schneider 96
XIII. Der Hunger. — Die Assignaten — Das Maximum. — Der Krieg und seine Schrecken 99
XIV. Das Revolutionsheer und das Revolutionsgericht 104
XV. Antagonismus zwischen Schneider und Monet. — Die Propaganda 106
XVI. Die Schreckenszeit zu Straßburg 108
XVII. Die Schreckenszeit im übrigen Elsaß. — Das Schicksal der Kirchen 119
XVIII. Die Lage, das Verhalten und die Schicksale der evangelischen Geistlichkeit 129
XIX. Urkundliches aus der Schreckenszeit 135
XX. Schneider's Gefangennahme und Tod 151

XXI. Folgen von Schneider's Sturz. — Der Rückzug der Verbündeten. — Ausschreitungen und Kirchenschändung . . . 154
XXII. Der Kultus der Vernunft 158
XXIII. Der Umschlag. — Das Fest des „höchsten Wesens". — Verdoppelung des Terrorismus. — Robespierre's Sturz. — Ende der Schreckenszeit 166
XXIV. Die Wiederherstellung des öffentlichen Gottesdienstes . . . 180

Vierter Abschnitt.

Unter dem Vollziehungs-Direktorium und dem Konsulat, bis zur Organisation der Kirche.

(26. Oktober 1795 — 8. April 1802.)

XXV. Die neue Verfassung. — Der Theophilanthropismus. — Der Sturm bricht aufs Neue los. — Schwierige Lage der Geistlichkeit. Kirchliche Anarchie. — Die „organischen Artikel" 197

Einleitung.

I. Zwei Ursachen der Revolution. — Zustände vor 1789. — Die Wahlen in die Reichsstände und die Beschwerdenhefte. — Aus der protestantischen Kirche. — Aus der katholischen Kirche. — Ihre gegenseitige Stellung.

Zwei Ursachen veranlaßten den Ausbruch jener ungeheuern Bewegung, welche vor hundert Jahren über Frankreich kam und unter dem Namen „die französische Revolution" bekannt ist, nämlich: die Idee und das Defizit. Unter der „Idee" verstehn wir die Gesammtheit der Lehren und Theorien eines Montesquieu, Voltaire, J. J. Rousseau, die Grundsätze der Enzyklopädisten und Oekonomisten, welche trotz aller Bücherzensur verbreitet und von der Leserwelt verschlungen wurden, und in denen die ganze Revolution enthalten lag. Der feine, geistreiche, witzige, spöttische Voltaire, der mit unvergleichlicher Meisterschaft die Sprache handhabte, gewann durch seine Angriffe auf den Aberglauben, den Wunderglauben, die kirchliche Unduldsamkeit, ja auf die christliche Religion selber die Gebildeten für sich, und in diesen letzteren wuchs ein kritischer, unkirchlicher, irreligiöser Geist auf, der sich bald im Aussprechen der gewagtesten Gedanken gefiel. Voltaire's Deismus war rasch überholt, und das junge Geschlecht huldigte dem Atheismus. Dieser religionsfeindliche Geist des XVIII. Jahrhunderts, der Staat und Kirche, Gesetz und Herkommen, Religion und Christenthum unter der ausgegebenen Losung: écrasez l'infâme, offen und geheim bekrittelte, unterwühlte und nachher zerstörte, gereichte zum Unglück für Frankreich, denn er mußte von vornherein den Aus- und Aufbau einer neuen Ordnung der Dinge erschweren, verderben. Einen nicht minder großen Einfluß als Voltaire übte J. J. Rousseau aus. In ihm verehrten die Zeitgenossen den „Messias" des neuen tausendjährigen Reiches der Vernunft, welches man erwartete, während man sein Buch, den Contrat social, für das „Evangelium" der Revolution hielt. Von ihm stammt der durchaus irrige Satz, der aber dazumal als das letzte Wort hochpolitischer Weisheit galt: „daß der Mensch seiner Natur nach frei sei", während die Freiheit des Menschen, wo sie vorhanden und soweit sie möglich ist, nur das Ergebniß einer sehr langen Entwicklung und großer sittlicher Arbeit — das Ziel also, nicht der Anfang des staatlichen Lebens sein kann. Er predigte das Dogma von der Souveränität des Volkes, der Nation; nach ihm ist das Volk allein der Herrscher; es kann seine Gesetze ändern, selbst die besten; und wenn es ihm gefällt, schlechte Gesetze zu machen, so hat Niemand ein Recht, es daran zu hindern. Ihm verdankte eines der zweischneidigen Schlagwörter der Revolution, der Ausdruck „Bürger", seine Einführung in den täglichen Sprachgebrauch. Rousseau war es auch, der durch seine Schriften den Grund legte zur schrecklichsten aller Tyranneien, von der Maximilian Robespierre, einer seiner überzeugtesten Schüler, das Vorbild werden sollte, und die noch nicht gestürzt ist: die Tyrannei der Phrase. Zunächst waren es die Herren und Damen der vornehmen Stände, welche sich in ihren Salons dem Reiz hingaben, mit diesen allgemeinen Redensarten von Menschenrecht und -Würde, von Freiheit und Gleichheit, von öffentlichem Volkswohl und abscheulichem Despotismus zu flunkern und zu tändeln. Allmählich aber bemeisterte sich die neue Lehre, die Philosophie des Jahrhunderts, auch der unteren Schichten der Gesellschaft, um sich dann mit elementarer Gewalt eine geradezu furchtbare Bahn zu brechen. Es kam die Zeit, in welcher das souveräne Volk alles zertrümmerte, was an die früheren politischen, sozialen, kirchlichen Verhältnisse und Ordnungen erinnerte, und als es zeitweilig auf den Thron stieg, auf welchem es mit blutiger Faust das verhaßte Königthum geschändet und erwürgt, da übte es dieselbe Willkür, welche jenes einst geübt.

Unter dem „Defizit" verstehn wir die großartige Staatsschuld von weit über fünf Milliarden, welche auf dem Land lastete und im Hintergrund das Schreckbild des Staatsbankerottes aufleuchten ließ. Dies Defizit versah bei der mit der Revolution schwangeren Idee das Amt des Geburtshelfers. Der Geburtstag selbst ist jener 5. Mai 1789, an welchem sich die Reichsstände zum ersten Mal zu Versailles versammelten.

Die Gesammtzahl der Einwohner Frankreichs betrug dazumal etwa 25 Millionen. Eine Million, der Adel, der Klerus, der dritte oder Bürgerstand, konnte lesen und schreiben: den 24 andern ging jedwede Bildung ab — wahrlich, ein untrüglicher Beweis für die Nichtigkeit der Behauptung, die man in unsern Tagen so oft hören muß, daß die katholische Kirche die Mutter der Schule sei.
An der Spitze des Landes stand ein absoluter Herrscher: König Ludwig XVI. Als derselbe, kaum zwanzigjährig, seinem schwelgerischen Großvater in der Regierung nachfolgte, versprach er förmlich, die aufgehäufte Schuldenlast seiner Vorfahren zu tilgen und das Wohl des Landes zu fördern. Er war unstreitig von den besten Absichten beseelt, aber es fehlte ihm an Willenskraft und Charakterstärke; träg im Denken, schreckte er immer wieder vor dem Handeln und dem entschiedenen Zugreifen zurück. Maria Antoinette, des Königs anmuthig, aber auch leichtsinnig Gemahl, hinderte ihn zudem im Verein mit unfähigen Ministern und Hofschranzen an der Verwirklichung der wohlgemeinten Versprechungen und Vorsätze. Dem Steuerdruck und der Finanznoth zum Trotz gab der königliche Hof das Beispiel des Leichtsinns und der Verschwendung. Der Tafeldienst des Königs allein beschäftigte 295 höhere Beamte, officiers de bouche; der Haushofmeister bezog ein jährliches Gehalt von 84,000 Livres. Des Königs Schwester, Madame Elisabeth, noch dazu ein Muster von Mäßigkeit, verzehrte das Jahr über angeblich für 60,000 Franken Fische. Die junge Kronprinzessin, Madame Royale, brauchte, wie man angab, mit 2 Jahren 4 Paar Schuhe die Woche, täglich 2 Ellen Taffet für Zopfband und von ihrer Geburt an 80 Dienstboten. In der Staatsrechnung von 1788 liest man: „Für den Unterhalt der Hunde Sr. Majestät täglich für jeden 8 Sous 6 Deniers, macht jährlich 40,000 Livres." Zur nämlichen Zeit konnte man den Sold des Soldaten kaum auf 6 Sous

des Tages rechnen, und für einen Hund verwendete man 8 Sous 6 Deniers. Im Ganzen wurden etwa 15,000 Personen vom Hofe besoldet und in Nahrung gesetzt mit einem Kostenaufwand von 40 bis 45 Millionen — dem Zehntel aller Staatseinkünfte. Kein Wunder, wenn im Volk die Sage ging, daß der König und die Königin, wie Vampyre, frisches Menschenblut trinken, und geglaubt wurde.

Unmittelbar nach dem König kamen die zwei privilegirten Stände: der Adel und die Geistlichkeit. Beide erfreuten sich außerordentlicher Vorrechte; ihre Güter genossen völlige Steuerfreiheit; für sie gab es keine Militärlasten, noch Pflichten; ihnen standen alle hohen Staatsämter, Pensionen, unbeschränktes Jagdrecht u. s. w. zur Verfügung. Und doch waren es nur geringe Dienste, welche sie im Verhältniß zu so reichen Vorrechten dem Land leisteten. Die 140,000 vom Adel verbrachten, wenn ihr Vermögen es gestattete, ihre Zeit in der Nähe des königlichen Hofes in angenehmem Müßiggang, auf der Jagd, bei Spiel und Trunk, bei Maskeraden und Schlittenfahrten und dergleichen edeln Beschäftigungen mehr. Verarmt, behandelten sie ihre Pächter oft mit unmenschlicher Härte, oder strebten mit allen ihren Wünschen nach irgend einem Brocken, der von des Königs Tafel fiel.

Die Häupter des Klerus, aus den jüngeren Söhnen des Hochadels sich rekrutirend, theilten dessen Lebensweise, nur daß ein leichter geistlicher Firniß den Unterschied andeutete. Einzelne unter diesen Kirchenfürsten, wie die von Paris, Cambrai, Metz, Rouen, Toulouse, hatten Jahreseinkommen von ein-, zwei-, dreihunderttausend Livres und darüber. Der damalige Fürstbischof von Straßburg, Prinz von Rohan, schätzte sein Einkommen auf 1,200,000 Livres, nach heutigem Geldeswerth doppelt so viel. Ihrer viele waren notorische Ungläubige; so u. A. jener Erzbischof Lomenie von Brienne, welcher einmal den jungen König beim Abendmahl ermahnte, das Werk des großen Ludwig zu vollenden und dem Calvinismus den letzten Stoß zu versetzen. Was Wunder, wenn bei solchen Geistlichen der Haß gegen den Protestantismus — gegen evangelische Lehre und Leben — nicht zur Ruhe kam; war doch derselbe eine lebendige Kritik ihrer eigenen Verwerflichkeit. Darum: zu den Todten mit ihm!

Diesen Prälaten gegenüber, die in den reichen Benefizien

saßen und in sittenloser Ueppigkeit schwelgten, stand die Ueberzahl der armen, fleißigen und hingebenden Dorfpfarrer und Helfer, die eigentlichen Hirten des Volkes, welche aus einem Jahreseinkommen von 200 bis 300 Franken ihr eigenes Dasein und die Armenpflege zu bestreiten hatten. Bei Schnee und Hitze übten sie die Seelsorge in oft stundenweit entlegenen Gemeinden; im brennenden Staub der Landstraßen oder im Koth der rauhen Jahreszeit mußten sie sich niederwerfen, wenn die goldfunkelnde Karosse ihres Bischofs vorüberjagte, der nur aß und trank, reichlich und en cérémonie, und dieses Hauptgeschäft gewissenhaft besorgte. Aus dieser plebejischen Klasse des Klerus wuchs eine Partei hervor, die dem Fortschritt huldigte, den neuen Ideen und den Wünschen des Volkes. Diese Partei, welche auf die 300 Deputirten der Geistlichkeit bei den Wahlen des Jahres 1789 nicht weniger als 208 Vertrauensmänner zählte, hat bekanntlich dadurch, daß sie sich zum dritten Stande schlug, die Umwandlung der Reichsstände in eine Nationalversammlung zu Wege gebracht.

Mit diesen beiden privilegirten Ständen theilte der dritte Stand die freigeistige, antikirchliche und antireligiöse Gesinnung und Bildung jener Zeit. Er setzte sich aus Kaufleuten, Aerzten, Schriftstellern, Richtern und Advokaten, den marchands de chicane, zusammen und gehörte mithin dem erwerbenden Bürgerstand an, der durch Fleiß und Arbeitsamkeit von Jahr zu Jahr reicher wurde, aber auch vielfach über all die verhaßten Privilegien und lästigen Zollschranken klagte, welche zwischen den verschiedenen Provinzen bestanden und den Handel sowie das Erwerbsleben hinderten und störten. Dieser dritte Stand, in dessen Reihen der Staat seine zahlreichsten Gläubiger wußte, und den er trotzdem aufs peinlichste von der Regierung fernhielt, hatte alles Interesse daran, daß das Land gut verwaltet und die Regierung vortrefflich geführt werde. Denn nicht nur standen seine Ersparnisse auf dem Spiel, sondern auch jeder Druck an der Steuerschraube machte sich bei ihm am ersten und empfindlichsten fühlbar.

Nach dem dritten Stande erst kam das Volk, zum größten Theil aus Bauern bestehend, von denen viele jahr aus jahr ein keine Fleischnahrung kannten, aus Gerst- und Hafermehl zubereitetes Brot aßen und bei einer Fehlernte wie 1788 dem

Hunger preisgegeben waren. Auf ihrem Grundbesitze ruhten Zehnten, Frohnden und Abgaben mancherlei Art, die unter verschiedenen Vorwänden statt ein Mal, auch zwei und drei Mal jährlich mit List und Gewalt erhoben wurden. Nahte die Konskription, dann mußten sie ihre erwachsenen Söhne hergeben und sich ihrer vorzüglichsten Arbeitskräfte berauben lassen, während die privilegirten Stände frei ausgingen. Suchte ein Bauer sein Gut zu verbessern, so schätzte man ihn gleich höher ein: bezahlte doch der Steuerpflichtige auf 100 Franken Einkommen 53 an Steuern und Abgaben. Infolge dessen wurde mancher Orten der Boden schlecht oder auch gar nicht bestellt, und das Land wimmelte von Bettlern, Dieben und Strolchen. So zählte z. B. Pfarrer Kampmann von Reitweiler zuweilen 50—60 Bettler, die im Lauf eines einzigen Tages an seiner Thüre vorsprachen.[1] Diese hatten, als der Sturm endlich losbrach, nichts zu verlieren — alles zu gewinnen.[2]

Solcher Art sah es im Innern von Frankreich aus, als eine königliche Ordonnanz vom 24. Januar 1789 die Reichsstände auf den 5. Mai zur Tagung nach Versailles berief. Seit dem Jahr 1614 war die Zusammenberufung der Reichsstände unterblieben. Damals hatte der dritte Stand „auf den Knien" einige Bemerkungen und Gesuche gewagt, auf welche man selbstverständlich nicht hörte, doch aber so unbequem fand, daß seitdem keine Einberufung mehr erfolgte. Jetzt aber machte man aus der Noth eine Tugend, und die Regierung, in die Unmöglichkeit versetzt das Staatsruder weiterzuführen und den finanziellen Schwierigkeiten abzuhelfen, griff zu der alten Uebung zurück. Darob fuhr ein heller Jubel durchs ganze Land. Hatte doch die Bevölkerung das Gefühl, daß es so nicht mehr weiter gehen könne; denn in Folge der außerordentlichen, von schweren Hagelschlägen begleiteten Trockenheit des Sommers von 1788 und der überaus strengen Kälte des darauffolgenden Winters, des grimmigsten im ganzen Jahrhundert, stieg das Elend von Woche zu Woche, und hundert-

---

[1] Tagebuch von Pfarrer Kampmann. Manuskript im Privatbesitz von Direktor Erichson zu Straßburg.
[2] H. Taine, Les Origines de la France contemporaine, Tome I, L'ancien Régime. Paris 1876.

tausenden schaute der bleiche Hunger aus den Augen. Die Unzufriedenheit im Volk nahm deshalb eine immer drohendere Haltung an und erwuchs zu schwerem Groll, als die Bauern zusammenkamen, um ihre Wünsche und Beschwerden aufzusetzen und die Kandidaturen in die Reichsstände zu besprechen. Alles, auch der Adel und die Geistlichkeit, schrie nach Reformen, nur verwahrten sich die beiden bevorzugten Klassen der Bevölkerung gegen jedwede Schmälerung ihrer Vorrechte. Das verbitterte den dritten Stand, vornehmlich die Bauern nur noch mehr, und noch bevor die 1118 Deputirten, welche aus den Wahlen hervorgingen, sich zur gemeinsamen Arbeit zusammenfanden, brach die Revolution los. Allenthalben verübten Frevler im Verein mit irregeführten Volkshaufen verwerfliche Excesse an fremdem Eigenthum zuvörderst, bald darauf an fremdem Blut und Leben. Man wußte namentlich in den höheren, leitenden Kreisen nicht, wie diese Zeichen zu deuten und zu erklären seien: „Das ist ja eine Revolte," meinte der König, als er von diesen Vorgängen Kunde erhielt. — „Eine Revolution, Sire," erwiderte ihm der Herzog von Larochefoucauld. Es war bereits mehr: die beginnende Auflösung. Man übersah eben, daß sich im Lauf der Jahre Zünd- und Brandstoffe mannigfaltigster Art angehäuft, und daß das Feuer im Stillen schon längst brütete, nur des Luftzugs harrend, welcher es entfesseln werde. Dieser stellte sich an dem Tage ein, wo Ludwigs XVI. unfähige Regierung vor allem Volk ihre Ohnmacht bekannte. Jetzt fuhren die Thüren und die Fenster des verfaulten, dem Gericht verfallenen Staatsgebäudes auf; im Nu stand das ganze Haus, ehe man sich dessen recht bewußt wurde, in hellen Flammen, und daraus entwickelte sich die Feuersbrunst, in welcher das alte Frankreich zu Grunde ging.

Das Recht, Wünsche und Beschwerden vorzubringen und sich durch Vertrauensmänner nachdrücklich vertreten zu lassen, welches des Königs Regierung dem übrigen Frankreich einräumte, konnte sie dem Elsaß nicht vorenthalten. Demgemäß berief eine Verordnung vom 7. Februar 1789 auch die Elsässer zu den Wahlen in die Reichsstände und setzte fest, wie dieselben abzuhalten seien. Je zwei Distrikte bildeten eine Wahlversammlung und zwar Hagenau und Weißenburg, Colmar und Schlettstadt, Hüningen und Belfort. Hagenau, Colmar und Belfort waren zu Wahlorten bestimmt. Der Stadt Straßburg wurde eine eigene Vertretung zugestanden, desgleichen auch den zehn ehemaligen freien Reichsstädten. Die Zahl der zu wählenden Deputirten betrug vierundzwanzig: sechs vom Abel, ebensoviel vom Klerus und zwölf vom dritten Stand.

Zum ersten Mal seit seiner Vereinigung mit Frankreich sah sich das Elsaß in die Lage versetzt, ein wichtiges Wort mitreden zu dürfen in dem Augenblick, wo Jedermann ahnte, daß es sich um des Landes Wohl und Weh handle. Kein Wunder, wenn schon aus diesem Grund die elsässische Bevölkerung die königliche Ordonnanz mit Freuden begrüßte. Doch andererseits war auch hier, wie in den übrigen französischen Provinzen, die Lage eine mißliche, zum Theil unhaltbare geworden. Auf dem Land klagten die Bauern und all die kleinen Leute über Mißernten, hohe Steuern und vielfältige Abgaben; in den Städten beugten die Handwerker und Bürger widerwillig den Nacken unter das Regiment etlicher bevorzugter Familien des Erb- oder Geldadels; und hier wie dort blickte man neidischen und gehässigen Auges auf die Besitzer der Schlösser und Klöster. So lebten auch in der sonst so ruhigen und besonnenen Bevölkerung des Elsaß böse Geister, welche dieselbe zu Unruhen und Roheiten fortrissen.

Vor der Wahl setzte man die Beschwerdenhefte auf, d. h. die Instruktionen, welche die Wahlmänner den Erwählten mitgaben und worauf sie dieselben verpflichteten. Es ist nicht überflüssig, sich den Inhalt dieser Hefte genauer zu merken, zumal auch kirchliche Fragen in denselben zur Sprache kommen. Man forderte, wie überall durch ganz Frankreich, eine bestimmte Staatsverfassung, worin die Rechte des Königs und des Volkes festgesetzt wären, die Mitwirkung der in regelmäßigen Zeitabschnitten zusammenzuberufenden Reichsstände an der Gesetzgebung, die gleichmäßige Besteuerung aller Stände nach Grundbesitz und sonstigem Vermögen, die Prüfung und Feststellung der Staatsschuld durch die Reichsstände, die Aufstellung eines Budgets, die Einführung der Preßfreiheit, der persönlichen Freiheit, die Verantwortlichkeit der Minister, die Vereinfachung der Justizpflege, die Zulassung der Bürger zu allen Civil- und Militärämtern, die Erhöhung der Gehälter der Pfarrer und Schullehrer, die Verminderung der den Herrschaften zu entrichtenden Abgaben, welche seit der Vereinigung mit Frankreich erhöht worden waren, Bestimmungen über den Rechtsstand der Juden, die Befreiung von der Salzsteuer, die freie Schiffahrt auf dem Rhein u. s. w.

Im Namen der Geistlichkeit des Augsburger Religionsbekenntnisses verlangte man die Einschränkung der vor Gericht zu leistenden Eide, die Wiederherstellung des durch willkürliche königliche Verfügung von 1690 dem Ehegericht entrissenen Rechts, auf gänzliche Ehescheidung zu sprechen, und die Befugniß, den aus gemischten Ehen entsprossenen Söhnen die Religion des Vaters und den Töchtern die der Mutter befolgen zu lassen.[1]

Die katholische Geistlichkeit der Wahlversammlungen zu Colmar und Schlettstadt sprach die Forderung aus, daß den Lutheranern und Reformirten verboten würde, ihren Gottesdienst an den Orten zu halten, wo er in dem Normaljahr 1624 nicht bestand, und begehrte die Niederreißung der reformirten Kirche zu Straßburg und der lutherischen zu Rappoltsweiler. Dagegen protestirten die lutherischen Magistratspersonen von Straßburg, Colmar, Münster, Weißenburg und Landau durch eine Eingabe an die Abgeordneten des Elsaß und der Stadt Straßburg, indem sie, kraft der Verträge, auf die Erhaltung der ihnen zuerkannten und die Wiedererstattung der ihnen entrissenen Rechte drangen.[2]

Diese Verhandlungen über kirchliche Angelegenheiten verpflichten uns, die allgemeine Lage der evangelischen und der katholischen Kirche im Elsaß und ihre gegenseitige Stellung in der Zeit vor der Revolution an dieser Stelle eingehender zu schildern.

So wie das Elsaß bis ins Jahr 1789 in politischer Beziehung ein wahres Mosaikbild der Kleinstaaterei bot, so auch in evangelisch-kirchlicher Hinsicht: so viel Herrschaften, so viel besondere Landes- und Territorialkirchen mit ihren Eigenthümlichkeiten im Gottesdienst, in der Verfassung und in Lehr- und Gesangbüchern. Die Zahl der Protestanten, Lutheraner und Reformirte, belief sich auf nahezu 200,000, beiläufig das Drittel der Gesammteinwohner des Landes. Pfarreien gab es etwa 160, an deren Spitze eine im Allgemeinen durch fromme Thätigkeit und

---
[1] Revue d'Alsace 1879. S. 57.
[2] Mémoire sur les Protestants, im Archiv des Direktoriums der Kirche Augsburgischer Konfession zu Straßburg.

Wissenschaft ausgezeichnete Geistlichkeit stand, welche den Kirchendienst besorgte, den religiösen Unterricht der Jugend leitete und den geistlichen Konventen und Konsistorien, die da und dort ihren Sitz hatten, unterstellt war. Stadtgeistliche wie Professor Haffner, die Pfarrer Blessig, Lorenz, Stuber u. A. zu Straßburg, Superintendent Titot zu Reichenweier, die Pfarrer Luce zu Münster, Billing zu Colmar, Schimmer zu Weißenburg; Landpfarrer wie Oberlin im Steinthal, Siegfried zu Heiligenstein, Gerold zu Boofzheim, Busch zu Gerstheim, Erichson zu Jebsheim, Dreyspring zu Allenweiler, Spach zu Obermodern, Roser zu Engweiler, Lucius zu Rott, Pfarrer und Inspektor Liebrich zu Neu-Saarwerden und noch viele Andere gereichten der damaligen Kirche zur Zierde.

Außer dem eigentlichen städtischen Gebiet besaß die Stadt Straßburg noch die Amteien Barr, Wasselnheim, Marlenheim und die Vogtei Illkirch, zusammen 20 Ortschaften, in denen sie alle herrschaftlichen Rechte und oberherrlichen Gerechtsame genoß, die zur Landeshoheit gehörten. Die geistliche Gerichtsbarkeit lag in den Händen des Magistrats, der durch die Reformation bischöfliche Rechte erhalten hatte. Unter seiner Oberhoheit stand der Kirchenkonvent, in welchem ein aus den Lehrern der theologischen Fakultät erwählter Präsident den Vorsitz führte. Derselbe wurde gebildet aus den jeder Pfarrgemeinde vorgesetzten drei Kirchenpflegern, von denen der Oberkirchenpfleger dem „beständigen Regiment", die beiden Mitkirchenpfleger je den Schöffen und den übrigen angesehensten Bürgern jeder Pfarrei entnommen waren, ferner aus den Doktoren und den Professoren der Theologie, den Predigern und Helfern.

Den Landgrafen von Hessen-Darmstadt gehörten die Aemter Buchsweiler, Ingweiler, Pfaffenhofen, Brumath, Wolfisheim, Westhofen, Wörth, Kutzenhausen, Hatten und der Stab Offendorf, mit zusammen über 100 Ortschaften. Der Sitz des Kirchenregimentes war in Buchsweiler; die Leitung desselben ruhte in der Hand des „Inspektors über das gesammte Hanau-Lichtenbergische evangelisch-lutherische Ministerium", in der Regel der Buchsweiler Stadtpfarrer, auch „Spezial" genannt, in seiner Eigenschaft als geistlicher Vorgesetzter des gleichnamigen Amtes. Dieser Inspektor, sieben Geistliche, welche ebenfalls das Amt und den Titel eines

Spezials führten, sowie einige weltliche Regierungsräthe bildeten das General-Konsistorium der Grafschaft Hanau.

Im Westrich lag der Besitz der Herzöge von Zweibrücken (Grafschaft Lützelstein), der Grafen von Nassau-Saarwerden und Nassau-Weilburg, der Rheingrafen zu Salm (Diemeringen) u. A. m.

Im Ober-Elsaß begegnete man der Grafschaft Rappoltstein, dem Haus Pfalz-Zweibrücken zugehörig; die Grafschaft Horburg und die Herrschaft Reichenweier, beide württembergisches Gebiet, mit Konsistorium und Superintendentur zu Reichenweier.

Die Städte Colmar, Münster, Weißenburg, Landau mit ihren Gebieten bildeten jede für sich einen kirchlichen Sprengel mit einem geistlichen Ministerium oder Konsistorium.

Aber auch die Grafen von Leiningen-Dagsburg und Leiningen-Westernburg, die Fürstbischöfe von Straßburg und Speyer und die reichsunmittelbare Ritterschaft des Unter-Elsaß, also katholische Herrschaften, genossen in evangelischen Gemeinden oberherrliche, geistliche Gerechtsame.

Diese geistlichen Kirchenregimente, wenn sie auch nach den verschiedenen Herrschaften verschiedene Namen und Titel führten und nur lose Beziehungen zu einander hatten, wußten sich doch alle dem Dienst der ihnen unterstellten Kirchen verpflichtet. Sie wachten über Lehre und Bekenntniß, über Gottesfurcht, Sittsamkeit und Kirchenbesuch, Glauben und Leben; sie prüften die Kandidaten des Predigtamtes, ernannten die Pfarrer, übten die nöthige Bücherzensur — wie z. B. das Konsistorium zu Reichenweier, das, als die Schriften des D. Bahrdt auch im Elsaß Verbreitung fanden, an sämmtliche Geistliche seines Amtsbezirks ein warnendes Rundschreiben erließ —, und begutachteten neu einzuführende Lehr- nnd Erbauungsbücher. Das aber war auch damals schon nicht immer eine dankbare Beschäftigung. Denn jenes Kirchenvolk konnte über einen neuen oder verbesserten Katechismus, über ein verändertes Gesang- oder Gebetbuch noch gewaltiger in Hitze und Eifer gerathen als unser heutiges. So stieß einst die Einführung des „alten Hanauer Gesangbuches vom Jahre 1783" auf sehr große Schwierigkeiten. In einem Brumather Katechismus damaliger Zeit kommen folgende Fragen und Antworten vor: „Welches sind die vornehmsten Geschöpfe Gottes?" — „Die Engel und die Menschen?" — „Giebt es keine vornehmere?" — „Ja." — „Wer sind die?" — „Die vier apokalyptischen Thiere, welche um den Thron Gottes herum liegen." Letztere Antwort wollte man im Sinn einer „vernünftigen Gottesverehrung" ausmerzen, überhaupt dem Lehrbuch eine andere Gestalt geben nach Form und Inhalt. Allein das führte in den betheiligten Kreisen zu einer Erregung, die erst in den Stürmen der Revolutionszeit schlafen ging. Auch zu Straßburg wogte ein heißer Kampf um die Frage, ob ein neues Kirchenbuch oder Agende, ein neues Gesangbuch nebst Katechismus einzuführen oder die alten beizubehalten seien, und mehr als ein Mal erhob auf der Kanzel der Neuen Kirche Pfarrer Blessig seine stets gern gehörte Stimme, um in belehrenden und beruhigenden Worten die ernste Angelegenheit zu besprechen.

Eine Zierde des Elsaß, zumal des Protestantismus, war die Straßburger protestantische Hochschule. Sie bildete die feste Grundlage der Kirche augsburgischen Bekenntnisses in Stadt und Land, hielt regen Verkehr mit Deutschland, vermittelte deutsches Wissen nach Frankreich und verstand es, unter den „allerchristlichsten Königen" ihre Selbstständigkeit zu wahren, getragen und vertheidigt durch die Kraft freien Bürgersinnes. In engen Beziehungen zu ihr mußte sich das Collegium Wilhelmitanum, die alte, hochgesegnete Pflanzstätte der elsässischen evangelischen Geistlichkeit; während die Gymnasien zu Straßburg, zu Buchsweiler, zu Colmar und andere Stadtschulen ihr alljährlich wohl vorbereitete Zöglinge zuführten.

Neben diesen höheren Bildungsanstalten lag die eigentliche Dorfschule freilich noch vielfach im Argen; doch lassen sich zu Ende des vorigen Jahrhunderts gewisse Leistungen derselben feststellen. Am besten geschieht dies, wenn man irgend ein altes Aktenbuch aus dem vorigen Jahrhundert, ein Taufbuch z. B., zur Hand nimmt. Schlägt man solch ein Register auf, so fällt der Blick auf die sonderbaren, kleinen Zeichen und Figuren, welche unter den einzelnen Akten stehn und das Buch seltsam illustriren. Da kommen vor Striche, Kreuze, Dreiecke, Vierecke, Kreise, ferner gelungene oder unförmliche Nachbildungen von allerhand Gegenständen, als Axt, Pflug, Egge, Scheere, Fingerhut, Wage, Heugabel u. s. w. Das sind die Unterschriften der damaligen Leute, die, des Schreibens unkundig, auf diese Art die kirchlichen Urkunden in des Wortes verwegenstem Sinne unterzeichneten.[1] Doch je mehr das Ende des vorigen Jahrhunderts herberückte, desto seltener wurden diese Zeichen: sie wichen mehr und mehr den eigentlichen Unterschriften. Das that die Schule.

In kirchlicher Beziehung gehörten die elsässischen Katholiken zu Beginn der Staatsumwälzung theils den Diözesen Basel und Besançon an für das Ober-Elsaß, theils den Diözesen Straßburg und Speyer für das untere Elsaß, doch so, daß dem Straßburger Bisthum der Löwenantheil zufiel. Das Haupt dieses Bisthums war dazumal der Kardinal Ludwig René, Prinz von Rohan-Guemenée, der die Titel eines Fürstbischofs, Landgrafen des Elsaß und Fürsten des heiligen römischen Reiches deutscher Nation führte. Er war bereits der vierte der Rohan, welche ununterbrochen den Bischofsstuhl zu Straßburg inne hatten, und bekleidete außerdem noch die Stellen eines grand aumônier von Frankreich, proviseur der Sorbonne, administrateur des Spitals der Quinze-Vingt und eines Abts von St. Vast. Sein jährliches Einkommen belief sich auf 1,200,000 Livres; allein trotzdem befand sich der feine, weltmännisch gebildete, aber schwache und leichtgläubige Herr in steten Geldverlegenheiten und ist bekanntlich aus denselben zeitlebens nicht mehr herausgekommen. Und weil auch er, gleich den andern hohen Würdenträgern der französischen Kirche, sich besser am königlichen Hofe zu Versailles gefiel als inmitten seiner Pflegbefohlenen, bis Ludwig XVI. ihn nach der skandalösen Halsbandgeschichte nicht mehr in seiner Nähe litt, besorgten ein Weihbischof und Vikare die Geschäfte des Bisthums.

Mächtig und glänzend nach außen hin war die Stellung dieser Kirche; ihr hatte die Vereinigung des Elsaß mit Frankreich nur Vortheile gebracht. Die Hälfte des Grund und Bodens besaßen die Kapitel, die Abteien, die Klöster und andere fromme Stiftungen. Außer dem kirchlichen Zehnten, der sich auf alle Erzeugnisse des Feldes erstreckte, den Stolgebühren, den Opfergeldern u. s. w. belief sich das jährliche Einkommen auf mehr denn vier Millionen Livres. Was Wunder, wenn die katholischen

---

[1] Fr. **Bresch**, Drei elsässische Dörfer. Straßburg 1878.

Bauern sich Luft zu schaffen suchten, und durch die Revolution sich auch solche schufen, unter dem Vorwand: „Zu was brauchen Geistliche Güter und Zehnten, hatten ja Christus und die Apostel solche auch nicht."

Der elsässischen evangelischen Kirche gegenüber zeichnete sich die einheimische katholische Kirche zum mindesten durch große Unduldsamkeit aus, welche auf eine zielbewußte Umgarnung und schließliche Unterdrückung des Protestantismus hinausging. Sie wußte sich in dieser Beziehung mit der Kirche und dem absoluten Staat in Frankreich ein Herz und eine Seele. So kam denn auch seit der Vereinigung des Elsaß mit Frankreich die Gegenreformation in immer regeren Fluß. Jesuiten und Kapuziner reichten sich die Hand. Erstere warfen unter den vornehmen protestantischen Familien ihre Netze aus; letztere wirkten mehr unter der ländlichen Bevölkerung, die einen wie die andern aber bedienten sich gleich meisterhaft der List und der Gewalt, der Bestechungen und der Drohungen, um Seelen zu fangen. Der Staat selber half redlich und ehrlich mit. Während den Protestanten durchaus verboten war, sich in rein katholischen Gemeinden niederzulassen oder gar zu übernachten, konnte der Katholik wohnen und bleiben, wo es ihm beliebte. Dem protestantischen Pfarrer untersagte man bei höchster Strafe, einen Katholiken in den Schoß seiner Kirche aufzunehmen, dem katholischen Geistlichen stand jede Gemeinde offen. Die Kinder aus gemischter Ehe ebenso wie die unehelichen evangelischer Mütter mußten katholisch erzogen werden. Gab es sieben katholische Familien in einem Ort, so gehörte ihnen kraft einer königlichen Verordnung das Chor der Kirche. So begann an vielen Orten das Simultaneum mit seinen leidigen Zuständen; dann folgte der „Königspfarrer" und mit ihm der Anspruch auf den Mitgenuß des protestantischen Kirchengutes.

Noch schlimmer erging es der reformirten Kirche. Waren doch die Reformirten im Elsaß, nur etliche tausend an der Zahl, zum Theil Nachkommen der einst flüchtig gewordenen Hugenotten, ganz denselben drakonischen Verordnungen und Gewaltthätigkeiten ausgesetzt wie ihre Glaubensgenossen im übrigen Frankreich. Die öffentliche Ausübung des Gottesdienstes erschwerte man ihnen ungemein; ihre Kirchen durften weder Thurm noch Glocken haben und nach außenhin keinerlei Abzeichen tragen, an welchen sich ihre Bestimmung erkennen ließe. Sie waren gezwungen, ihre Kinder vor den katholischen Geistlichen zur Taufe zu bringen; derselbe trug auch ihre Verehelichungen wie die Sterbefälle in das katholische Kirchenbuch ein. Daher von Seiten der Geistlichen Uebergriffe, empörende Proselytentreiberei und Belästigungen solcher Art, daß jeweilen die königliche Regierung dieselben zu ihrer Pflicht zurückrufen mußte. Erst das Toleranzedikt von 1787 erleichterte einigermaßen die Lage der reformirten Kirche und verkündete ihr endlich die Morgenröthe einer neuen, besseren Zeit.

So konnten beide Kirchen auf eine lange Leidenszeit zurückblicken: sie waren Kirchen unter dem Kreuz. Wohl ging es für die lutherische Kirche gnädiger ab als für die reformirte Schwesterkirche, allein das lag nicht am guten Willen des jeweiligen Herrschers noch an dem „milden Sinn" der Rohan, sondern an den Verträgen des westfälischen Friedensschlusses und an dem Umstand, daß die lutherische Bevölkerung stellenweise dicht gedrängt zusammenwohnte und von Seiten der meist deutschen, ihren Glauben theilenden Herrschaften reichlich unterstützt und geschützt wurde. Mochte es auch einmal einem Rohan belieben, irgend eine protestantische Abordnung in seinen Prunkgemächern zu empfangen und mit Versprechungen zu entlassen, oder sein weltmännisch, wie er es zu Versailles gelernt, mit dem Präsidenten des Straßburger Kirchenkonvents und evangelischen Professoren der Hochschule zu verkehren, wenn dieselben ihm die obligate Aufwartung machten, am Gang der Dinge änderte das nichts. Was aber jene Redensarten betrifft, als hätten sich die Bourbonen um den elsässischen Protestantismus zum mindesten verdient gemacht, so weiß man jetzt ganz genau, wie diese „allerchristlichsten" Könige ihr Wort hielten betreffs der bei der Besitzergreifung des Elsaß und Straßburgs herübergenommenen und verbürgten Verträge.[1] Erst die Revolution von 1789, und das ist sicherlich nicht ihr geringstes Verdienst, hat hier Wandel geschaffen.

---

[1] Rob. Reuß, Documents relatifs à la situation légale des protestants d'Alsace au XVIIIᵉ siècle. Paris 1889.

Erster Abschnitt.

Unter der Nationalversammlung.

(5. Mai 1789 bis 30. September 1791.)

II. Die Eröffnung der Reichsstände. — Die Nationalversammlung. — Die ersten Unruhen zu Straßburg, im Ober- und im Unterelsaß. — Die Ohnmacht der Regierung. — Die Zuschrift des Straßburger Kirchenkonvents. — Ihre Wirkung. — Die Nacht vom 4. August 1789.

In den ersten Maitagen von 1789 herrschte zu Versailles ein noch viel regeres Treiben als gewöhnlich. Die 1118 Deputirten der Reichsstände, welche zur Hälfte dem Adel und dem Klerus, zur Hälfte dem britten Stand angehörten, strömten allseitig herbei, sich eine Wohnung zu bestellen. Am meisten Aufsehen erregten die Vertrauensmänner des Volkes durch ihre entschiedene Haltung in Rede und Auftreten. Sie schienen nicht gewillt, sich das bieten zu lassen, was anderthalbhundert Jahre früher die Vertreter des britten Standes noch hinnehmen mußten. Mit entschiedenem Mißfallen rügten sie den ersten Empfang im königlichen Schloß: vor den Vertretern des Adels und der Geistlichkeit öffneten sich die Doppelthüren weit und breit; ihnen stand eine enge Seitenpforte zum Eintritt offen. Als am 5. Mai der König die Versammlung mit einer kurzen Ansprache in der Schloßhalle begrüßt hatte, bedeckte er sich, und der Adel, einem alten Vorrecht gemäß, that desgleichen. Viele vom Tiers-Etat folgten dem Beispiel; gleich schwirrte dem Ruf: „Hut ab!" der andere „Hut auf!" entgegen. Dem unerquicklichen Vorgang machte der König dadurch ein Ende, daß er mit jener Feinheit, welche der alten vorrevolutionären hohen Gesellschaft eigen war, den Hut wieder abnahm.

So wurde die Haltung des dritten Standes den Anmaßungen der beiden andern Stände und der unschlüssigen, wie mit Blindheit geschlagenen Regierung gegenüber immer bedrohlicher. Statt die Leitung der Bewegung in die Hand zu nehmen, verzichtete dieselbe darauf, oder wußte nicht, was thun. Und doch war es kein Geheimniß, wohin die Wünsche der Nation zielten: mit Leichtigkeit hätte sich aus den Cahiers, den Instruktionen, welche die Wähler ihren Vertrauensmännern mitgegeben und worauf sie dieselben verpflichtet, ein Verfassungsentwurf feststellen lassen, um denselben alsdann in geregelter Arbeit mit den Ständen zu einer wirklichen Verfassung zu gestalten. Doch, das Verhängniß wollte, daß man in den leitenden Kreisen kein Verständniß für die Zeichen und die Bedürfnisse der Zeit besaß, und daraus ergab sich für den dritten Stand die Möglichkeit, ja geradezu die Nothwendigkeit, die Souveränität an sich zu reißen. Wie das geschah, ist allbekannt.

Am 14. Juni legte sich der Tiers-Etat, rasch verstärkt durch Uebertritte aus der Minorität der beiden andern Körperschaften, den Namen Nationalversammlung bei. Diesem Beschluß folgte am 19. Juni der Uebertritt des Klerus mit 149 gegen 115 Stimmen; am 20. nahm man die imposante Kundgebung des Schwurs auf dem Ballhause vor, und als am 23. der König nach altgewohnter Weise auftrat und die getrennte Tagung befehlen ließ, errang man einen entscheidenden Sieg über das Königthum selber: „... Ich befehle Ihnen nunmehr, sich zu trennen!" Darauf Mirabeau: „Wir sind hier durch des Volkes Willen und weichen nur der Gewalt der Bajonnette." Nach wenigen Tagen fügten sich, bei der sichtbaren Schwäche und der Rathlosigkeit der Krone, die noch widerstrebenden Mitglieder des Adels und der Geistlichkeit, und so war, acht Wochen nach Eröffnung der Stände, die erste bedeutungsvolle Wendung vollzogen: anstatt eines absoluten Königs hatte man die Herrschaft einer Nationalversammlung von mehr als tausend Köpfen, einer Versammlung, die zunächst keine andere Leitung hatte als einen starken, aber durchaus unklaren Enthusiasmus und Idealismus, ohne Geschäftserfahrung, ohne anerkannte Führer und, was noch schlimmer war, ohne alle regelmäßigen Beziehungen zur königlichen Regierung.

Diese Ereignisse, welche sich in Versailles Schlag auf Schlag folgten, riefen zu Paris und im Lande Stürme des Beifalls, der Begeisterung und der Theilnahme wach. Von jeher besitzt das französische Volk die Eigenschaft sich auch ohne geistige Getränke berauschen zu können, und es berauschte sich. Mitten im Taumel aber machte es sich seinerseits an die Arbeit. In den Provinzen löste sich allenthalben die Ordnung, und die Obrigkeit vermochte es nicht, dem überall um sich greifenden Umsturz zu steuern. Daß die Abgaben und Feudallasten nicht mehr bezahlt wurden, verstand sich fast von selbst; seit dem Siege des dritten Standes ging man noch weiter, stürmte die Schlösser, raubte die Urkunden und verbrannte dieselben. Durch ganz Frankreich gab es Plünderungen und Brandstiftungen. Unter solchen Umständen konnte Paris nicht wohl zurückbleiben. Seit Wochen wimmelte es in der Stadt von verdächtigen Menschen, die Niemand kannte, die aber überall sich einstellten, wo man becherte, krakehlte und böse Ränke schmiedete. Fast kein Tag verging ohne irgend einen Auflauf: es schien, als wollte man in den betheiligten Kreisen zunächst seine Kräfte üben und messen. Endlich, ermuthigt durch das passive Verhalten der Polizei, aufgestachelt durch seine Führer, stürmte der Pöbel am 14. Juli die Bastille, jene alte Zwingburg, welche als das Sinnbild des absoluten Königthums galt. Dem alten Reich schlug an jenem Tag die Sterbestunde.

Kaum hatte die vieltausendzüngige Fama die Kunde von der Erstürmung der Bastille durch das Land getragen, als dasselbe sich beeilte, eine brand- und blutgefärbte Antwort darauf zu geben. Am Fuß der Pyrenäen wie diesseits des Wasgaus flatterte die rothe Fahne des Aufruhrs, und riefen die Glocken zur Empörung. Was an langgenährtem Groll in den Tiefen der Volksseele gelebt, das brach jetzt mit unwiderstehlicher Gewalt hervor, um im Namen eines begeisternden Freiheitsrufes verhaßte Bande zu sprengen und das drückende Joch der Obrigkeiten und der Herrschaften abzuwerfen. Die Stunde schien da, in welcher das Volk Rache nehmen konnte an denjenigen, die es als seine Unterdrücker ansah.

Beinahe auf einen Tag, aber ganz unabhängig von einander, geschahen auch im Elsaß Zügellosigkeiten und rohe Gewaltthaten. Am 19.—21. Juli stürmte der Pöbel das Rathhaus zu Straßburg, das Sinnbild der alten Ordnung der Dinge. Aus allen Gassen und Winkeln der Stadt strömte die wild aufgeregte Menge auf die „Pfalz" los, Sturmleitern an die zerschmetterten Fenster legend, die Thorflügel erbrechend, um sich dann in das Innere des Gebäudes zu stürzen. Alles war der Verheerung geweiht: die Tapeten und Gemälde wurden zerrissen, die Stühle, Tische, Spiegel zerschlagen und zu den Fenstern hinausgeworfen. Die festen Thüren des gewölbten Archivs mußten dem Brecheisen weichen, und sein kostbarer Inhalt ward auf die Straße geworfen und im Koth zerstampft. Auch das große Banner, welches Straßburgs Bürger auf so manchem Feldzug begleitet, fand in den Händen der wüthenden Rotte ein unrühmliches Ende. Maurer und Zimmergesellen kletterten aufs Dach, die Ziegel herabzuwerfen und die Balken des Dachstuhls zu lösen, während andere im Keller die hundertohmigen Fässer einschlugen, den Wein auslaufen ließen und sich solch toller Sauflust hingaben, daß man sie aus dem drei Schuh hoch mit altem rothen Wein überschwemmten Stadtkeller halb todt schaffen mußte.

Noch herrschte der Aufruhr zu Straßburg, und schon zeigten Boten Unordnungen an, welche im Stadtgebiet ausgebrochen. Man machte dem Magistrat nicht nur alte Rechte auf gewisse Leistungen in Geld oder Frucht, Holz oder Wellen streitig, sondern übte auch Gewaltthätigkeiten an den von der Obrigkeit bestellten Amtleuten aus. So zu Dorlisheim, Handschuhheim und Jllkirch, wo man die Wohnungen der Schultheißen mit Schleifung und diese selbst mit dem Tod bedrohte, falls sie ihr Amt nicht niederlegen würden. Die Ruprechtsauer setzten ihren Obermeister ab und bewaffneten sich, um auf den Gütern der Stadt zu jagen. Mehrere Ortschaften der Amtei Barr erachteten die Gelegenheit für günstig, um aus bloßen Nutznießern von Waldungen, welche die Stadt in ihren Gemarkungen besaß, zu Eigenthümern derselben zu werden.

Aber auch sonst noch durchs Ober- und Unter-Elsaß bewaffneten sich die Landleute und, von demselben Geiste der Zügellosigkeit beseelt wie die Bauern im Innern Frankreichs, legten sie Hand an Schlösser und Klöster, verweigerten den Zehnten und andere Abgaben, verheerten herrschaftliche Güter und Waldungen und trieben die angestammten Herrschaften oder deren Amtleute in die Flucht. So belagerte ein wilder Haufe die Abtei Münster im Gregorienthal und zog, stark angetrunken, mit Aexten, Sensen, Heugabeln ausgerüstet, plündernd und brandschatzend in der Gegend umher. Auf den Ruf der Sturmglocke stellten sich die Landleute des „Blumenthals" unter die Führung eines Küfermeisters, um das Schloß zu Gebweiler, das dem Abt von Murbach gehörte, dessen Unterthanen sie waren, zu zerstören. „Alle Fenster mit sammt den Rahmen wurden zerschlagen, die Commodes, Büffets und Kästen, sowie alle Ziegel vom Dach herabgeschlagen, auf die schöne Parkets-Böden in den Zimmer wurde Feuer angezunden und die ganze Bibliothek darauf verbrannt, sammt allen Frey- und Freyheitsbrieffen, alle Tapetenwergen, Spiegel und vornehme Betten sind in Stücken gehauen und verbrennt worden; der Wein in dem Keller ist aller verderbt worden, es ist ein Faß voll von 1600 Ohmen halb ausgeloffen; was frembde Wein in Bouteillen sind gewesen, hat man den Kopf abgeschlagen sofern die Stöpsel nicht gern gingen..."[1]

Im Sundgau fiel das Raubgesindel über die Juden her, plünderte deren Häuser aus und zündete sie an, nachdem es denselben alles Geld gestohlen und die Obligationen und Handschriften zerrissen und verbrannt hatte.

Auch zu Colmar und zu Schlettstadt kam es zu Raufereien unter den Bürgern, mit dem obligaten Zubehör an Raub und Diebstahl.

Im Unter-Elsaß fanden Aufläufe statt in der Umgebung von Zabern, wo die Bauern das fürstbischöfliche Schloß überfielen, zu Ingweiler, wo auf Anstiften des „unruhigen" katholischen Pfarrers Haarbauer das Gesindel von dem protestantischen Kirchenschaffner 1300 Gulden erpreßte;[2] bei Pfaffenhofen, wo die katholischen Bauern der umliegenden Ortschaften das reiche Cisterzienserkloster Neuenburg ausplünderten und verwüsteten. In früheren Zeiten verstanden sich die Insassen desselben darauf,

---

[1] Hausbuch von Dominikus Schmutz Bürger von Colmar. Colmar 1878. S. 85.

[2] Mittheilung von Pfarrer Herrmann zu Ingweiler.

ihren Besitz auf Kosten der angrenzenden Dörfer abzurunden. Einmal bestritten die Bauern von Uhlweiler der Abtei das Eigenthum des Pferchbruches; da legte der Abt folgenden Eid ab: „So wahr der Schöpfer über mir ist, stehe ich hier auf des Klosters Grund," und die Schiedsrichter erklärten den Pferchbruch für klösterlichen Besitz. Die Bauern aber behaupteten, der Abt habe falsch geschworen, indem er einen Suppenlöffel (Schöpfer) unter seine Kopfbedeckung und Klostergrund in seine Schuhe gelegt hatte.

Am glimpflichsten kamen Buchsweiler und das „Ackerland" weg. „Auch nach Buchsweiler, dem Sitz der Regierung und der Kammer unserer Grafschaft Hanau — zogen einige Gemeinen, um alte Rechte, Waldungen u. s. w. zurückzufordern, doch ging es da ohne Schaden ab."[1]

„In hiesiger Gegend (Reitweiler im „Ackerland") war alles ziemlich ruhig geblieben. Man suchte freilich in Predigten und andern Ermahnungen das Volk von der Selbsthilfe so viel möglich abzubringen und aufs Vertrauen zu Gott zu führen. Doch hatte auch das Volk im Ackerlande am wenigsten zu klagen, und, wegen immer fortgehender Arbeit, nicht Zeit zum Aufruhr."[2]

Viel bedenklicher dagegen sah es im Westrich aus. In den letzten Tagen des Monats Juli eilte ein Mann aus Zillingen, mit einer großen grünen Kokarde am Hut, von Dorf zu Dorf, um im Auftrag von Adam Weber aus Berlingen, des dortigen Bauernführers, die Genossen nach Lützelstein auf den 29. zu bestellen. Zwei Tage lang ging es hoch her: die zusammengerotteten Bauern forderten ihre alten Holz-, Streu- und Waidrechte zurück und drohten dem Amtmann mit Brand und Mord. Die Ankunft einer Schwadron Husaren verhütete das Schlimmste.[3]

Unruhen, welche in eine förmliche Anarchie umschlugen, gab es im Amt Neu-Saarwerden. In seinem Tagebuch schildert der damalige Pfarrer und Inspektor Liebrich zu Neu-Saarwerden

---

[1] Tagebuch von Pfarrer Kampmann zu Reitweiler.
[2] Tagebuch von Pfarrer Kampmann zu Reitweiler.
[3] Tagebuch des Friedensrichters Hoffmann von Petersbach; Manuskript im Privatbesitz von Pfarrer Rübel zu Sesenheim.

(jetzt die Neustadt bei Saarunion) die Lage wie folgt:[1] „Unzufriedenheit der Unterthanen und Klagen über Abgaben, die sich vervielfältigen, während die Zeiten schlimmer werden — über weitschweifige und kostspielige Gerichtspflege — über abschlägige Antworten beinahe auf alle Requeten — insbesondere über Amtmann Ebel, einen alten Rabulisten, nunmehr Zuchtruthe der Neu-Saarwerdener Unterthanen, ohne Ehrgefühl, ohne Menschenliebe. Dem Corpus juris und eigenen Corpus nur lebend wird die hiesige Amtsstube durch ihn ein Kramladen, wo man Befehle kauft, wo Advokaten haußen... Vergebliche Klagen gegen ihn; unter seines Vetters Aegide ist er sicher, durch Lügen hilft er sich... der Unterthan leidet, der Menschenfreund seufzt.... Dazu kam die Revolution...." Und nun berichtet Pfarrer Liebrich, wie die Gemeinden im Saarthal: Schopperten, Keskastel, Harskirchen, Zollingen u. a., sich aufmachten, den Amtmann und seine Helfershelfer zu verjagen und ihrer Herrschaft, den Grafen von Nassau-Saarwerden, den Gehorsam zu kündigen.

Wir schließen mit dem, was zu Altweiler, einer Gemeinde auf der Grenzscheide zwischen Elsaß und Lothringen, geschah. Dort rissen etliche Fanatiker die Steine aus, welche den Bürgerwald vom fürstlichen Wald trennten, mit dem Ausspruch: „daß ihre Gerechtsame so weit gingen als die Welt." Später — es sei das hier erwähnt — führte dies zum Verlust des besten und größten Theils des Gemeindewaldes, indem derselbe als Nationalgut mitsammt dem ehedem fürstlichen Eigenthum behandelt wurde.[2]

Ohnmächtig stand die Regierung diesen Revolten gegenüber: die polizeilichen Organe versagten zum Theil den Dienst, und stellenweise meuterten die zur Herstellung der Ordnung befohlenen Truppen, indem sie ihren Offizieren den Gehorsam kündigten und sich zu den Aufständischen schlugen. So zu Straßburg, Marseille, Lyon, Paris und in andern Städten, wo selbst zuverlässige Regimenter dem gespendeten Geld und Wein und den Freudenmädchen zu lieb an den Unruhen theilnahmen. Noch sonderbarer hört sich die weitere Thatsache an, die man übrigens durch ganz Frankreich beobachten konnte, daß die Aufrührerischen sich immer

---

[1] Manuskript im Privatbesitz von Pfarrer W. Liebrich zu Saarunion.
[2] Mittheilung von Pfarrer Schuh in Altweiler.

auf den König beriefen und sagten: der König erlaube es. So führten dieselben, auch im Elsaß, Leute mit, welche sich für Prinzen von Geblüt ausgaben: „sie (die Sundgauer) haben einen von ihrer Rotte sauber gekleidet und ein blau Band angethan, sammt einem Sternen, und haben ausgesagt, es wäre ein Prinz und des Königs zweiter Bruder." [1]

Neben den aufrührerischen Bauern endlich benutzten auch Räuberbanden diese Zeit der Gesetzlosigkeit, um das Land unsicher zu machen und den Schaden zu vermehren. Im Altkircher Wald schaarte sich eine zahlreiche, aus Ausreißern, Wildschützen und entlaufenen Sträflingen bestehende, höchst gefährliche Rotte zusammen und ängstigte und brandschatzte durch eine lange Zeit die ganze Umgegend. Diesem Gesindel entlehnte später die Schreckenszeit ihre verwegensten und brauchbarsten Werkzeuge.

Diejenige Behörde, welche in jenen grauenvollen Tagen den Kopf nicht verlor und sich augenblicklich auf ihre Aufgabe zu besinnen wußte, war der Straßburger Kirchenkonvent. Noch tobten in der Stadt selber und draußen auf dem Land die bösen Leidenschaften und Begierden, als der Konvent sich zu einer That aufraffte, die nicht nur ihm selbst zu hoher Ehre gereichte, sondern auch dem Protestantismus, in dessen Namen er sprach. Schon zu Anfang August 1789 nämlich erließ der Konvent eine „Zuschrift an die sämmtlichen der augsburgischen Konfession zugethanen Gemeinden des Elsaß, die gegenwärtigen Zeitläufte betreffend, nebst einer Ermahnungsrede zu Eintracht und Ruhe". Das war allerdings eine Neuerung, denn zum ersten Mal überschritt die Straßburger Kirchenbehörde die ihr gezogenen Grenzen, um sich an Geistliche und Gemeinden zu wenden, die amtlich wenigstens zu ihr in keiner Beziehung standen. Doch die Zuschrift fand eben ihre Berechtigung in der großen Noth jener Wochen und stieß deshalb auch auf keinerlei Bedenken oder Widerspruch, ebensowenig der brüderliche, wahrhaft versöhnliche Ton, in welchem sie gehalten war. „In den trauer- und angstvollen Tagen," so begann der Hirtenbrief, „wo wir so viele Landgemeinden mannigfaltige Ansprüche mit Heftigkeit betreiben,

---

[1] Dom. Schmutz. Hausbuch u. s. w. S. 87.

ja einige auch mit stürmischen und gewaltthätigen Vorschritten sich wegen Bedrückungen rächen sehen, wird es euch, theuerste Brüder! doch nicht befremden, wenn die Gesellschaft der Diener des Evangeliums in der Hauptstadt unseres Landes sich gedrungen fühlt, ihre vereinigte Stimme durch das ganze Land erschallen zu lassen . . . Wir sind ja mit einander darüber einig, daß die christliche Religion die willkürliche Gewaltsübung der Regenten und den sklavischen Zustand der Unterthanen durchaus nicht billige. Aber ebenso einträchtig sind wir auch in dem Glauben, daß ohne Gehorsam gegen festgestellte Gesetze und ohne regelmäßige Entscheidung der Richterstühle über streitige Ansprüche und über Bestrafung der Verbrechen keine wahre Freiheit sei."

Den Anlaß zu dieser ebenso bedeutungsvollen als erfolgreichen Kundgebung darf man wohl demjenigen Manne zuschreiben, der damals eines der Häupter der Straßburger Geistlichkeit und eine Zierde der evangelischen Kirche im Elsaß war: dem Pfarrer der Neuen Kirche, Dr. Johann Lorenz Blessig. Jedenfalls stammte die der Zuschrift beigegebene Ermahnungsrede aus seiner Feder. Sie ist der Predigt entnommen, welche Blessig am Sonntag nach der Pfalzstürmung und Verwüstung in der Neuen Kirche hielt, und zwar vor einer Gemeinde, die, wie er selbst, erschüttert war bis ins innerste Mark. „Nie sind wir," rief er aus, „mit so beklemmter Brust vor euch aufgetreten, als heute . . . Und ihr, meine tief beunruhigten, mit mir leidtragenden Bürger, vermuthetet ihr wohl, daß wir Zeugen sein würden von den schreckenvollsten und strafwürdigsten Auftritten, daß — muß ich denn dies fürchterliche Wort, dies Kind der Hölle nennen — die Blutfahne des Aufruhrs auch in unsern Gegenden wehen würde?" Und nun leuchtete er mit dem Lichte des göttlichen Wortes, unerschrocken und freimüthig, hinein in das tolle Treiben, das so schreckenvoll zu Tage getreten, geißelnd die Sünden der Obrigkeit und der Unterthanen, die Hohen wie die Niedrigen zur Pflicht, zum Gehorsam zurückrufend, im Namen eines gemeinsamen Vaterlandes, im Namen Gottes und der christlichen Religion.

Zum Vorlesen in den Kirchen bestimmt, übte der Aufsatz einen heilsamen Einfluß auf viele Gemüther aus. Die Geistlichen konnten aus demselben lernen, welchen Ton es in bösen Zeitläuften anzuschlagen gilt, wenn man mit Erfolg dem Ausbruch einer fleischlichen Zuchtlosigkeit gegenüber den Inhalt und die Forderungen der evangelischen Freiheit verkündigen will; und die Gemeindeglieder, dessen bewußt, daß die Freiheit nur in der Ordnung und im Gehorsam gegen das Gesetz und die Obrigkeit zu finden sei, thaten sich zusammen, um der Zügellosigkeit und dem Aufruhr zu steuern. Wie zu Straßburg, so kam es auch in den evangelischen Landgemeinden am ersten zur Gründung einer bewaffneten Bürgerwehr, welche unter dem Namen „Nationalgarde" gegen die Anarchie die Hand erhob und zur Aufrechterhaltung und Herstellung der innern Ruhe beitrug. Diese Bürgerwehr dehnte sich allmählich über ganz Frankreich aus, umfaßte die waffenfähigen Jünglinge und Männer von 18 bis 60 Jahren, wurde militärisch organisirt und betheiligte sich später an der Vertheidigung des bedrohten Vaterlandes.

In der Nacht vom 4. zum 5. August, der „heiligen Nacht", wie sie genannt wurde, gab die Nationalversammlung ihre Antwort auf all die Forderungen des Volkes, welche sich so gewaltsam Geltung verschafften, indem sie, in einem Augenblick höchster Begeisterung, die ganze bisherige staatliche und wirthschaftliche Ordnung niederriß und abschaffte, ein Vorgang, der Mirabeau zu der Aeußerung veranlaßte: „So sind unsere Franzosen; sie treiben einen Monat lang Silbenstecherei, und in einer Nacht räumen sie mit allen Beständen der Monarchie auf." In der That, nach Kenntnißnahme der bei der Versammlung eingelaufenen Berichte über die Vorgänge im Reich erhob sich der junge Vicomte von Noailles, riß in einer feurigen Rede die Herzen der Zuhörer fort, forderte sie auf, den alten Vorrechten zu entsagen, und erklärte dies selbst zuerst thun zu wollen. Darauf eilte die größte Anzahl der Deputirten herbei, um auf den „Altar des Vaterlandes das Opfer niederzulegen". In wenigen Stunden war der Bann gebrochen, der Jahrhunderte auf der Masse des Volkes gelastet, und die Nationalversammlung erklärte den Zehnten in all seinen Formen, als Blut-, Frucht-, Wein-, Kirchen- und Herrschaftszehnten, das Jagdrecht, die grundherrliche Gerichtsbarkeit, die Privilegien der Städte und Flecken, die Zünfte und Innungen für abgeschafft. Man jubelte und weinte vor Freude; die Deputirten umarmten sich; Frankreich schien gerettet. Thatsächlich grub die Versammlung in jener Nacht das Grab für die alte Gesellschaft mit all ihren Vorrechten und legte das Fundament zu einer neuen, auf dem Boden der Gleichheit und Freiheit aufzuerbauenden Welt. Doch ein Mißton schlich sich mitten in den Jubel ein. Die Geistlichkeit protestirte gegen die Abschaffung des kirchlichen Zehnten. Da erhob sich Mirabeau: „Der Zehnten ist kein Besitz, sondern nur eine Art, auf welche die Nation die Priester besoldet. (Gemurre.) Ich höre hier Murren. Es ist nöthig, die Vorurtheile der Dummheit zu zerstören. Ich kenne nur drei Arten, in der Gesellschaft zu leben: man muß ein Bettler, ein Räuber oder ein Besoldeter sein. Der Grundeigenthümer selbst ist nichts anderes, als der erste Besoldete." Gegenüber dieser „Logik der Lungen" war jede Entgegnung vergeblich.

Wie erfolgreich übrigens die Dekrete vom 4. und vom darauffolgenden 24. August, an welchem Tag die Nationalversammlung die berühmte „Erklärung der Menschenrechte" erließ, für die Entlastung des Elsaß allein sich erwiesen, möge man folgender Berechnung entnehmen. In einer Zuschrift „der Konstitutionsfreunde an die Bauern des niederrheinischen Departements" heißt es: „Fortan seid ihr vom Zehnten befreit, der sich in seinen verschiedenen Verzweigungen für das niederrheinische Departement allein wenigstens auf 1,500,000 Franken belief; ihr seid befreit von der herrschaftlichen Frohn, die jährlich 500,000 Franken betrug; befreit von den herrschaftlichen Strafgeldern = 500,000 Franken; befreit vom Ohm-, Feuer- und Tischgeld, von der Salzsteuer und dem Todfall, 180,000 Franken. Zusammen 2,680,000 Franken."[1] Diese Berechnung werden die damaligen Landleute wohl begriffen haben.

Auch nach andern Seiten hin ließ die Vollziehung der Beschlüsse der Nationalversammlung vom 4. und 24. August nicht auf sich warten und brachte die Eintheilung Frankreichs in 83 Departemente, wovon zwei im Elsaß mit den Namen: das ober- und das niederrheinische Departement. Jedes Departement zerfiel in etliche Distrikte und jeder Distrikt in mehrere Kantone, die sich ihrerseits aus einer gewissen Anzahl einzelner Gemeinden

---

[1] F. C. Heitz, Les Sociétés populaires de Strasbourg pendant 1790—1795. Strasbourg 1863. S. 86.

zusammensetzten. Eine eigene Verwaltungsbehörde wurde geschaffen und an die Spitze wie des Departements, so auch der Distrikte, der Kantone und der Gemeinden gesetzt. Jede Gemeinde erhielt ihren selbstgewählten Maire und Gemeinderath. An diese Neugestaltung reihte sich die Reorganisation des gesammten Gerichtswesens des Landes, wodurch die frühere langwierige, theure und unberechenbare Rechtsprechung ein Ende nahm.

Nicht minder einschneidend erwies sich die Anwendung genannter Dekrete auf dem Gebiete des kirchlichen Lebens und führte hier zur Aufhebung der Klöster und klösterlichen Gelübbe, zur Verstaatlichung und zum Verkauf des Kirchengutes, zur Abschaffung der Staatsreligion und zum Erlaß der „bürgerlichen Verfassung der Geistlichkeit".

III. Die kirchlichen Reformen der Nationalversammlung. — Der Ausschuß für Kirchensachen. — Die Aufhebung der Klöster und der Klostergelübde. — Die Verstaatlichung des Kirchengutes. — Die religiöse Freiheit. — Die bürgerliche Verfassung der Geistlichkeit.

In seinem Grundwesen ruhte der Kampf, welchen die französische Revolution mit der katholischen Kirche auskämpfte, auf dem Verhältniß von Staat und Kirche, wie es sich im Mittelalter entwickelte und bis zu Ende des achtzehnten Jahrhunderts erhielt: es war ein Ringen um die Herrschaft. Seit den Tagen Ludwigs XIV. lebten beide Gewalten in Frieden nebeneinander, oder, besser gesagt, die katholische Kirche beugte sich unter das königliche Scepter und half mit an der Vollendung der einheitlichen und absoluten Königsgewalt. Sie wurde die Lohndienerin des Staates, und dadurch, daß sie gleich ihm den Protestantismus und den Jansenismus befehdete und verfolgte, streute sie die Saat aus, aus welcher die politische Revolution sowohl als die kirchliche hervorgewachsen sind. Frankreich war eins im Absolutismus und im Katholizismus: das Königthum duldete alle Laster und Mißbräuche in der Kirche, weil es in ihr die Beschützerin seiner eigenen Laster sah. Beide aber, Königthum und Kirche, entwürdigten sich in Folge dessen gegenseitig in den Jahren der Regentschaft und der Herrschaft Ludwigs XV. „Im weltlichen Treiben ging die Geistlichkeit allmählich zu Grunde. Ausschweifende Bischöfe, liederliche Pfarrer, fluchende Abbés gaben Stoff zu Anekdoten und Witzen, Gedichten und Spottliedern. Und als die Revolution hervorbrach, sehen wir auf der Höhe der Fluth ein Heer von entarteten Gestalten, die alle früher das Priesterkleid oder die Mönchskutte getragen. Mit der Sünde der Priester entartete die Kirche, der sie dienten, mit der Kirche verdammte man den Glauben, den sie lehrte. Die Religion war nur mehr ein Nothanker des Augenblicks, oder ein Trost der Unwissenheit; der Glaube war Hohn und Spott, das Dogma hatte seine Macht dem Witz abgetreten."[1] Ausbleiben konnte es deshalb nicht, daß, an dem Tag, wo das Volk sich über das entartete Königthum zu Gericht setzte, es auch das mit demselben verbündete Kirchenthum vor seinen Richterstuhl lud. Und weil nun das damalige Volk, wie aus den Beschwerdeheften des Tiers-Etat hervorgeht, einen ungemein hohen Begriff von dem „neuen" Staat hatte und an seiner Berechtigung, denselben zu gründen, nicht zweifelte, so mußte es zum Kampfe kommen. Dieser „neue" Staat mit seiner Freiheit und Gleichheit, mit seinen Menschenrechten und seiner „Volkssouveränität", der als einziges Ziel nur das allgemeine Wohl (le salut public) der Menschen anerkannte und alles unter seine Gewalt zwang, was diesem diente, der unter dem Nationalkonvent so weit ging, daß er weder den Menschen noch die Individualität mehr anerkannte, sondern nur den „Bürger", war der geborene Feind der Kirche, so lange sie zur völligen Unterwerfung sich nicht verstand. „Das Heilmittel, lehrte Rousseau, bestehe darin, daß man die beiden Köpfe des Adlers zu einem verbinde und alles in der politischen Einheit vereinige." Daher wüthete der Kampf mit der Kirche am heftigsten gerade in der Zeit, wo der Staat auf seinem Höhepunkt anlangte, unter dem Konvent. Jetzt scheint die Kirche in ihrer ganzen äußeren Erscheinung und Einrichtung vernichtet, ihre Lehren ausgetilgt, und das allein ist Gott, Glaube und Kultus, worauf die Staatskünstler des Konvents ihren „Staat" gründen und

---

[1] Karl Richter, Staats- und Gesellschaftsleben der französischen Revolution, Berlin 1865. I, S. 174.

bauen — die Vernunft. Und so darf denn auch derjenige, welcher diesen Kampf der Revolution mit der katholischen Kirche fassen will, nicht vergessen, daß es eben mächtige Gegensätze und nicht leitende Persönlichkeiten allein waren, welche in jener Zeit aufeinander trafen. Unversöhnt stehn seitdem Staat und Kirche einander in Frankreich gegenüber, zum Unglück des Landes.

Schon lang ehe die Revolution ausbrach, herrschte in den breiten Volksschichten die Ueberzeugung von der Nothwendigkeit einer Kirchenverbesserung. Der untrügliche Beweis dafür liegt in den Instruktionen, welche die Wähler des dritten Standes ihren Deputirten einhändigten. Sie forderten die Freiheit des Glaubens, die Abhängigkeit der Kirche von der Staatsgewalt und den Gehorsam ihrer Diener gegen die Staatsgesetze. Selbst die Geistlichkeit konnte sich der Nothwendigkeit kirchlicher Reformen nicht ganz entziehen. In einzelnen Beschwerdeheften derselben ist dies ausdrücklich zugegeben: Glaubenssachen, heißt es, sind Sache der Kirche und unterstehen der Kirchengewalt; dagegen berührt die äußere Ordnung der Kirche den Staat und ist der Autorität des Königs unterworfen, welcher nach den Freiheiten der gallikanischen Kirche das Recht hat, sie nach den Gesetzen zu ändern und zu ordnen. Demgemäß zog die Nationalversammlung die kirchlichen Angelegenheiten in den Bereich ihrer Verhandlungen. Sie that es allerdings, um es gleich hier zu betonen, nur mit großer Schüchternheit, und jeder Angriff auf den Glauben des Volkes lag ihr fern. Waren doch die Männer, welche den „Ausschuß für Kirchensachen" bildeten, Lanjuinais, Treilhard, Dom Gerle, der gelehrte Durand u. a. m., überzeugte Katholiken, zum Theil Jansenisten, die nur das Beste der Kirche im Auge hatten und ihr Ideal von einer Kirchenverfassung nach urchristlicher Sitte verwirklichen wollten. Zwar kam es nicht zur Verwirklichung ihres Ideals: allein die Schuld liegt nicht an ihnen, sondern an denjenigen allen, welche nur ein Kirchenthum mit reichen Einkünften und Pfründen wollten und deshalb ein gut Theil von den spätern Greueln auf dem Gewissen haben.

Durch Dekrete vom 28. Oktober bis 1. November 1789 und vom 15. bis 19. Februar 1790 beschloß die Nationalversammlung zunächst die Auflösung der Klöster und der klösterlichen Gelübde. Mehr denn 50,000 durch ewige Gelübde Gefesselten öffnete sich in Folge dessen der Weg zur Freiheit.

Der Auflösung der Klöster folgte die des Kirchenbesitzes auf dem Fuße nach. Hingen doch beide Reformen eng mit einander zusammen; denn nachdem durch die erste dem Grundsatz eine Bahn geworden, daß der Geistliche ein Bürger und ein Beamter des Staates sei, wollte man durch die Verstaatlichung oder die „Säkularisation" des Kirchengutes auch die sachliche Gewalt der Kirche brechen, um sie unter die Autorität des Staates zu stellen. Dies war zu Anfang der eigentliche Grund, warum die Versammlung in dieser Richtung vor sich ging: fortan sollten Geistlichkeit und Kirche keine Sonderstellung mehr im Staate einnehmen. Dazu gesellte sich allerdings noch der „glückliche Vorwand", daß das Elend, die Noth, welche die unzähligen Rechte und Privilegien der Kirche erzeugten, die Aussaugung und der Ruin des Landes, zu dem sie beitrugen, und die Schuldenlast des Staates den Verkauf des Kirchengutes erheischten.[1]

Selbstverständlich führte eine so wichtige Frage wie die der Verstaatlichung des Kirchenvermögens zu ausführlichen und gespannten Verhandlungen im Schoß der Nationalversammlung, denn dieser Besitz war ein ungeheurer, mit dem sich die öffentliche Meinung schon längst rechnerisch beschäftigte. Man wußte, daß das kirchliche Grundeigenthum sich nahezu auf ein Drittel des ganzen Landes erstrecke und ein Kapital von ungefähr vier Milliarden darstelle, nach heutigem Geldwerth doppelt so viel. Dieser Grundbesitz trug eine jährliche Rente von einhundert und fünfzig Millionen ein; dazu kamen noch an Zehnten weitere hundert Millionen, den Ertrag der alljährlich im Land erhobenen Sammlungen, Opfergelder u. s. w. nicht mitgezählt.[2]

Ueber die Rechtslage dieses Vermögens waren in der Nationalversammlung die Meinungen durchaus getheilt, und während die einen sich für die Unverletzlichkeit des Kirchengutes aussprachen,

---

[1] Dr. K. Richter, Staats- und Gesellschaftsrecht u. s. w., II. S. 562.
[2] Man siehe die Belege bei H. Taine, L'ancien régime u. s. w. S. 18 u. f., auch bei M. Callier, L'assemblée constituante et la révolution française, Gand 1885. S. 5 u. f.

erkannten andere den Staat für berechtigt, Hand darauf zu legen. Mirabeau erklärte: „Keines Menschen Werk ist für die Unsterblichkeit gemacht, auch die frommen Stiftungen nicht. Irgend eine Macht muß sie wieder aufheben können, sonst würden sie zuletzt alles Privateigenthum verschlingen. Hätte von allen Menschen, die jemals gelebt haben, jeder sein eigenes Grab haben wollen, man würde doch einmal dahin kommen, die Gräber einreißen zu müssen und die Asche der Verstorbenen zu beunruhigen, um die Lebenden zu ernähren... Die Nationalversammlung wolle deshalb beschließen: daß das Eigenthumsrecht der Nation über die Güter des Klerus gehe."

Am 2. November 1789 erging ein diesbezügliches Gesetz. Die Versammlung dekretirte: die Nation hat das Recht, über alle Kirchengüter zu verfügen, wenn sie die Verpflichtung übernimmt, für alle Bedürfnisse der Kirche in angemessener Weise zu sorgen. — Jedem Pfarrer ist ein Gehalt von zwölfhundert Franken auszusetzen, nebst freier Wohnung und dazu gehörigem Garten.

Das war ein reiches Brautgeschenk, welches der Staat antrat. Die Nation übernahm den herrenlosen Besitz und damit die Verpflichtung, ihre öffentlichen Beamten selbst zu erhalten, die der Kirche, wie die andern alle; der Priester wird vom Staat besoldet. Leider veranlaßte die Verstaatlichung des kirchlichen Vermögens höchst beklagenswerthe Auftritte und schaffte der Revolution zahlreiche, unversöhnliche Gegner. Die Geistlichen, die hohen Würdenträger an der Spitze, riefen zum Widerstand gegen die Dekrete der Nationalversammlung, sie nannten dieselben einen Angriff auf die Majestät Gottes, sie verwechselten Religion und Glaube mit ihrem Besitz, und predigten hin und wieder den Bürgerkrieg. Darauf antwortete die Revolution mit Verordnungen, die weit über das Ziel der Klugheit und der Gerechtigkeit trafen, und mit Gewaltthaten, die jeder Rechtfertigung spotten. Schon unter der Legislative, ganz besonders zur Zeit des Konvents, galt nicht mehr die gesetzliche Entwicklung der Besitzergreifung, sondern an Stelle des Rechtes trat die rohe Gewalt und — das Recht des Stärkeren.

Endlich erwähnen wir noch die Verhandlungen über die Frage der religiösen Freiheit, und zwar als Gewissens-, Glaubens und Kultusfreiheit. Sie verdienen eine ausführlichere Berichterstattung auch um deswillen, weil von denselben und ihrem letzten Ausgang das Schicksal des französischen Protestantismus endgültig abhing.

Als am 5. Mai 1789 die Vertrauensmänner von ganz Frankreich sich zu Versailles einfanden, wußte man, daß auch die Frage der r e l i g i ö s e n F r e i h e i t, und zwar als G e w i s s e n s -, G l a u b e n s - und K u l t u s f r e i h e i t durch dieselbe gelöst werden müsse. Sie lag, wie so viele andere Fragen, schon längst in der Luft und beschäftigte den Philosophen, den Christen, sowie auch berufene und unberufene Zungen und Federn. Das ist so wahr, daß, um nur einen Beweis anzuführen, in den Beschwerdeheften der drei Stände die religiöse Frage eine breite Stelle einnahm. Durchgängig forderten die Wahlmänner des dritten Standes eine religiöse Freiheit, die jedweder Nachforschung entzogen sein sollte, so lange die öffentliche Ordnung und das Recht des Andern dadurch nicht beeinträchtigt wird. Mit einigen Einschränkungen stimmte der Adel diesem Verlangen bei, die Geistlichkeit dagegen nicht. Ihr war, bis auf wenige, aber um so rühmlichere Ausnahmen, die religiöse Freiheit ein Greuel und das Toleranzedikt von 1787 ein Pfahl im Fleisch. Sie wünschte den ungestörten Fortbestand der bisherigen Uebung und die Aufhebung des erwähnten Erlasses. Die Protestanten dagegen schienen einer ihren Interessen günstigen Lösung zum voraus so sicher und gewiß zu sein, daß sie bereits am 7. Juni, das heißt nach 250jähriger gewaltsamer Unterdrückung, zum ersten Mal wieder zu Paris einen öffentlichen Gottesdienst einrichteten und hielten. Unter solchen Verhältnissen durfte man sich eines ebenso kühnen Angriffs als einer hartnäckigen Vertheidigung erwarten, von dem Augenblick an, wo die religiöse Frage an die Versammlung herantrat. Dies geschah nach kurzer Frist.

Auffallenderweise ist die Frage der religiösen Freiheit niemals förmlich, amtlich auf die Tagesordnung der Nationalversammlung gekommen. Jedermann beschäftigte sich damit, allein Niemand, wie es schien, wollte dem Faß den Boden ausschlagen. Der erste Vorstoß ging von Jean Paul Rabaut, genannt Saint-Etienne, dem Sohn eines Pfarrers der Wüste aus. Seit vier Jahren zu Paris seßhaft, verzehrte er sich im Dienst der religiösen Freiheit, nur darauf bedacht, wie er derselben zu einer Lösung verhülfe, und durfte im Toleranzedikt von 1787 einen ersten, wenn auch nur geringen Erfolg seiner Anstrengungen begrüßen, insofern man denjenigen, welche den religiösen Glauben der Mehrheit nicht theilten, das Recht zuerkannte, „auf die Welt zu kommen, zu ehelichen, zu leben und zu sterben".

Rabaut war es, der am 12. August 1789, als man ein Komité von fünf Mitgliedern bezeichnete, um die „Menschenrechte" zusammenzustellen, folgenden Antrag einbrachte mit der Bitte um Aufnahme unter die Zahl derselben: „Die Gewissen sind völlig frei; Niemand darf sie stören, und Jeder hat das Recht, diejenige Religion frei zu bekennen, welche er für die beste hält." Dieser Antrag theilte mit zwanzig andern dasselbe Schicksal: man schob ihn auf die Seite und gab am 19. August eine Erklärung ab, laut welcher es bei dem bisherigen Brauch in kirchlichen und religiösen Dingen zu bleiben habe. Jetzt erhob sich ein Katholik, der Graf Castellane. Frankreich, führte er aus, ist unzweifelhaft ein katholisches Land; allein die Franzosen sind es nicht alle, und deswegen forderte er das erste und heiligste aller Menschenrechte, das der Freiheit der religiösen Meinungen: „Niemand soll wegen seiner religiösen Ansichten beunruhigt, noch in der Ausübung seiner Religion gestört werden." Dagegen verwahrte sich die Geistlichkeit ganz entschieden: „Die französische Konstitution sei nur auf der Grundlage katholischer Religion aufzuerbauen," erklärte der Bischof von Clermont, „der Protestantismus nur zu dulden." — „Zu dulden!" fuhr Mirabeau auf. „Ich will keine Toleranz predigen, denn die Religionsfreiheit ist ein so heiliges Recht, daß mir selbst der Ausdruck Toleranz etwas Tyrannisches hat. Das Dasein einer Macht, welche toleriren kann, ist schon ein Attentat gegen die Glaubensfreiheit, denn es scheint ja möglich, daß sie auch nicht tolerire . . . Gebt alle Meinungen frei, dann läßt sich's ruhig schlafen." Die Mitglieder der Rechten in der Versammlung, die Geistlichkeit voran, wollten weder das eine noch das andere, und die beiden Bischöfe, der von Langres und der von Lydda, ergingen sich in den heftigsten Drohungen, falls es zur Anerkennung der religiösen Freiheit im Sinne der Gleichberechtigung des Protestantismus mit dem Katholizismus kommen sollte. „Die katholische Kirche," erklärten sie, „ist die allein berechtigte in ganz Frankreich; ihr darf die Schmach nicht werden, daß ein anderer Gottesdienst neben ihr aufkomme." Abermals erhob Graf Castellane seine Stimme im Namen der Freiheit; ihm nach Rabaut-Saint-Etienne, um jene berühmte Rede zu halten, welche die Lösung der Frage mit entscheiden half. „Eure Grundsätze," rief er in die Versammlung hinein, „sind, daß die Freiheit des Gedankens und der Meinungen ein unveräußerliches und unverjährbares Recht bildet. Diese Freiheit ist die heiligste von allen, sie entzieht sich der Herrschaft der Menschen, sie flüchtet sich in des Gewissens Tiefe wie in ein unverletzbares Heiligthum, in welches einzudringen kein Sterblicher berechtigt ist; sie vergewaltigen ist eine Ungerechtigkeit, sie antasten eine Entweihung . . . Die Toleranz! die Duldung! der Pardon! die Gnade! dies sind, auf die Dissidenten angewendet, lauter höchst unrichtige, ungerechte Begriffe, so lange es wahr sein wird, daß die Religions- und Meinungsverschiedenheit kein Verbrechen ist. Die Toleranz! Ich fordere, daß dies unbillige Wort nun auch verbannt werde, das uns hinstellt als bedauernswerthe Bürger, als Schuldige, denen man verzeiht . . . Ich begehre für alle Nichtkatholiken, was ihr für euch selbst begehret, gleiche Rechte — Freiheit: die Freiheit der Religion, die Freiheit des Gottesdienstes, die Freiheit, denselben in den dazu geweihten Häusern zu feiern, die Gewißheit, in der Ausübung ihrer Religion ebensowenig als ihr in der eurigen gestört zu werden, und die vollkommene Versicherung, gleich wie ihr, so viel als ihr, auf dieselbe Weise wie ihr, durch unser gemeinsames Gesetz beschützt zu werden."

Diese Worte zündeten, und gewaltig war ihr Eindruck. Aug' in Aug' standen die beiden Parteien sich gegenüber. Dort die Anhänger des Hergebrachten, der Knechtschaft, des Zwanges, hier die Vertreter der höchsten und edelsten Güter der Menschheit. Wie wird's kommen? Wessen der Sieg? Der Präsident, Clermont-Tonnerre, weiß sich nicht mehr zu helfen; immer stürmischer fahren die zwei feindlichen Parteien auf einander drein; zwei Mal bietet er seine Entlassung an. Endlich gelangt folgender Antrag, den man Wort für Wort erzwingen mußte, zur Abstimmung und zur Annahme: „Niemand darf wegen seiner Meinungen, auch nicht wegen seiner religiösen Meinungen, beunruhigt werden, so lange er durch ihre Ausübung die öffentliche, durch das Gesetz aufgestellte Ordnung nicht stört."

Die Freiheit hatte gesiegt — aber nur halb. Der Zusatz: „so lange er durch ihre Ausübung u. s. w." rührte von dem katholischen Pfarrer Dillon her, welcher dadurch, wie Robespierre meinte, der religiösen Freiheit ein Halseisen anlegte, um sie gelegentlich wieder zu erwürgen.

Monate vergingen; andere Fragen nahmen die Aufmerksamkeit und das Interesse der Nationalversammlung in Anspruch, allein die klerikale Partei vermochte ihre Niederlage nicht zu verschmerzen. Am 13. Februar 1790 begehrte der Bischof von Nanzig, man möge an die Spitze der Verfassung den Satz aufstellen: „Die katholische Religion ist die Staatsreligion von Frankreich." Für diesmal ging die überraschte, mißtrauische Versammlung zur Tagesordnung über. Aber zwei Monate später hatte man doch die Schlacht und durch sie — den Sieg.

Wie das kam? Am 14. März 1790 nämlich bestieg Rabaut-Saint-Etienne für die übliche Dauer von vierzehn Tagen den Präsidentenstuhl in der Nationalversammlung, zum untröstlichen Leid und Aerger der Katholiken. Dieselben schäumten vor Wuth und ließen im Land Zettel anschlagen mit folgender Erklärung: „Die schandbare Nationalversammlung hat durch die Berufung eines PROTESTANTEN zum Vorsitzenden ihren Verbrechen die Krone aufgesetzt." Um den vermeintlichen Makel zu tilgen, und ähnliche Vorgänge zu verhüten, erneuerte am 12. April 1790 der Karthäuser Dom Gerle den Antrag des Bischofs von Nanzig auf Anerkennung der katholischen Religion als Staatsreligion. Ihn sekundirte ein anderer bestgehaßter Führer der Klerikalen, J. F. Maury. Jetzt brachen Wetter aus, hin und wieder in den verschiedenen Pariser Klubs, wie im Schoß der Versammlung selber, und aus Vorsicht hielt die Regierung Truppen in Bereitschaft. Am 13. kam es in der Versammlung zu Tumulten: „Wir weichen nicht von der Stelle, bis man erklärt haben wird, daß die katholische Religion allein die Religion von Frankreich ist", rief der unter dem Spottnamen „das Faß" bekannte, jüngere Mirabeau in den Saal hinein. — „König Ludwig XIV. hat einst unter den Mauern von Cambrai geschworen, daß er die katholische Religion aufrecht erhalten werde," zitirte Herr von

Estournel. Da sprang Mirabeau, der ältere, auf die Tribüne und sprach: „erklären, daß die katholische Religion die Staatsreligion von Frankreich sei, das ist ein Privilegium — Niemand soll eins haben!... Ihr habt uns daran erinnert, daß Ludwig XIV. geschworen habe, keine andere als die katholische Religion in seinen Staaten zu dulden. Ich verlange keinen Beweis für diese Behauptung, denn was konnte ein König nicht beschwören, der das Edikt von Nantes widerrief! Aber eine andere Erinnerung drängt sich mir auf. Von diesem Platz erblicke ich das Fenster, von wo aus ein König, der Mörder seiner Unterthanen, das Zeichen gab zur Bartholomäusnacht."

Das wirkte wie ein Wetterstrahl; athemlos und wie mit einem Blick folgten Alle dem ausgestreckten Arm des Redners; der Streich aber fuhr der Staatsreligion mitten ins Herz, daß sie daran zu Grunde ging — will's Gott, für alle Zeiten.

Und nun noch ein Wort über jeden der drei wackern Kämpen, die den Sieg der religiösen Freiheit vor hundert Jahren mit erstritten. Graf Castellane's Verdienste sind erst in neuerer Zeit wieder ans Licht gekommen, Dank den Bemühungen protestantischer Forscher auf dem Gebiete der französischen Revolutionsgeschichte, und zwar mit vollem Recht. Der Name dieses edeln, wahrhaft freisinnigen Katholiken, der mit dem Protestanten Paul Rabaut Schulter an Schulter kämpfte, soll unvergessen bleiben. Mirabeau war glücklicher; sein Name ist mit dem der französischen Revolution unzertrennlich verknüpft, und zwar — ein unschätzbares Glück — gerade mit dem Theil jener Sturm- und Drangperiode, an die man ohne sonderliches Grauen denken darf. Als er am 2. April 1791 nach kurzer Krankheit zu Paris den Geist aufgab, da galt sein Hintritt als ein Unglück für Frankreich. Das Land trug Trauer um ihn als um der Besten einen; allenthalben veranstaltete man öffentliche, auch kirchliche Feierlichkeiten, entweder so, daß, wie zu Straßburg, Colmar, Landau u. a. O. geschah, die konfessionell gemischte Bevölkerung der Reihe nach die verschiedenen Kultusstätten besuchte, oder so, daß jede Kultgemeinde ihren besondern Trauergottesdienst einrichtete. Selbst evangelische Landgemeinden, wie Breuschwickersheim und andere, blieben nicht zurück. In ihm ehrten die Protestanten nicht nur den gewaltigen, einflußreichen, gern gehörten Volksmann, sondern vor allen Dingen den

Vorkämpfer für religiöse Freiheit und Gleichheit. Rabaut-Saint-Etienne's Verdienste endlich stehn für alle Zeiten in dem goldenen Buche des französischen Protestantismus verzeichnet. Sein Ansehen in der Nationalversammlung überstrahlte selbst dasjenige Mirabeaus. Eines Tages rief man diesem, als er sich so ganz der „Logik seiner Lungen" hingab, zu: „Gemach, gemach, Sie sind nur ein halber Rabaut!"¹ So sehr die Katholiken über seine Berufung zum Präsidenten der Nationalversammlung zeterten, dieselbe hat nur sich geehrt, aber der französische Protestantismus wußte es ihr zu großem Dank. In einer „Denkschrift an den Herrn Maire, an die Herren der Munizipalität und Notabeln der Gemeinde, von den Bürgern der reformirten Kirche in Straßburg", eingereicht bei Gelegenheit der „Einsetzung der neuen Munizipalität Straßburgs", kurze Tage nach erfolgter Weihe der jetzigen reformirten Kirche daselbst, heißt es: ... „alles scheint sich zu vereinigen, um unser neues Glück selbst für die Nachwelt denkwürdig zu machen, da unsre Religion sich zur gleichen Zeit durch den Vorsitz des ehrwürdigen Herrn Rabaut de Saint-Etienne, Pfarrherrn der reformirten Kirche zu Nimes, bei der Nationalversammlung begünstiget sieht." Rabaut starb fünfzigjährig den 5. Dezember 1793 unter dem Fallbeil der Guillotine. Seine letzten Worte galten der Freiheit.

Ihren einheitlichen Abschluß erhielten die kirchlichen Reformen der Nationalversammlung in der „bürgerlichen Verfassung der Geistlichkeit" vom 12. Juli 1790, deren Grundzüge folgende sind:

1. „Jedes Departement umfaßt ein Bisthum." Frankreich war soeben in 83 Departemente eingetheilt worden, folglich waren von 136 Bischöfen, welche es bis jetzt hatte, 53 zu entlassen.

2. „Allen französischen Bürgern ist verboten, die Autorität eines fremden Bischofs anzuerkennen, doch soll dies der Glaubensgemeinschaft nicht Eintrag thun, welche mit dem sichtbaren Oberhaupte der Kirche, dem Papst, zu erhalten ist." Das war die Gründung einer nationalen, von Rom unabhängigen Kirche.

3. „Alle Kirchenämter ohne Seelsorge sind sofort aufzuheben."

---

[1] «Vous n'êtes qu'un demi-Rabot.» Ein Wortspiel: Rabaut = Rabot, zu deutsch ein Hobel.

Dadurch sollten all die Pfründen und Sinekuren abgestellt werden, welche den Bevorzugten unter den Geistlichen jenes Wohlleben ermöglichten, das dazumal im Schwange ging.

4. „Alle Kirchenämter sind künftighin durch Volkswahl zu besetzen." Das war einst, hieß es, altkirchliche Sitte, und von diesem demokratischen Verfahren wollte man nicht lassen. Die Prälaten verwiesen auf all die Uebelstände der Volkswahl; doch man hielt ihnen entgegen, wie bisher die Bischöfe Frankreichs durch die Buhlerinnen der Könige eingesetzt wurden, und durch solche Bischöfe die Pfarrer.

Der letzte Abschnitt handelt von den jährlichen Gehältern. Man setzte dem Bischof der kleinsten Diözese 12,000 Franken aus; dem von Paris 50,000; den überzähligen eine Pension von 10,000. Die Pfarrer wurden entschieden aufgebessert; sie erhielten zwischen 1200 bis 6000 Franken, die Vikare nicht unter 700; ihrer Viele hatten bisher nur 300 Franken bezogen.

Diese Kirchenverfassung rief bei der Mehrzahl der Geistlichen, namentlich bei den Prälaten, welche der Nationalversammlung angehörten, und Vielen Tausenden im Land Stürme des Widerspruchs und der Empörung wach. Sie nannten dieselbe einen Umsturz der Religion, einen Angriff auf die Majestät Gottes; sie sagten: die Nationalversammlung habe in die Gewalt eingegriffen, welche Christus seiner Kirche übertragen; sie erklärten: wir können diesen Beschlüssen erst dann Folge geben, wenn sie durch den heiligen Vater und ein Nationalconcilium genehmigt worden sind.

Darauf antwortete Mirabeau mit einer seiner Sturmpredigten: „Woburch haben wir uns denn als Verfolger der Kirche gezeigt? Wir hätten der Religion ans Herz gegriffen, weil wir die Wahl ihrer Diener dem Volke wieder geben? Bischöfe von Frankreich, wollt ihr es von mir hören, was ganz Frankreich so gut weiß als ihr selbst, welchen Intriguen die Meisten von euch die Stellung verdanken, in der sie jetzt unsern Gesetzen trotzen? Soll ich euch sagen, woher das Verderben der Kirche stammt; wie man den arbeitsamen, gesunden Klerus fern hält von den Würden der Kirche, und den Lasterhaften die heilige Tiara um die Stirne windet?

Hört mich, Priester von Frankreich, wenn ihr noch hören

könnt. Ich habe nicht die Gabe der Weissagung, aber ich verstehe etwas vom Gang der Dinge und vom Charakter der Nation. Nach dieser Kenntniß getraue ich mir unfehlbar vorauszusagen, was folgen wird, wenn ihr darauf verharrt, den Geist der Freiheit in seinem Zuge aufzuhalten. Die Nation wird endlich daran verzweifeln, daß ihr noch brauchbare Bürger werden könnt. Der allgemeine Unwille wird nicht länger dulden, daß die Sorge für unsere Seelen Menschen überlassen bleibe, welche wir als die Feinde unseres Glückes betrachten müssen. Was heute noch als ein höchst gewaltsamer Antrag erscheinen möchte, das wird in kurzem als eine uns abgerungene Maßregel erkannt werden. Man wird darauf antragen, daß die Nationalversammlung auf einmal alle Kirchenämter für erledigt erkläre und ihre neue Besetzung befehle, um das Volk in den Stand zu setzen, daß es selbst sich Lehrer seines Zutrauens würdig erwähle und in den künftigen Aposteln seiner Religion auch die Freunde seiner Freiheit und seiner Erlösung aus dem Joche verehre."

Es ist Schlimmeres gekommen als Mirabeau geweissagt hat.

Um ihren Beschlüssen Gehorsam zu sichern, verordnete die Nationalversammlung, daß alle Geistlichen, welche ein Kirchen- oder Schulamt verwalten, folgenden Eid zu leisten hätten: „Ich schwöre, mit Sorgfalt über die Gläubigen zu wachen, deren Leitung mir anvertraut ist; ich schwöre der Nation treu zu sein, dem Gesetz und dem König; ich schwöre, mit aller meiner Macht die französische Konstitution aufrecht zu erhalten, namentlich die Dekrete, welche die bürgerliche Verfassung der Geistlichkeit betreffen."

Was man auch sonst von der bürgerlichen Verfassung der Geistlichkeit denken möge — dieser Eid ward zum Unglück für Frankreich; er führte eine Spaltung in der katholischen Kirche herbei, schied die Geistlichen in beeidigte und eidesscheue, verwirrte die Gewissen, erfüllte die Gemüther mit Haß und Verbitterung und gab mancher Orten Anlaß zu Aufruhr, zu Mord und Blutvergießen. Doch daran hat auch die römische Kurie durch ihre zuwartende, unentschiedene Haltung ein gut Theil Schuld. Jede Partei hielt sich anfänglich der päpstlichen Zustimmung für sicher und als Rom endlich sprach, war's zum Friedenmachen und -halten bereit zu spät.

IV. Die Bundesfeste. — Das Fest des 14. Juli 1790. — Eine Fahnenweihe im Kochersberg. — Der Freiheitstaumel in der Schule. — Eine Fahnenweihe zu Barr.

Während die Nationalversammlung durch ihre kirchlichen Reformen — absichtslos allerdings — neue Zünd- und Brandstoffe zutrug, zog über Frankreich ein Freudentaumel sondergleichen, der in den Sommermonaten des Jahres 1790 alle Schichten der Bevölkerung ergriff und sich auf eine Weise zur Geltung brachte, daß den Ausländern, welche das Land bereisten, vorkommen wollte, als wären sie unter Tollhäusler gerathen. Die Schlagwörter: Gleichheit, Freiheit, Brüderlichkeit, die man allenthalben hören und lesen konnte, von denen die Gassen und öffentlichen Lokale widerhallten, wie man sie der amtlichen und privaten Korrespondenz als Motto setzte, oder weithin sichtbar den Wänden der öffentlichen Gebäude anmalte, die volle Red- und Preßfreiheit, kraft deren Jeder seinen Gefühlen freien Lauf ließ, die Gewißheit, daß zum mindesten eine neue Welt mit nie gekannten Glücksgütern im Anzug sei, die Furcht vor allerlei Kämpfen und Gefahren, welche man in der Luft witterte, das alles stieg den Leuten zu Kopf und berauschte sie förmlich. Durch das ganze Land entstanden Fest- und Feierlichkeiten, bei denen diese hochgespannte, begeisterte Stimmung den Ton angab und sich in kuß- und thränenreichen Verbrüderungsszenen oder überschwänglichen Treu- und Freiheitsschwüren bei Jung und Alt austobte. Und dies alles im Schatten der Kirche, unter Zuzug der Geistlichkeit, deren Weihewort nicht fehlen durfte, falls sie nicht gar, wie wir sehn werden, die Sache in die Hand nahm und organisirte. Ihren Anfang fanden diese Festlichkeiten in den südöstlichen Provinzen, von wo sie sich unter dem Namen „Föderations- oder Bundesfeste" über ganz Frankreich ausbreiteten und im „Fest der Bastille" ihren Höhepunkt überschritten. Im südöstlichen Theil des Reiches nämlich hatten einzelne Städte Bündnisse gegen die inneren Feinde der Revolution mit einander geschlossen. Diesem Beispiel folgend, boten Linientruppen und Nationalgarden sich die Hand, und weiterhin thaten benachbarte Provinzen desgleichen. So kam es auch zu einem Bund zwischen den Nationalgarden der beiden Rheindepartemente und denen des ehemaligen Lothringen, der zu Straßburg am 13. Juni 1790 sein erstes, großartig angelegtes und mit Glanz ausgeführtes Fest hielt.

Vor dem Spitalthor, auf der Metzgerau, damals die Bundesau genannt, hatten die Straßburger Kanoniere, unter der Mitwirkung von Männern, Frauen, Greisen, Kindern, einen großen Erdhügel aufgeworfen und ihm die Form eines Altars gegeben — der Bundesaltar. An den vier Ecken standen vier Eichbäume mit dreifarbigen Fahnen geziert. Unter dem Donner der Kanonen und dem Geläute der Glocken nahmen die Regimenter der Garnison und die Nationalgarden mit ihren auswärtigen Bundesgenossen Aufstellung, ein großes Viereck bildend, dessen vierte Seite der Bundesaltar abschloß. Außerhalb sammelte sich die Menge der Zuschauer, die von nah und fern herbeiströmten. In feierlichem Zug trafen die Munizipalität, die Militärbehörde und die Geistlichkeit ein mit der großen Bundesfahne, zu deren Weihe geschritten werden sollte. Vorerst las der katholische Feldprediger, Abbé von Weitersheim, eine Messe, dann folgten die Reden der protestantischen Geistlichen Blessig und Huber, und ein von protestantischen Mädchen angestimmter Chorgesang beschloß die religiöse Feier. Jetzt trat der Maire von Straßburg, Herr von Dietrich, umgeben von der Munizipalität und den Offizieren der Linie und der Nationalgarde vor den Altar um, nach gehaltener Ansprache, den Bundeseid vorzulesen und die Anwesenden aufzufordern, denselben ihm nachzusprechen. Vieltausendstimmig ertönte der Schwur: „Treue der Nation, dem Gesetz und dem König; Vertheidigung der Verfassung bis auf's Blut, brüderliches Zusammenhalten und gewissenhafte Ausübung aller bürgerlichen wie politischen Funktionen", während die Trommeln wirbelten und die Geschütze donnerten.

Des andern Tags wurden auf dem Bundesaltar unter der Bundesfahne, zwei Taufen, die eines katholischen und eines evangelischen Knäbleins, in Gegenwart etlicher Abtheilungen des Heeres und zahlreicher Zuschauer vollzogen; die Offiziere schlossen um jedes der Kinder einen Kreis und hielten ihre blankgezogenen Säbel der Art über dasselbe, daß die Spitzen sich berührten. Solches gefiel wohl, und führte überall zu den damals in Mode stehenden „nationalischen" Taufen oder Taufen „unter den Waffen", wie zu Ittenheim, Breuschwickersheim¹ und a. O., bei welchen der Vater und die Taufpathen folgenden Bürgereid ablegten: „Im Angesichte Gottes und im Namen dieses Kindes, das soeben in die Gemeinde aufgenommen wird, schwöre ich: daß es wie ich die Rechte des Menschen, die Freiheit und die Konstitution bis auf den letzten Blutstropfen handhaben und vertheidigen werde; daß es treu sein werde der N a t i o n, dem Gesetz und dem König."²

Mit solchen Festlichkeiten bereitete sich ganz Frankreich zu dem großen Verbrüderungsfeste vor, welches von Paris seinen Ausgangspunkt finden sollte in die 44,000 Gemeinden des Landes, und zwar am 14. Juli 1790, um den sich bereits eine Legende gebildet hatte. Als sich zeigte, daß die 15,000 Arbeiter die man angeworben nicht fertig werden würden, um das Marsfeld zu einem ungeheuern Festplatze mit 400,000 Sitzen umzuschaffen, griff die ganze Bevölkerung, arm und reich, jung und alt zu und vollbrachte das Wunder: die Föderirten aus ganz Frankreich strömten herbei und das Fest vom 14. Juli 1790, wo Kirche, König, Nationalgarde, Nationalversammlung, Hauptstadt und Provinz zusammenwirkten, sie alle den großen nationalen Schwur vor dem in der Mitte des weiten Raumes aufgerichteten Altar des Vaterlandes erneuerten, gestaltete sich zu einem jener schönen Tage, an denen die Menschen auf einen Augenblick die harten Gegensätze vergessen, in denen ihr Leben sich bewegt, und ein goldenes Zeitalter träumen. Dieser 14. Juli war ein Triumphtag der französischen Revolution, zu gleicher Zeit ein letzter Freudentag für das Königshaus. Zahlreich ließen sich die Föderirten aus der Provinz dem Könige und der Königin vorstellen. „Wer seid Ihr, Leute?" — „Sire, es sind Ihre getreuen Lothringer!" Solcher Klänge aus dem alten Frankreich sollte Ludwig XVI. nicht viel mehr hören.

Den nämlichen Tag hielt das Elsaß in allen Städten, Flecken und Dörfern seinen 14. Juli; draußen auf freiem Feld³ oder auf Bergeshöhe, vor dem Vaterlandsaltar, den Schwur der

---

¹ Mittheilungen von Pfarrer Jung und Höffel.
² Geschichte der gegenwärtigen Zeit. Nr. 36. 1790.
³ A. Erichson, Eine elsässische Landpfarrei. Straßburg 1872. S. 25.

Treue leistend. In patriotischen Liedern und Reden feierte man den innigen Bund mit dem großen Vaterland, ja mit der Menschheit, schwelgend in Lust und Wonne:

> „Mir hat geträumt in dieser Nacht
> Von Feuer, Flut und Wetterstürmen,
> Von Menschenaufruhr, Krieg und Schlacht
> Und von gestürzten Kerkerthürmen.
> Mich dünkt, ich hört' auf Land und Meer
> Erzürnter Geister heulend Heer:
> Ich hörte Weheruf erschallen
> Und hörte Schutt und Leichen fallen,
> Und Erd und Himmel schwarz vermischt
> Schien plötzlich aus dem Blick gewischt."

> „Und wieder sah ich nun die Welt
> Hervor aus Qualm und Nebel gehen,
> Und sah auf einem heitern Feld
> Die Säulen eines Tempels stehen,
> Und sah in seiner Hallen Glanz
> Vereinter Völker Friedenstanz,
> Und hörte orgelndes Getöne:
> ‚Herbei verstreute Menschensöhne!
> Kommt, dieser Tempel ist geweiht
> Der Eintracht und Gerechtigkeit!'" [1]

In seinem Tagebuch[2] schildert der Colmarer Pfarrer Billing den Verlauf des Festes in seiner Heimathstadt wie folgt: „Gegen 11 Uhr zog die ganze Bürgerschaft auf den Münsterplatz und stellte sich ins Gewehr. Nachher las Herr Holb, conseiller clerc, eine stille Messe auf einem an dem Eckhaus bei dem Fischerbrunnen errichteten Altar, worauf die Munizipalität stand. Die protestantischen Bürger standen aufrecht und jeder handelte nach seiner Ueberzeugung. Sodann hielt Pfarrer Joh. Martin Stempel an eben diesem Altar eine Rede, die also anhob: „Edle! freie! für Freiheit bewaffnete Bürger! Wenn ich jemals stärker den heißen Wunsch in mir gefühlt habe, mit Menschen- und mit Engelzungen reden zu können, so ist es in diesem Augenblick, in welchem ich von meinen Obern berufen, in der Absicht vor euch auftrete,

---

[1] A. Lamey, Erwachen eines Franken am Festmorgen des 14. Julius. Straßburg 1790.

[2] S. Billing, Ein Tagebuch aus den Revolutionsjahren, herausgegeben von J. Rathgeber. Stuttgart 1873.

euere Herzen mit dem heiligen Feuer der echten Vaterlandsliebe zu entflammen, jene frohe Begebenheit, deren Andenken der heutige festliche Tag gewidmet ist, euerm Geist unvergänglich zu machen und euch auffordern, mit ebenso willigem als aufrichtigem Herzen den so wichtigen und höchst verbindlichen Bundeseid zu schwören... [1] Zum Schluß schoß man Kanonen ab, zündete ein Freudenfeuer an, gab jedem Bürger eine Maß Wein und Brod. Nachts waren auf allen Zünften Tänze."

Mit dem 14. Juli 1790 hörte diese überschwängliche Stimmung keineswegs auf, sondern lebte fort, wie aus folgendem Originalberichte ersichtlich ist: „Die feierliche Fahnenweihe einiger Dorfgemeinden im Kochersberg, welche den 8. August Sonntag in dem katholischen Dorfe Fessenheim gehalten wurde, war zugleich ein brüderliches Vereinigungsfest der Deputirten von beiden Religionsparteien, die demselben beiwohnten, das von allen Bewohnern des Elsaß, wo der Religionshaß noch nicht erstickt ist, nachgeahmt werden sollte. Fünf katholische Gemeinden, Marlenheim, Dosenheim, Northeim, Osthoffen, Fessenheim, und sieben protestantische, Ittenheim, Breuschwickersheim, Handschuchheim, Hürtigheim, Quatzenheim, Fürdenheim, Oberhausbergen, fanden sich um zwei Uhr in Fessenheim ein, wobei die katholischen Geistlichen von Northeim, Schnersheim, Küttolsheim und Fessenheim mit den protestantischen von Ittenheim, Hürtigheim, Fürdenheim und Quatzenheim, als Anführer und Muster der brüderlichen Einigkeit, beiwohnten. Sie wurden unter dem Geläute der Glocken empfangen und zogen aus der Kirche unter Trommel- und Trompetenschall auf das dazu bestimmte Bundesfeld. Die Geistlichen gingen freundschaftlich gepaart, je ein katholischer an der Hand seines protestantischen Mitbruders, mitten in den bewaffneten Reihen und umgaben den Altar von wechselseitiger Bruderliebe belebt.

Der katholische Lehrer weihte die Fahnen zuerst nach dem gewöhnlichen Ritual und durch eine warme patriotische Rede ein;

---

[1] Rede vor der versammelten Colmarer Nationalgarde 14. Juli 1790 am Bundesaltar gesprochen von Joh. Mart. Stempel. Im Privatbesitz von Stadtbibliothekar **Walt** zu Colmar.

eben dies that auch ein protestantischer Lehrer, der im Ausdruck dieser Gesinnungen mit seinem Amtsbruder wetteiferte. Beide empfahlen in den feurigsten Ausdrücken ihren Religionsverwandten Entfernung alles Religionshasses und die Hauptthugend der Christusreligion, zu der sich beide bekennen, die brüderliche Liebe. Ein lautes Amen, in welchem die sämmtlichen Geistlichen ihre Uebereinstimmung mit der Empfindung der Redner ausdrückten, und das aus jedem Munde erschallende: es lebe die Nation, das Gesetz und der König! war die rührende Wirkung der Gefühle, die sich aus aller Herzen ergossen. Ein Geistlicher der protestantischen Kirche forderte hierauf seine Amtsbrüder von beiden Religionen auf, das Beispiel der Liebe und Eintracht durch brüderliche Umarmung im Angesichte der beiderseitigen Glaubensgenossen ihren Heerden zu geben; und sogleich drückte der katholische den protestantischen und der protestantische den katholischen an seine Brust; und die Gemeinden ahmten in demselbigen Augenblicke ihren Hirten nach. Den Schluß des Festes machte ein feierliches Tedeum; worauf sogleich jede Gemeinde, ohne das Fest durch lärmende Gastmahle zu entweihen, in ihre friedlichen Wohnungen zurückkehrte."[1] Auch zu Plobsheim schlossen sich der evangelische und der katholische Geistliche vor dem Vaterlandsaltar in die Arme, um ihren Pfarrkindern das Beispiel brüderlicher Verträglichkeit zu geben. Was soll man wohl nach hundert Jahren dazu sagen? Doch das eine, daß in solchen Auftritten der Rausch jener Zeit sich ergreifend wiederspiegelt.

Bis in die Schulstube ergoß sich der Taumel, und die Jungen zwitscherten, wie die Alten sangen. In einem damals gerngehörten Theaterstück, „Die Dorfschule" betitelt, machen die Schuljungen Revolution. Sie wollen keinen Lehrer mehr haben — welcher holde Schulbubentraum! — und verführen einen Heidenlärm. Der Magister mit dem spanischen Rohr erscheint und fragt: „Was wollt ihr?" Der kleine Hans trotzt der Gefahr der Berührung des erwähnten Herrscherstabes mit seiner Rückseite und ruft: „Wir wollen frei sein! Wir wollen dem Beispiele unserer Eltern folgen, welche, eines verhaßten Joches überdrüssig, dasselbe mit so viel Thatkraft abgeschüttelt haben. Statt daß wir

---

[1] Nationalblatt für den Niederrhein Nr. 7. S. 254 f. 1790.

unsere jungen Jahre mit knabenhaften Beschäftigungen verbringen, die zu nichts führen, lehren Sie uns die Mittel, durch welche wir uns unserm Lande nützlich machen können. Ein weises, wenn auch strenges Reglement möge die Fehler strafen, deren wir uns schuldig machen, aber die Ruthe werde abgeschafft, dieses häßliche Werkzeug, welches in Ihren Händen zu einem eisernen Scepter wurde, durch das Ihr Stolz uns so lange gebeugt hat!" Und das wurde ernsthaft vorgebracht und ganz ernsthaft beklatscht. Uns freilich erscheint es kindisch und lächerlich. Aber spiegelt sich nicht auch in diesen Lächerlichkeiten der ungestüme Geist der Revolution?

Hieher gehört noch nachstehender ergötzlicher Bericht über das Fest einer Fahnenweihe in Barr, bei welcher Knaben von 8 bis 18 Jahren die Hauptrolle spielten.

„Die kleine Nationalgarde zu Barr, aus Knaben und Jünglingen von 8 bis 18 Jahren bestehend, welche mit Trommeln und Fahnen versehen ist, und einen der hiesigen Schullehrer zum Commandanten hat, wünschte ihre **Fahnen** gottesdienstlich eingesegnet zu haben. Dies geschah gestern, am St. Ludwigstage (25. August), auf folgende Weise. Sie versammelte sich auf dem öffentlichen Platze vor dem Generalstab und dem ganzen Offizierkorps der Nationalgarde. Mit Trommelschlag und Musik, von mehr als hundert weiß gekleideten, mit Blumen und Bändern gezierten jungen Mädchen begleitet, zogen sie gegen die Kirche zu. Eine ihrer Fahnen hatten ihnen die Mädchen verehrt. Hundert Mann von der Nationalgarde zogen mit ihnen. Unterwegens nahmen sie die katholischen und die evangelischen Herren Geistlichen in ihren Zug auf. Der katholische Pfarrer hielt vor einer außerordentlichen Menge Zuhörer beider Religionen eine kurze, sehr schöne, gründliche Vermahnung an die versammelte Jugend, und weihete danach die Fahnen. Nach diesem hielt der zweite evangelische Prediger, Johann Michael Schweighäuser, eine Rede, in welcher er die Jugend auf die Wohlthaten verwies, welche das Vaterland Gott und der Nationalversammlung zu verdanken habe, und sie ermahnte in allen Stücken sich durch ein gottesfürchtiges und tugendhaftes Betragen auszuzeichnen: „Ihr werdet von heute an den guten Gott unablässig bitten, daß sein Geist euch antreibe, um das zu werden, was man von euch erwartet. Ihr werdet mit froher Willigkeit die Schule der christlichen Lehre und die schönen Gottesdienste des Herrn besuchen, um da wahre Weisheit und Tugend, wahre Gottes- und Menschenliebe zu lernen. Ihr werdet auch gerne euern lieben Eltern, Lehrern und Vorstehern, die um euch, um eure Bildung und Glückmachung sich so viel Mühe geben, willig gehorchen. Ihr werdet alles Böse und Schändliche sorgfältig fliehen, allem Guten und Wohlanständigen aber mit ganzem Ernst nachjagen"...[1]

So lagen sich in den Sommertagen von 1790 Linientruppen und Nationalgarden, Kirche und Volk, katholische Priester und lutherische Pfarrer, Männlein und Weiblein in den Armen und führten, in großartiger Selbsttäuschung befangen, heitere Possen auf, aber so ernsthaft, so naiv, so schwungvoll, daß man sich eines herzhaften Lachens nicht erwehren kann. Glückselige Thoren! Unter ihren Füßen krachte der Boden, über ihren Häuptern schlugen die Feuerzeichen zusammen; sie hörten nichts, merkten nichts, und ehe sie sich dessen nur versahen, ging dieser Freiheits- und Brüderlichkeits-Schwindel in Wahnsinn und Raserei über.

Nur zu rasch schlug in der That diese überschwängliche Stimmung in ihr Gegentheil um, und nach dem Freudentaumel brachte sich die Gegenwart mit all den schroffen Gegensätzen der früheren Tage wieder zur Geltung, in Frankreich sowohl als im Elsaß. Immer mehr fraß der böse Geist der Unzufriedenheit, der Selbstsucht und des Hasses um sich, und erweiterte die Kluft zwischen den allen, welche glaubten, Ursache zu haben über die neuen Ordnungen im Staat und in der Kirche unzufrieden zu sein, und denjenigen, welche dieselben lobten und ihnen zufielen. Ehe wir jedoch dies näher ausführen, ziemt es sich die Stellung der elsäßischen Protestanten der Revolution und den Arbeiten der Nationalversammlung gegenüber ins Auge zu fassen. Denn ihre kirchlichen Reformen berührten gleichfalls, wenn auch nur nebenher, die evangelische Kirche und veranlaßten dieselbe zu allerhand Auseinandersetzungen.

---

[1] Nationalblatt für den Niederrhein, Nr. 7, S. 246 u. f. 1790.

V. Die Stellung der Protestanten des Elsaß zur Revolution. — Kirchliche Fürbitten und patriotische Predigten. — Verhandlungen wegen des Zehnten und dem protestantischen Kirchengut. — Organisationsentwürfe.

Unter den Ungezählten, welche die Revolution in ihrem Beginn freudigen und hoffnungsvollen Herzens begrüßten, befanden sich auch die Protestanten des Elsaß, und zwar mit Recht. Schien es doch zunächst, als ob die großen Veränderungen und Umwälzungen der bürgerlichen Gesellschaft zu gute kommen sollten, und als ob die so beliebten Schlagwörter von Freiheit, Gleichheit und Bruderliebe den Lehren und dem Geiste des Christenthums entsprächen. Was Wunder, wenn die so verheißungsvoll auftretende Bewegung von ihrer ersten Stunde an die Theilnahme der Evangelischen für sich hatte. Es entspann sich in Folge dessen eine reiche, nach allen Seiten hin ausgreifende Thätigkeit im Schoß des elsässischen Protestantismus, der wie zur Förderung so auch zur Vertheidigung der guten Sache gleich bereit war. Wir erinnern daran, wie die Ehre, gegen die Ausschreitungen des wilden Pöbels in Stadt und Land zum ersten aufgetreten zu sein, dem Straßburger Kirchenkonvent gebührt, und wie man in protestantischen Gemeinden die freiwilligen Bürgermilizen zur Aufrechterhaltung der bedrohten Ordnung organisirte, zur Nachahmung für ganz Frankreich. Aber auch auf betendem Herzen trugen die Evangelischen die Angelegenheiten des Vaterlandes. Noch vor Eröffnung der Generalstände des Reiches ordnete das Colmarer Konsistorium diesbezügliche kirchliche Fürbitten an, um Gottes Segen zu erflehen. Diesem Beispiel folgte das Konsistorium von Reichenweier und ersuchte, im Einvernehmen mit der Mümpelgarder Regierung, die ihm unterstellten Geistlichen allsonntäglich in das allgemeine Kirchengebet folgenden Zusatz aufzunehmen: „... gib unserer Nationalversammlung den Geist der Weisheit und des Rechtes, den Geist der Kraft und der Stärke zu ihren Schlüssen; leite und segne die ganze fränkische Nation in allen ihren Gemeinden und bewahre dieselben vor dem Mißbrauch der Freiheit."[1] Ein gleiches

---

[1] Mittheilung von Pfarrer Ensfelder zu Reichenweier, aus dem dortigen Konsistorialarchiv.

thaten auch andere Kirchenregimente, wie denn alltäglich die Alumnen des Collegium Wilhelmitanum zu Straßburg, also die zukünftigen Geistlichen des Landes, zwei Mal mit der Bitte vor Gott traten:

> „Die Abgeordneten der Franken
> Beseel, o Gott, mit deiner Kraft;
> Laß ihren Eifer niemals wanken,
> Der stets an unserm Glücke schafft!
> Sei Du das Haupt von ihrem Kreise!
> Durch sie beglücke jeden Stand,
> Sprich Heil auf tausendfache Weise,
> Und segne sie mit milder Hand." [1]

Ueberhaupt hielt sich die evangelische Geistlichkeit für berufen, mitzurathen und zu thaten. Sie entfaltete eine reiche politische Thätigkeit, so sehr, daß wir heut zu Tage billig daran auszusetzen hätten. Nicht nur nahmen sie Sitz und Stimme in den von ihren Mitbürgern erwählten Gemeindevertretungen, wie Blessig zu Straßburg, Oberlin im Steinthal, Pfarrer Baber zu Ingweiler, der eine Zeitlang das Amt eines „Maire" neben seinem geistlichen Amt bekleidete,[2] u. A. m.; nicht nur liehen sie gern und willig ihr Wort, wo es sich um patriotische Festlichkeiten handelte, sondern auch ihre kirchliche Thätigkeit, die Predigten z. B., erhielt einen politischen Anstrich. Sie mahnten in derselben zur Vaterlandsliebe, zum Gehorsam gegen die Gesetze, forderten die Entrichtung der Abgaben an den Staat, oder zogen sonst allerlei Vorgänge des öffentlichen Lebens in den Bereich ihrer Rede. Einzelne uns gedruckt vorliegende Predigten, namentlich die des französischen Pfarrers an St. Nikolai zu Straßburg, Matthias Engel, sind eher politische Abhandlungen zu nennen und wären, däucht uns, überall mehr am Platz gewesen als auf einer christlichen Kanzel. Nichts destoweniger konnten diese politisirenden Geistlichen auf die Billigung und Zustimmung einer großen Zahl ihrer Zuhörer rechnen, wie denn einzelne Seelenhirten, die sich mißbilligend über den Gang der Ereignisse aussprachen, dadurch unwerth, ja unmöglich in ihren Gemeinden wurden.

---

[1] Geschichte der gegenwärtigen Zeit, 1790. Nr. 60.
[2] Mittheilung von Pfarrer Herrmann zu Ingweiler.

Bei der Nationalversammlung fand dies patriotische Verhalten der Protestanten und ihrer geistlichen Führer die verdiente Anerkennung. Sie bewies ihnen überall ein wohlwollendes Entgegenkommen, erleichterte den Uebergang in die neuen Ordnungen und berücksichtigte thunlichst die vorgebrachten Wünsche und Forderungen. Selbst in der Zeit, wo der Krieg zwischen der Nationalversammlung und der katholischen Kirche bereits auf's heftigste wüthete, herrschten zwischen der Versammlung und der protestantischen Kirche noch die besten Beziehungen. Erstere trug wohl Bedenken kirchenfeindlich gegen diejenigen aufzutreten, welche als ihre Bundesgenossen gelten durften. Erst der religionslosen Schreckenszeit war es vorbehalten, gleichgehässig den Katholizismus wie den Protestantismus zu erwürgen.

Nach zwei Seiten trug diese wohlwollende Gesinnung der Nationalversammlung dem Protestantismus glückliche Vortheile zu; einmal in Bezug auf die Aufhebung des Zehnten, und sodann in Ansehung des Kirchengutes. Zu einem Theil nämlich bestand vor der Revolution die Besoldung der evangelischen Pfarrer, Lehrer und Professoren der Hochschule aus dem Ertrag des Zehnten, der in allen Formen, als Frucht-, Wein- und Blutzehnten erhoben wurde. Als nun in Folge der bekannten Vorgänge in der Nacht vom 4. August 1789 auch der Zehnten ein Ende nahm, erlitten Obengenannte eine starke Einbuße ihrer bisherigen Einkünfte und Gehälter. Darob entstanden, wie sich das von selbst ergibt, allerhand Klagen bei der Nationalversammlung, welche dieselben dahin beantwortete, daß den Betreffenden eine Entschädigung aus Landesmitteln zu gewähren sei. Demgemäß ernannten die verschiedenen Distriktsbehörden Abschätzungskommissionen, mit dem Auftrag, die Klagen und Eingaben zu prüfen und zu ordnen. Die Arbeit zog sich durch lange Monate hindurch und war, als zu Schluß des Jahres 1793 die Schreckenszeit ausbrach, noch nicht ganz beendigt. Auf Seite der Behörden läßt sich ein unermüdliches Entgegenkommen feststellen und nur ausnahmsweise versagten sie den Ansätzen der Kommissionen oder der betreffenden Pfarrer ihre Zustimmung.

Um das übliche Verfahren zu kennzeichnen, theilen wir aus dem uns zur Verfügung gestellten Material folgendes Beispiel mit. „Laut Colligend des Straßburger Bürgerspitals vom Jahr

1582 hatte der Pfarrer von Enzheim jährlich das Recht auf den fünften Theil des „Enzheimer Zehenden", während der Spital einen gleichen Antheil bezog. Nach der Aufhebung des Zehnten richtete der damalige Pfarrer Joh. Jakob Küß ein Gesuch an die Departementsbehörde, die in der Sitzung vom 28. November 1791 beschloß, dem Petenten die nachgesuchte Entschädigung zukommen zu lassen. Dieselbe festzustellen, wurde der Durchschnittsertrag des Zehnten in den letzten eilf Jahren genommen, nachdem man vorher die zwei stärksten und die zwei schwächsten davon abgezogen. Hiernach ergab sich folgendes Resultat:

36 Viertel Weizen,
11 Viertel, 1 Sester, 3 Meffel Molzer,
25 Viertel, 1 Sester, 3 Meffel Gerste,

zu nachstehendem Geldsatz pro Viertel:

für den Weizen 17 L., 8 S. = 626 L., 8 S.
für den Molzer 11 L., 18 S., 8 D. = 133 L., 12 S., 6 D.
für die Gerste 10 L., 9 S. = 251 L., 19 S., 7 D.

Diese Summe wurde dem Pfarrer sofort durch den Einnehmer des Straßburger Distrikts ausbezahlt, und desgleichen auch, laut Quittung, in den zwei darauffolgenden Jahren, das heißt bis zum Ausbruch der Schreckenszeit. Nebenbei bezog Pfarrer Küß noch 278 Gulden an guten Geldsorten." [1] Es ergibt sich hieraus, daß die Pfarrbesoldungen jener Tage recht ansehnliche waren, wie denn Gehälter von vier bis fünftausend Livres nicht zu den Ausnahmen gehörten; nach heutigem Geldeswerth doppelt so viel.

Freilich ganz ohne Schaden ging es für die Pfarrer, für einzelne wenigstens, nicht ab, insofern da und dort die Gemeinden ihre bisherigen freiwilligen Leistungen zum Pfarrgehalt an Holz, Stroh, Früchten, Wein u. dgl. einstellten. Es ist dies in nicht so tief aufgeregten Zeiten wie vor hundert Jahren auch schon geschehn, so daß wir jenen Leuten kein Verbrechen daraus machen. Die Distriktsbehörden nahmen sich, wie aus den dickbäuchigen Folianten im Straßburger Bezirksarchiv erhellt, der also Geschädigten allerdings an, allein nicht immer mit dem gewünschten Erfolg. Nur zu oft mußten sie es, in Folge der Hartnäckigkeit der Gemeindevorsteher, bei ihren Vorstellungen bewenden lassen.

---

[1] Mittheilung von Pfarrer Helmstetter zu Enzheim.

Wichtiger und belangreicher war die Frage nach dem protestantischen Kirchengut. Auf Grund der Beschlüsse der Nationalversammlung vom 2. November 1789, laut welchen die Nation das Recht erhielt „über alle Kirchengüter frei zu verfügen", befand sich die protestantische Kirche im Elsaß vorerst in einem doppelten Nachtheil: sie sollte ihres Kirchengutes und ihrer frommen Stiftungen verlustig gehn, und dennoch für alle Kultuskosten sowie für die Besoldung ihrer Geistlichkeit selbst aufkommen. Denn während der Unterhalt des katholischen Kultus im Ausgabeetat des Staates ein Unterkommen gefunden, war für die Bedürfnisse der evangelischen Kirche ein derartiges nicht vorgesehn. Die elsäßischen Protestanten einigten sich deshalb dahin, es seien Bevollmächtigte zu bezeichnen mit dem Auftrag, bei der Nationalversammlung vorstellig zu werden und derselben die nöthigen Aufklärungen zu geben über den Rechts- und Besitzstand der Religionsverwandten Augsburger Konfession, sowie derselbe durch den Westphälischen Frieden festgestellt und durch die nachfolgenden Friedensschlüsse bestätigt worden war. Im Lauf dieser Verhandlungen thaten sich zwei Männer vortheilhaft hervor; der eine ist der Colmarer Stettmeister Sandherr, der andere der Straßburger Rechtsgelehrte Christoph Wilhelm Koch. Dieser Letztere namentlich, auf Grund eingehender Studien und mit allen einschlägigen Fragen bekannt und vertraut, verfocht die Interessen der evangelischen Kirche mit einer Meisterschaft, die mit den schönsten Erfolgen gekrönt wurde: ihm haben es die Protestanten des Elsaß zu danken, wenn ihnen, bis auf wenige Ausnahmen ihr Kirchenvermögen in den Stürmen der Revolutionszeit erhalten blieb. «Christophoro Guilielmo Koch ... de re ecclesiastica praeclare commerito ...» heißt es deshalb auch mit vollem Recht auf dem Denkmal, das Ohmachts klassischer Meisel schuf, und das in der St. Thomaskirche zu Straßburg seine Aufstellung fand, als Ausdruck der Dankbarkeit seiner Mitbürger.

In gediegenen Abhandlungen, von denen die Meisten gedruckt vorliegen,[1] und in mündlichen Besprechungen mit Mitgliedern der Nationalversammlung, vornehmlich mit dem „Ausschuß für

---

[1] Im Archiv des Direktoriums A. K. zu Straßburg. Sie sind von Prof. Koch zusammengestellt unter dem Titel: Recueil sur les Protestants.

kirchliche Angelegenheiten", setzte Koch seine Gründe auseinander. Die Kirchengüter der Protestanten, führte er aus, rühren von alten frommen Stiftungen aus vorreformatorischer Zeit her und sind für Kirchen- und Schulzwecke, sowie zur Unterstützung der Armen bestimmt. Sie sind demnach bereits „säkularisirt", d. h. in Folge der Reformation haben die weltlichen Fürsten und die Magistrate der Städte dieselben zu obigen Zielen und Zwecken eingezogen. Diese Bestimmung oder Säkularisation wurde durch den Westphälischen Frieden und die nachfolgenden Friedenstraktate zwischen Frankreich und dem Deutschen Reich feierlichst anerkannt und bestätigt. Legt nun, dessen ohngeachtet, die Nationalversammlung Hand an das Kirchengut und beschließt sie dessen Einziehung, so bricht sie die Verträge und vergewaltigt die Rechte der Protestanten. Er lieferte den Nachweis, daß die protestantischen Kirchengüter, falls man sie einzöge, bei weitem nicht ausreichen würden, um die Kultusausgaben der evangelischen Kirche durch den Staat zu decken, und beschwor die Nationalversammlung sie wolle an den Religionsverwandten der Augsburger Konfession kein Unrecht und keinen politischen Fehler begehen.

In Ansehung des St. Thomasstiftes zu Straßburg brachte er zur Kenntniß der Nationalversammlung, wie dasselbe durchaus keine kirchliche Körperschaft bilde, indem des Stiftes Einkünfte der protestantischen Hochschule, dem Gymnasium und den Lehrern an beiden Anstalten zu Gute kämen.

Unterstützt durch Herrn von Rathsamhausen, der Deputirten des Hagenau-Weißenburger Distriktes einen, welcher im Schoß der Nationalversammlung jeder Zeit sein Wort zu Gunsten der Protestanten des Elsaß in die Wagschale legte, führten Koch's Bemühungen zum gewünschten Ziel. Am 24. August 1790 sanktionirte der König einen Beschluß der Nationalversammlung vom 17. desselben Monats, laut dessen „die Anhänger des augsburgischen und helvetischen Glaubensbekenntnisses im Elsaß fortfahren werden, dieselben Rechte, Freiheiten und Vortheile zu genießen wie bisher". Diesem ersten etwas unbestimmt gefaßten Dekret folgte am 1. Dezember 1790 ein zweites, das am 10. Dezember die königliche Bestätigung erhielt und an Klarheit und Deutlichkeit nichts zu wünschen übrig ließ. In demselben heißt es ausdrücklich:

Artikel 1.

Die durch die Stiftungen der in der ehemaligen Provinz Elsaß, Herrschaften von Blamont, Clermont, Hericourt und Chatelot, wohnenden Protestanten der Augsburgischen und Helvetischen Confession wirklich in Besitz habenden Güter, sollen in dem Verkauf der Nationalgüter nicht miteinbegriffen sein, sondern fernerhin, wie vormals, verwaltet werden.

Während die evangelische Kirche mit glücklichem Erfolg ihr Vermögen rettete, zog sie auch die Frage nach einer neuen Organisation in den Bereich ihrer Berathungen und Besprechungen. Thatsächlich stand seit dem 4. August 1789 dieser Punkt auf der Tagesordnung. Bekanntlich schaffte in jener Nacht die Nationalversammlung alle Sonderrechte der Städte und ihrer Magistrate sowie die herrschaftlichen Vorrechte der in Frankreich possessionirten Fürsten ab, theils in Folge des Verzichtes, den die Privilegirten aussprachen, theils durch einen allgemeinen Beschluß. Den einzelnen Kirchenregimenten entzog dies den rechtlichen Boden, und ihre bisherige Organisation schwebte in der Luft. Früher stand z. B. der Straßburger Kirchenkonvent unter der Oberhoheit des mit bischöflichen Rechten ausgestatteten Magistrats. Jetzt, nachdem der Magistrat aufgehört hatte, nahm auch dies Vorrecht ein Ende, was zur Auflösung des Kirchenkonvents führte. Aehnlich gestalteten sich die Zustände in den andern Territorialkirchen, ob dieselben einer fürstlichen Herrschaft oder einem geistlichen Ministerium unterstellt waren: in ihrer Wirksamkeit hörten die bischöflichen Rechte derselben auf. Diese Rechtsfolgen traten freilich nicht unmittelbar nach dem 4. August zu Tage, doch beschlich einzelne Kirchenbehörden die Erkenntniß ihrer rechtlos gewordenen Stellung und suchten sie um die Zustimmung der Bürgerschaft zur Weiterführung der Geschäfte nach. So u. A. zu Straßburg und zu Colmar.

Es entsprach deshalb einem Bedürfniß, als der Elsässer Schwendt, Mitglied der Nationalversammlung, am 6. November und am 1. Dezember 1790 die Straßburger Gemeinden Augsburger Konfession einlud, unverzüglich eine Organisation der lutherischen Kirchen des Elsaß aufzustellen und einzureichen, damit derselbe in der neuen Reichsverfassung eine Stelle fände. Dieser

Einladung zu entsprechen, entwarf ein Ausschuß des Kirchenkonvents einen doppelten Plan. Der erste ist betitelt: „Entwurf einer Kirchenverfassung für die Protestanten Augsburgischen Bekenntnisses in Elsaß, Lothringen und Hochburgund" und hat zu Verfassern den Präsidenten des Konvents, Dr. Müller und Pfarrer Blessig. Unverkennbar schwebte ihnen, bei Aufstellung desselben, die bürgerliche Verfassung der katholischen Geistlichkeit vor, wie sie aus den Arbeiten der Nationalversammlung hervorgegangen war, und vertraten sie, wenn auch nur schüchtern, das Episkopalsystem, um den Geistlichen das Uebergewicht zu sichern. Der zweite Plan führt die Aufschrift: „Entwurf eines Organisationsplanes für die Kirchen der Augsburgischen Konfession in den Departements des Ober- und Niederrheins und in denen der Saone und des Doubs." Sein Hauptverfasser, Professor Koch, legte, nach protestantischen Grundsätzen, das Hauptgewicht in die Kirchengemeinde und betonte das Presbyterialsystem.

Beide Entwürfe wanderten in die Druckerei sammt einer Rede Blessigs, in welcher derselbe sich über die befolgten Grundsätze erklärte, und wurden nachher nebst einem Begleitschreiben an „die Mitgenossen unseres protestantischen Bekenntnisses" abgesandt mit der Bitte, über die Vorlagen zu Rathe zu gehn und das Resultat derselben, beziehungsweise auch neue Pläne, schriftlich einzureichen. In gleicher Zeit ersuchte man die verschiedenen Pfarrgemeinden des Landes, einen Vertreter zu erwählen, der „mit gehörigen Vollmachten und Unterschriften aller seiner Kommittenten versehn", nach Straßburg käme, wo „am 18. Januar 1791, Vormittags acht Uhr, im Hause des Dr. Müller, ein Konvent dieser Ihrer Deputirten und der unsrigen über diese Angelegenheiten gehalten werden soll, um sofort die legale Petition der elsässischen Protestanten an die Nationalversammlung abzufertigen".

Dieser Aufforderung entsprachen 58 Gemeinden dadurch, daß sie Bevollmächtigte ernannten, zwei andere gaben schriftlich ihre Zustimmung kund, und in „sieben, mit wahrer brüderlichen Eintracht gehaltenen öffentlichen Sitzungen verglich man sich über die Punkte, welche als fundamental- und konstitutionelle Artikel könnten angesehen und der Nationalversammlung zur Bekräftigung empfohlen werden."

Zwei Kirchenregimente versagten diesen Arbeiten und Vorschlägen ihre Zustimmung, nämlich das Buchsweiler Generalkonsistorium und das Konsistorium Reichenweier. „Sechs hanaulichtenbergische Herren Pfarrer erschienen im Namen ihrer Herren Amtsbrüder der sechs Inspekturen. Sie führten wichtige Gründe an, warum sie an den Berathschlagungen keinen Antheil nehmen können, gaben aber von ihrem brüderlichen Sinne rührende Versicherungen." So steht im Protokoll[1] über die vom 18. bis 24. Januar 1791 gepflogenen Verhandlungen. Sie beriefen sich gewißlich auf ihre besondern kirchlichen Einrichtungen, auf die Treue und die schuldige Dankbarkeit gegenüber ihrem Fürstenhause, das jeder Zeit mit väterlicher Liebe und Freigebigkeit für die Bedürfnisse seiner Unterthanen gesorgt hatte. Allein nebenbei liefen doch noch andere Gründe mit unter — wenigstens bei einzelnen Geistlichen und Laien —, die von nichts weniger als „von brüderlichem Sinne rührende Versicherungen" geben. Man fürchtete sich vor der „Straßburger Zwickmühle" und glaubte seiner Selbständigkeit verlustig zu gehn. Es erschienen nämlich zwei anonyme Schriften, die von persönlichen Angriffen und Beleidigungen strotzten und, wie man zu sagen pflegt, die Straßburger hinter dem Ofen suchten. Die eine ist betitelt: „erfreuliche Nachricht für die Juden von einem bald zu erwartenden Hohenpriester, oder Brief des Rabbiners zu Rappoltsweiler an den Rabbiner zu Metz, 1790."[2] Als Zielscheibe des plumpen Witzes muß das „Fischerbübel", d. h. Pfarrer Blessig herhalten. Die andere Schrift nennt sich: „freimüthige Gedanken eines hanauischen Pfarrers über die straßburgischen Plane eine neue Organisation der protestantischen Geistlichkeit im Elsasse betreffend. Auch eine Rede. 1791." So weit wir ermitteln konnten, hätte letztere Schrift einen Pfarrer Höfel zum Verfasser.

Das Konsistorium von Reichenweier versagte seine Theilnahme „weil in dem Straßburger Projekt das Episkopalrecht des herzoglichen Hauses völlig vernichtet wird." Dem Klub der Konstitutionsfreunde zu Straßburg, welcher dem Konsistorium ein Pro-

---

[1] Fritz, Blessig.

[2] Beide Broschüren befinden sich im Archiv des Direktoriums, in der Sammlung Recueil sur les Protestants.

jekt zur „Organisation der protestantischen Klerisey" vorgelegt, um dessen Unterstützung dafür bei der Nationalversammlung zu haben, antwortete dasselbe, nachdem es von der Mümpelgarder Regierung die Weisung erhalten, in der Sache nicht vorzugehn, „es werde sich weder einen Gedanken, viel weniger eine Handlung erlauben, weßwegen man ihm Untreue oder Undankbarkeit vorwerfen könnte."[1]

Hatten doch auch Unberufene sich bereit gefunden über eine neue Organisation der evangelischen Kirche ihre Stimme abzugeben. Ein Katholik Namens Matthieu, Prokurator-Syndik am Straßburger Distrikt, brachte die Angelegenheit vor den Klub der Konstitutionsfreunde und legte demselben einen eigenen Plan vor, bekannt unter dem Namen «la motion de M. Matthieu concernant les protestants d'Alsace.» Das ganze war nichts weiter als ein Abklatsch der bürgerlichen Verfassung der katholischen Geistlichkeit und lief darauf hinaus, die protestantische Kirche ihrer Vortheile, namentlich des Besitzes ihres Kirchengutes zu berauben. Er stellte im Klub vor, wie die Protestanten, aus Liebe zum Frieden und zur Gleichheit, ihr kirchliches Vermögen auf den Altar des Vaterlandes legen sollten, um von Staatswegen die Befriedigung ihrer kultischen Bedürfnisse zu erlangen. Unter der Hand verdächtigte man die beiden um die evangelische Kirche hochverdienten Abgeordneten Koch und Sandherr, und suchte sie in den Augen ihrer Kommittenten herabzusetzen. Daß Katholiken sich bereit fanden, diese Bestrebungen zu fördern, liegt auf der Hand: war ihnen doch die begünstigte Stellung der Protestanten, auf Grund der neuen Dekrete, ein Dorn im Auge. Leider gaben sich auch Protestanten dazu her. Es waren die «enragés», welche entweder einen schönen Zuwachs ihrer Besoldung von einer neuen Einrichtung erwarteten, oder auf irgend ein zum Nationalgut gewordenes Kirchengut spekulirten, oder aus übertriebenem Patriotismus „das Scherflein der Wittwe" der Freiheit und Gleichheit opfern wollten. Professor Koch nahm den Handschuh auf und stellte der Motion des Herrn Matthieu die protestantischen Grundsätze gegenüber. Dies führte zu einem

---

[1] Mittheilung von Pfarrer Enßfelder aus dem Konsistorialarchiv von Reichenweier.

Wort- und Schriftenkrieg im Klub, im Konvent und im großen Publikum, an dem die hervorragendsten Vertreter des Protestantismus, die Haffner, Blessig, Fritz, Pfeffel, Oberlin, Dr. Müller, Lobstein, Engel u. a. m. sich betheiligten.[1]

Der Streit verlief im Sand. Aber auch all die Besprechungen und Berathschlagungen über eine neue Organisation der evangelischen Kirche führten vorläufig zu keinem Ziel; in der Nationalversammlung kamen sie nicht zur Sprache.

VI. Konfessionelle Wirren. — Politische Parteikämpfe. — Emigration des Kardinal von Rohan und Wahl des konstitutionellen Bischof Brendel. — Der Konstitutionseid. — Rede von Pfarrer Kampmann in Reitweiler.

Während der Kampf um die Organisation der evangelischen Kirche des Elsaß noch hin und her wogte, verschlimmerten sich, wie wir das im einzelnen nachweisen können, die Zustände im Land von Tag zu Tag und zwar in kirchlicher und in politischer Beziehung. Zunächst einmal entflammte der konfessionelle Streit und Hader. Allerorten, wo Katholiken und Protestanten neben einander wohnten in derselben oder in benachbarten Gemeinden kam es zu Feindseligkeiten. Konnten doch die Katholiken es nicht überwinden, daß ihre evangelischen Mitbürger nicht nur sich frei machten von all den Ausnahmsgesetzen, denen sie vor der Revolution in kirchlicher und politischer Hinsicht unterworfen waren, sondern fortan auch gleiche Rechte genießen sollten ja, daß ihnen selbst Vortheile erwuchsen, da wo sie nur Nachtheile erblickten, wie z. B. in Betreff des Kirchengutes. Und als nun die Evangelischen einstige Gerechtsame in Kirchen, Schulen und auf Friedhöfen, deren man sie in früheren Zeiten beraubt, wieder rückforderten oder gar eigenmächtig einholten, lag zwischen Frieden und Streit nur noch ein Schritt. So mußte zu Lembach, um Beispiele anzuführen, das Chor der Kirche den Protestanten wieder zugänglich gemacht und das Gitter entfernt werden. Die protestantischen Einwohner von Lampertheim brachten auf's Neue Bänke im Chor an und stellten den Altar auf seinem früheren Platz darin auf. Zu Schwabweiler mußte sich die evangelische

---

[1] Archiv des Direktoriums.

Bevölkerung Eingang in die gemeinsam mit den Katholiken erbaute Kirche zu verschaffen, nachdem man sie gegen alle Verabredungen daraus vertrieben. Die Protestanten von Wiebersweiler, der Kirche und des Kirchhofes beraubt, mußten vor 1789 ihre Todten in den Gärten begraben ohne die Mitwirkung eines Geistlichen, weil ihm der Eintritt ins Dorf verwehrt war. Hierin schaffte die Revolution Wandel und gab ihnen den Mitgebrauch der Kirche wieder. Auch davon wurden sie befreit, daß obschon sie ihre Kinder in die evangelische Schule nach Altweiler schickten, doch für die Besoldung des katholischen Lehrers zu Wiebersweiler mit aufkommen mußten.

Solche Vorgänge, denen wir noch manche andere beifügen könnten, führten trotz ihrer Berechtigung zu Verdrießlichkeiten und Reibereien zwischen den dabei betheiligten Parteien; und wenn gar über das Recht hinausgegriffen ward, wie zu Mietesheim geschah, wo man den katholischen Altar aus der Kirche entfernte, so hieß dies Oel ins Feuer gießen.[1]

In leidenschaftlichen Wahlkämpfen tobte sich der konfessionelle Hader aus; aber auch in der Böswilligkeit, mit welcher katholische Verwaltungsbehörden die den Protestanten günstigen Dekrete der Nationalversammlung auslegten. So beschwerten sich die Konsistorien von Colmar und von Reichenweier in einer Eingabe an die Nationalversammlung vom 17. Mai 1791 über die oberrheinische, ausschließlich aus „Papisten" zusammengesetzte Departementsverwaltung, wegen ihrer Art, die Schlüsse vom 17. August 1790 zu deuten, und baten um Abhülfe. Die „sehr demüthige" Supplik des Colmarer Konsistoriums sprach im Namen „aller oberrheinischen Protestanten"; das Konsistorium von Reichenweier im Auftrag der zu seinem Sprengel gehörigen Pfarrgemeinden. Beide Adressen erinnerten an all die Unterdrückungen, welchen die protestantische Bevölkerung seit den Tagen Ludwigs XIV. ausgesetzt, berichteten über die Nörgeleien der Departementsverwaltung und schlossen mit einer genauen Aufzählung all der

---

[1] Obige Angaben sind den historischen Berichten über die Pfarreien im Archiv des Direktoriums, die über Schwabweiler, dem Bezirksarchiv entnommen.

Punkte, die man von Seiten der hohen Versammlung anerkannt und bestätigt zu wissen wünschte.[1]

Durch's ganze Land munkelte man von böswilligen Anschlägen der Katholiken und erwartete sich protestantischerseits auf nächtliche Ueberfälle mit Brand und Mord. Einzelne Gemeinden, wie Niederrödern[2] z. B., suchten Zuflucht beim Distrikt gegen die Drohungen der Katholiken von Seltz; andere bewaffneten sich und zogen allnächtlich Wachen auf, oder verbanden sich mit Nachbarsdörfern zu gegenseitiger Hülfeleistung. Gar lebhaft fühlt man sich an das Jahr 1870 erinnert und all die Befürchtungen, welche man in evangelischen Kreisen hegte. Denn wer weiß wozu es, ohne die deutschen Siege, im Elsaß damals gekommen wäre?

Zu den konfessionellen Wirren gesellten sich politische. Die im Elsaß possessionirten deutschen Fürsten nämlich zogen sich in ihre außerelsässischen Besitzungen zurück, bei der Nationalversammlung Verwahrung einlegend gegen ihre sie an Besitz und Recht schädigenden Beschlüsse, auf Grund der Westphälischen und Ryswickischen Friedensverträge und gingen Kaiser und Reich um Schutz für ihre Gerechtsame an. Die beiderseits zwischen der französischen und der kaiserlichen deutschen Regierung gepflogenen Verhandlungen arteten in Mißverständnisse und gegenseitige Verbitterung aus. Schließlich sahen sich die Fürsten ihrer Besitzungen beraubt; die Nationalversammlung erklärte dieselben als Nationaleigenthum.

Noch bevor die Fürsten oder deren Angestellte das Elsaß aufgaben, hatten bereits französische Bürger den Wanderstab ergriffen, um ihr Vaterland zu verlassen. Es waren dies die Unzufriedenen, Prinzen von Geblüt, Adelige, Offiziere, Priester und Nonnen und ihnen nach, helle Schaaren von Bürger- und Bauersleuten, namentlich seitdem man mit der Verfassung der Geistlichkeit Ernst machte. Viele dieser Emigranten setzten den Fuß über die Grenze, bereit ihr Vaterland an das Ausland zu verrathen oder den Degen gegen dasselbe zu ziehen.

Der erste Emigrant war der Graf von Artois, nachmalig König Karl X. Bei seinen Lastern und seiner Verschwendung

---

[1] Mittheilung von Pfarrer Ensfelder zu Reichenweier.
[2] Bezirksarchiv, Band X. — Protokolle des Distrikt.

war es unschwer zu errathen, daß sich die Volkswuth in erster Linie gegen ihn wenden würde; deßhalb befahl ihm Ludwig XVI. am 17. Juli 1789 Paris zu verlassen und „sich aus dem Königreich zurückzuziehen." Auch andere mißliebige Persönlichkeiten hatten ähnliche Befehle erhalten. Ihnen folgten später noch viele; so der Graf von Provence, der als Ludwig XVIII. den französischen Thron besteigen sollte, drei Conde und weitere Mitglieder der vornehmsten Familien des Landes. Bekanntlich organisirte sich diese Emigration politisch und militärisch zu London, Brüssel, besonders zu Koblenz, Mainz und Worms, und bereitete Frankreich arge Verlegenheiten. Alle Sorge wurde der Bildung zweier Armeen zugewandt, von denen die eine in Koblenz, die andere in Worms unter Conde's Befehl stehen sollten. Nebenher unterhandelte man mit den auswärtigen Regierungen, um dieselben gegen Frankreich aufzustacheln. Die französische Nation sah darin eine Herausforderung, und die Nationalversammlung beantwortete dieselbe mit verschärften Maßregeln gegen die königliche Familie und die der Verbindungen mit der Emigration Verdächtigen.

Im Elsaß gab der Fürstbischof von Straßburg, Kardinal von Rohan, der Ersten einer das Zeichen zum Aufbruch, indem er sich im badischen Theil seines Bisthums, zu Ettenheim, niederließ und der französischen Regierung den Gehorsam kündigte. Seine Residenz wurde fortan der Tummelplatz der „schwarzen Legion", eines Soldatenkorps, das sich aus Auswanderer zusammensetzte und, unter dem Kommando von Conde und des ob seiner außerordentlichen Leibesrundung spottweise „das Faß" genannten Mirabeau des Jüngeren, auf nichts geringeres ausging, als ins Elsaß einzufallen und mit Waffengewalt die alte Ordnung wieder herzustellen. Diese schwarze Legion fand an den eidweigernden katholischen Geistlichen treue Helfer und Bundesgenossen; indem dieselben hin und her die waffenfähigen katholischen Jünglinge zur Auswanderung und zum Eintritt in das Korps veranlaßten, auch mittelst geheimer Geldsammlungen und Sendungen die militärisch sich organisirende Gegenrevolution förderten.

Geradezu unheilvoll erwies sich der Wegzug des Fürstbischofs für die katholische Kirche des Elsaß. In Folge seiner Weigerung nämlich nach Straßburg zurückzukehren und auf Grund der neuen Gesetzgebung, ward ihm ein Nachfolger in der Person des konstitutionellen Bischofs Brendel. Diese Wahl veranlaßte den Fürstbischof zu den heftigsten Angriffen, und um den Einfluß des neuen Bischofs lahm zu legen, setzte man alle Hebel in Bewegung. Ueber Brendel ergoß sich eine Fluth von Schmach und Schande: man wühlte in seinem Privatleben herum, klagte ihn des Abfalls vom Glauben der Kirche an, nannte ihn den „lutherischen" Bischof, weil nach dem Gesetz etliche Protestanten an seiner Wahl theilgenommen, gab aus, daß er Strolche und Handwerksgesellen zu Priestern weihe, und erklärte ihn für des Todes werth. Diejenigen Geistlichen und Gemeinden, welche ihn anerkennen wollten, schüchterte man ein und drohte ihnen mit Bann und Fluch. Zu der unter die katholische Bevölkerung geworfenen Unmasse von Zeitungsblättern, Brand- und Flugschriften, kamen noch die geheimen Weisungen des Kardinals und seiner Agenten, und die fremdländischen Mönche, welche, wie die Rastatter Franziskaner, die Distrikte von Hagenau und von Weißenburg täglich bereisten, um Messe zu lesen, Beichte zu hören und die Landleute gegen jedwede Ordnung einzunehmen. Zum Lohn dafür schleppten sie ganze Ladungen an Butter, Käse und Eier mit sich über den Rhein zurück.[1] Es entstanden in Folge dessen zwei katholische Parteien, die sich in Stadt und Land mit der größten Bitterkeit bekämpften, und vor den Greueln eines Bürgerkrieges nicht mehr zurückschreckten.

Solcher Gegnerschaft war Brendel nicht gewachsen; ihm fehlte das Zeug zu einem Apostel oder zu einem Märtyrer, und bei der Wahl seiner Gehülfen und Rathgeber die glückliche Hand. Auch die ihm günstigen Maßregeln der Distriktsverwaltungen blieben erfolglos oder wirkten geradezu schädigend. Auf Anordnung der königlichen Kommissäre nämlich, die zu Anfang des Jahres 1791 ins Elsaß kamen, um auf die wilderregten Geister besänftigend einzuwirken, sollten binnen kurzer Frist alle katholischen Geistlichen den Eid auf die Konstitution leisten, oder im Weigerungsfall des Landes verwiesen werden. Man hoffte dadurch der Hetzarbeit Einzelner ein Ziel stecken zu können. Allein

---

[1] Straßbg. Zeitung, 20. Juli 1791.

jetzt wanderten auch die ruhigen unter den Geistlichen um ihres Gewissens willen ins Exil, und fielen mithin der Gegenrevolution zum Theil in die Arme. Wohl gab es auch solche, die sich den Anordnungen der Behörden fügten, allein ihre Zahl reichte bei weitem nicht aus, um all die verwaisten Pfarreien zu besetzen. Man nahm deßhalb ausländische Priester auf, oder berief solche: unter diesen befand sich einer, der zunächst die Stelle eines bischöflichen Vikars erhielt und später als Schreckensrichter zu so trauriger Berühmtheit gelangen sollte, der berüchtigte Eulogius Schneider. Die Zeitungen besangen das Lob dieser Rekruten, und wie sehr dieselben dafür empfänglich waren, erhellt aus der ergötzlichen Zuschrift etlicher Priester und Mönche aus Dammerkirch, Altkirch, Hagenbach und anderer oberrheinischer Ortschaften „an Herren Zeitungsschreiber Augsburgischer Profession zu Straßburg", wodurch sie begehrten, man möchte doch ihre Namen in der „nächsten Zeitung" veröffentlichen und mittheilen, wie sie den Eid geleistet hätten „andern zu einem Exempel des gehorsams."[1]

Um aller Gerechtigkeit widerfahren zu lassen, forderten die Distriktsbehörden auch von den Professoren, Pfarrern und Lehrern der evangelischen Kirche den bürgerlichen Eid; und setzten für die Angehörigen des „augsburgischen Religionsbekenntnisses" den 1. Mai 1791, für die des „helvetischen Bekenntnisses" den darauffolgenden 8. Mai fest.[2] Diese Forderung, nichtkatholische Geistliche, Professoren und Lehrer auf die eigens für die katholische Geistlichkeit erlassene Konstitution zu verpflichten, war zum Mindesten eine ungereimte. Doch Niemand dachte, wie es scheint, darüber nach, oder nahm Anstoß daran. Man ergriff auf Seiten der Protestanten sehr gern diese Gelegenheit, um auf's Neue seine Vaterlandsliebe und seine Achtung vor den Gesetzen zu bekunden. Nur einige wenige verweigerten den Eid, aber nicht aus religiösen, sondern aus politischen Gründen. So die Pfarrer Fr. Karl Lorch von Kleeburg[3] und Georg Jakob Schweppen-

---

[1] Rob. Reuß, La Cathédrale de Strasbourg pendant la Révolution. Paris 1888, p. 214.

[2] Geschichte der gegenwärtigen Zeit. 2. Mai 1791.

[3] Mittheil. von Pfarrer Eppel zu Kleeburg.

häuser von Sesenheim.[1] Sie wanderten aus und kehrten unter dem Schutz der alliirten deutschen Truppen ein paar Monate später in ihre Pfarreien zurück. Am ersten Sonntag nach seiner Ankunft ließ Pfarrer Schweppenhäuser in der Kirche vor der Predigt höchst bezeichnend und zum großen Aerger seiner patriotischen Pflegbefohlenen singen: „Es traure wer da trauern mag, ich kann mich nicht betrüben." Diese franzosenfeindliche Kundgebung erschwerte ihm seine Stellung ungemein und als die Verbündeten sich über den Rhein zurückzogen, mußte er fliehen. Der lutherische Geistliche H ö f e l von Geudertheim leistete den Eid als „hochfürstlicher-Hessen-Hanau-lichtenbergischer Pfarrer" unter dem Hohngelächter seiner „patriotischen" Pfarrkinder; und der reformirte Schullehrer von Bischweiler wollte den „Franzoseneid" nicht schwören, weil er zu gut Zweibrückisch sei.[2]

Doch das waren Ausnahmen. Die übergroße Mehrzahl der Geistlichen und Lehrer huldigte dem Gesetz, und von der aufrichtigen, wahrhaft christlichen Gesinnung, mit welcher sie es thaten, mag folgende ungedruckte Rede des Pfarrers Kampmann von Reitweiler ein beredtes Zeugniß ablegen: „Ein Christ weiß und ist überzeugt, daß die weltlichen Regierungsformen, ob sie gleich verschiedener Art sind, dennoch alle unter der höchsten Regierung Gottes stehen; er weiß auch, daß sich Gott ihrer bedient zum Besten der Menschen, sonderlich derer, die Ihn fürchten.

Daher ist er jeder Obrigkeit unterthan, die Gewalt über ihn hat, nicht aus Zwang oder allein um seines Nutzens willen, sondern — um des Gewissens willen, aus Respekt gegen Gottes Regierung.

Geschieht das bei einem solchen Regiment, wo in manchen Stücken gegen Gottes Absichten, d. i. gegen das Beste der Unterthanen gehandelt wird; und geht er nicht eher davon ab, als bis er sieht, daß die Gewalt andern Händen anvertraut ist, und er daraus Gottes Regierung und Wink, wem er zu folgen hat, erkennt: wie vielmehr wird er mit Mund und Herzen, und mit Dank gegen Gott da unterthan sein, wo das ganze Regiment

---

[1] Historische Berichte im Archiv des Direktoriums.
[2] Geschichte der gegenwärtigen Zeit. 30. Juli 1791.

auf die wahren und richtigen Grundsätze, d. i. auf das Wohl des ganzen Landes überhaupt und jedes Einwohners insbesondere gegründet ist.

Wer wollte deshalb nicht gerne einer Verfassung anhangen, worin Jedermann die gehörige Freiheit und Sicherheit in Ansehung seiner Person, seines Eigenthums und seines Gewissens zugesichert sind? einer Verfassung, wo alle Bürger gleiche Rechte haben und sich als Brüder unter einander zu lieben angewiesen sind?

Und diese Grundsätze hat die Nationalversammlung unter der Leitung Gottes anerkannt und darauf unsere jetzige Verfassung gebaut.

Da es nun um der Ruhe des Landes willen nöthig ist, daß man zu einem jeden öffentlichen Beamten das Vertrauen habe, daß er der Konstitution des Landes ergeben sei, und die Nationalversammlung ihnen deswegen einen besondern Eid abfordert: so trage ich kein Bedenken die Grundsätze des Gehorsams gegen die jedesmalige Landesverfassung, die euerer Liebe aus meinem Betragen in Wort und Thaten schon sattsam bekannt sind, auch in Ansehung der jetzigen Konstitution öffentlich in dem Hause Gottes in Gegenwart der ganzen Gemeine und ihrer Vorgesetzten zu äußern und mit einem feierlichen Eid, den Dekreten der Nationalversammlung gemäß, zu bekräftigen.

Ich schwöre demnach ohne Einschränkung noch Vorbehalt, über die meiner Seelsorge anvertrauten christlichen Gemeinen mit Sorgfalt zu wachen, der Nation, dem Gesetz und dem König getreu zu sein, und aus allen Kräften die von der Nationalversammlung dekretirte und vom König sanktionirte oder angenommene Konstitution zu handhaben.

Gott gebe mir seine Kraft dazu. Amen."[1]

So gestaltete sich die Eidablegung bei den Protestanten zu einem wahren Gottesdienst. Ihre Geistlichen gaben ihren Gemeinden das Vorbild der Vaterlandsliebe, der Achtung und des Gehorsams gegen die Gesetze und zeigten sich um das allgemeine Wohl ihrer Mitbürger besorgt, während zahlreiche katholische Geistliche ihrem Vaterlande den Rücken kehrten, oder gar pflichtvergessen an dessen Untergang arbeiteten.

---

[1] Im Privatbesitz von Direktor Erichson in Straßburg.

VII. Die Konstitutionsfeste.

Daß man in den protestantischen Kreisen auch die Vollendung der neuen Staatsverfassung mit Freuden begrüßte, nachdem man mit so großer Bereitwilligkeit den Schwur der Treue gegen dieselbe abgelegt, versteht sich von selbst. Sie war freilich nicht ohne Mängel, und der vergebliche Fluchtversuch Ludwigs XVI. im Monat Juni 1791 hatte die Nationalversammlung veranlaßt, sie in einem mehr demokratischeren Sinn abzuändern, als man ursprünglich plante. Nach einigem Zögern genehmigte sie der König ohne jedwede Einschränkung und beschwor sie in feierlicher Sitzung. Diese Nachricht erfüllte die konstitutionelle Mehrheit der Einwohner mit Freude, denn sie betrachteten das Geschehniß als ein neues Band zwischen dem Fürsten und dem Volke und nährten die Hoffnung, daß bei treuer Vollziehung der Konstitution der Parteigeist allmählich verschwinden, die Emigranten, ihre Thorheit bereuend, ins Vaterland zurückkehren, und die fremden Mächte keinen Vorwand Frankreich zu bekriegen mehr finden würden. Diese Ansichten theilte die demokratische Partei allerdings nicht, sie, welche das Zutrauen in die aufrichtigen Gesinnungen des Königs schon längst aufgegeben und die Gründung einer Republik anstrebte. Die Feinde und Gegner der neuen Staatsverfassung dagegen behaupteten, der König habe dieselbe nur genehmigt, weil man ihn dazu gezwungen oder um Zeit zu gewinnen und fuhren fort, sie zu mißachten.

Indessen wurde wie in ganz Frankreich so auch im Elsaß die Annahme der Verfassungsurkunde durch Ludwig XVI. als eine glückliche Begebenheit, als ein Versöhnungsfest zwischen dem Monarchen und der Nation gefeiert und zwar mit Glanz und großem Gepränge. Straßburg gab den Ton an am 25. September durch Glockengeläute und Kanonendonner. Vor dem Gemeindehaus wehte die große Bundesfahne, als Sinnbild der Einigkeit der Franzosen, und neben ihr eine weiße Fahne, als Zeichen der durch das Gesetz wieder hergestellten Ruhe.

Auf dem Paradeplatz ging die öffentliche Feier vor sich. Vier Munizipalbeamte trugen die Konstitutionsurkunde auf einem Sammetkissen zum Altar, den man dortselbst errichtet, und legten sie auf ihn nieder. In feierlichem Geleite holten Nationalgarden die katholische Geistlichkeit am Münster, die evangelische an der Neuen Kirche dazu ab. Dann verlas der Maire Dietrich die Urkunde vor den versammelten Civil- und Militärbehörden und einer zahlreichen Volksmenge. Ein vieltausendstimmiger Schwur der Anwesenden war die Antwort. Darauf stimmte der Bischof das Te Deum an, in welches die Musik und die Versammlung begeistert einfielen. Am Abend dieses Volksfestes glänzten wieder das Münster und die Stadt, wie einst beim Bundesfest im Lampenfeuer. Erfreulicher noch für das Herz war der Anblick der durch die Munizipalität auf der Terrasse des Gemeindehauses für die Waisen- und Findlingskinder und die Greise der Armenanstalt angeordneten Bewirthung. Der Maire selbst, seine Gattin und andere angesehene Bürger und Bürgerinnen reichten ihnen die Speisen.

Neben dieser mehr bürgerlichen Feier veranstaltete die protestantische Geistlichkeit Straßburgs noch eine kirchliche. „Bereits am 22. September wurde im Kirchenkonvent ausgemacht, was für ein Danklied am Sonntag bei der Verkündigung der vollendeten Konstitution von den Pfarrern der beiden protestantischen Kirchen öffentlich sollte angestimmt werden, und wählte man mit einer veränderten Redaktion drei Verse aus einem Lied, welches anfängt: „Aus deiner milden Segenshand".[1]

Auch die protestantischen Landgemeinden blieben nicht zurück. In feierlichem Zug begaben sich die Bewohner jeder Gemeinde hinaus zum Bundesaltar, wo die rings um denselben aufgestellten Nationalgarden das Gewehr präsentirten im Augenblick als die Mitglieder der Munizipalität die neue Verfassung herbeibrachten. Nach einem Gesang der Anwesenden las der Maire, der Lehrer oder ein anderer dazu bestellter Bürger die Urkunde vor und forderte die Versammlung auf, den Eid der Treue zu leisten. Allenthalben betheiligten sich die Geistlichen an diesen Festlichkeiten ihre Pfarrkinder ermahnend, „wie sie als eifrige Christen und treue Bürger die Interessen des irdischen Vaterlandes mit den erhabenen Bestimmungen des himmlischen vereinen und heiße Gebete an den Gott der Völker nnd der Könige für das Glück

---

[1] Mitgetheilt durch Direktor Erichson aus dem Protokoll des Kirchenkonvents im St. Thomasarchiv.

Frankreichs richten sollen".[1] Einen beliebten Text gab das Psalmwort: „Sie ist festgegründet auf den heiligen Bergen." (Psalm 87, 1.)

Wie sehr verständige und wackere Pfarrer sich bemühten diese bürgerlichen, patriotischen Feste zu einem wahren Gottesdienst umzugestalten, mag man folgendem ungedruckten Programm entnehmen, das zu gleicher Zeit als Beleg dienen kann für die Art und Weise wie es auch in andern Gemeinden zuging.

„Zum Konstitutionsfest 1791 in Reitweiler und Simbrett.

I.

Gesungen beim Vaterlands-Altar.

1.

Glück zu zur Konstitution!
So schallt's bei unsrer Nation
Von Ort zu Orte wieder;
So tönt auch unsres Jubel Schall —
Und Feld und Auen füllt der Hall
Der frohen Jubellieder.
Gott nur
Die Spur
Deiner Güte
Rührt's Gemüthe
Denn wir wissen:
Von dir kommt was wir genießen.

2.

Wir sehn das Werk vor Augen stehn
Und sehn's bein Lob, o Gott, erhöhn;
Wer wollte sich nicht freuen!
Auch bist du unser ein'ger Schutz,
Und aller unsrer Feinde Trutz
Darf, wer dich scheut, nicht scheuen.
Drum gib
Den Trieb
Dich zu loben
Für die Proben
Deiner Güte
Unauslöschlich ins Gemüthe.

---

[1] W. Burkhardt, Joh. Fried. Oberlin. Stuttgart 1843, II. Teil, S. 872.

II.

Am Kanzeltuch in Reitweiler:

Wahrheit macht frei
Und selig babei.

An der Wand der Kirche:

Beglück die Konstitution
O Gott! und bau der Wahrheit Thron
In unser aller Herzen auf;
Bist du ausführest himmelauf
Zur neuen Konstitution.

In Simbrett stund an der Kanzel:

Gott und dem Bruder treu —
Seht Christen, das heißt frei.

Ueber dem Thorbogen:

Glückliche Franken!
Euer Herz glühe von
Loben und Danken.

III.

Die Illumination des Nachts hatte die Worte auf vier Tafeln:

O Gott, der Franken Nation
Gib Heil! Gehorsam den Gesetzen;
Und Treu umgeb' des Königs Thron:
So wird kein Feind uns je verletzen.

Eine zu den drei Nationalfarben illuminirte Tafel zeigte auf die Worte:

Gott segne Nation, Gesetz und Königs Thron."[1]

Im Protokollbuch zu Bischweiler finden wir unterm Datum vom 1. Oktober 1791 folgende Aufzeichnung: ... „wurde beschlossen bis kommenden Sonntag die königliche Annahme der Constitution feyerlich bekannt zu machen, die Herren Pfarrers einzuladen der Ceremonie beyzuwohnen, einer unter ihnen eine kleine Rede zu halten, und auf dem Platz das: ‚Herr Gott, dich loben wir', absingen zu lassen, und soviel möglich, wie wohl ohne große Kosten, alle möglichen Freudensbezeugungen anzustellen, das Fest auch Samstagsabends durch Läutung der Glocken und Absierung der Katzenköpfe anzukünden."

---

[1] Im Privatbesitz von Direktor Erichson.

„Unter den zweiten Octobris wurde bemeltes Fest celebrirt wobey sich die Municipalitaet und Communen-Rath, die Herrn Pfarrers wie auch H. Friedensrichter und Beysitzer auf dem Gemeinde-Haus versammelt, von dort sich in die Kirche begeben; vier Municipal-Beamte das Gesetzbuch auf einem Kissen tragend, und durch die Nationalgarde zu Fuß und zu Pferd mit music begleitet, allwo Herr Pfarrer Schwebel eine anständige Rede gehalten und ein Gesang absingen lassen, von dort alsdann wieder zurück an das Gemeinde-Hauß, allwo der greffier das von dem König genehmigte Gesetzbuch abgelesen, nach diesem unter freiem Himmel das Lied: ‚Nun danket alle Gott' von einer großen Anzahl Anwesenden abgesungen worden, und endlich wurde noch durch die Municipalitaet unter Begleitung der Nationalgarde und music ein Zug durch den obern Flecken gemacht, und der ganze Tag wurde unter geziemender Freude zugebracht, des Nachts aber bald alle Häuser beleuchtet, und besondere Eintracht und Vergnügen hat den Schluß gemacht."[1]

Noch war der Festjubel nicht verrauscht, als die Nationalversammlung am 30. September 1791 ihre denkwürdige Session abschloß. Auf den 1. Oktober eröffnete die kürzlich gewählte gesetzgebende Versammlung ihre Sitzungen und einen neuen Abschnitt in der Revolutionsgeschichte Frankreichs.

---

[1] Mittheilung von Pfarrer Höpffner zu Bischweiler.

Zweiter Abschnitt.

Unter der gesetzgebenden Versammlung.

(1. Oktober 1791 bis 21. September 1792.)

VIII. Die Legislative. — Die Parteien. — Franzilisirungsversuche. — Eine Rede Oberlins. — Die Pflanzung eines Freiheitsbaumes zu Andolsheim.

Die neu gewählte Versammlung, die Legislative, zählte 745 Mitglieder, unter ihnen 400 Advokaten, und zwar dem verkehrten Beschluß der Nationalversammlung gemäß, der ihre Mitglieder von der Wählbarkeit in die Legislative ausschloß, lauter neue Männer oder parlamentarische Neulinge. Die zwei rheinischen Departemente ließen sich durch 16 Deputirte vertreten, unter welchen sich Professor Koch befand. Für die alten Royalisten gab es in der neuen Kammer keinen Platz mehr. Die sogenannten Feuillants (d. h. die konstitutionelle Partei) bildeten die Rechte, eine kleine Minorität republikanisch Gesinnter die Linke, während zwischen ihnen eine Menge Unentschiedener, also Unfreier, hin- und herflutete. Dem Druck von außen und den Beifalls- oder Mißfallsäußerungen der Tribünen setzte sie einen noch weniger nachhaltigen Widerstand entgegen als die erste Versammlung.

Als am 1. Oktober 1791 die Legislative die Reihe ihrer Sitzungen eröffnete, trat sie unstreitig eine schwierige Erbschaft an. Im Innern des Landes standen die Parteien sich überaus feindlich gegenüber, und mancherorts hatte der Bürgerkrieg bereits begonnen. Die Gegenrevolution fuhr fort die Bevölkerung aufzustacheln und unterhielt mit dem Ausland sträfliche Verbindungen. Nach außen hin mehrten sich die drohenden Anzeichen immer mehr: die Entschädigungsfrage der deutschen im Elsaß possessionirten Fürsten war noch nicht gelöst und die Emigranten bemühten sich dieselben gegen Frankreich einzunehmen. Jedenfalls verliehen sie den Emigrantenscharen Aufenthalt und Schutz auf ihrem Gebiet und setzten deren Treiben, trotz aller Reklamationen der französischen Regierung, keine Schranken. Krieg und Kriegsgeschrei kamen allmählich auf die Tagesordnung und regten im Volk die Begierde wach, sich mit bewaffneter Hand Recht zu schaffen. An diesen Wirren allen unmittelbar betheiligt, erstarkte auch im Elsaß unter den eifrigen Patrioten und der feurigen Jugend das Verlangen nach Krieg. Richtete doch die Straßburger Volksgesellschaft eine Adresse an die gesetzgebende Versammlung, mit der Aufforderung, „sich nicht durch diplomatische Schleichwege oder durch trügliche Versprechungen einschläfern zu lassen, sondern allen Fürsten, welche den Emigranten Aufenthalt verleihen, den Krieg anzukündigen, das Eigenthum der Ausgewanderten und der in Frankreich possessionirt gewesenen deutschen Stände, die jenen Beistand leisten, in Beschlag zu nehmen, und den König anzugehn, er möchte diejenigen, die unter seinem Namen für das Emigrantenheer Werbungen gemacht, für Betrüger erklären."[1]

Unterdessen griff die Spaltung, welche sich, besonders seit der Flucht des Königs, zunächst in den Klubs zu Paris angebahnt, immer mehr um sich und schied auch in den Departementen die Bevölkerung in konstitutionell Gesinnte (Feuillants) und in Demokraten (Jakobiner). Schärfer denn je lautete die Parole: hie Aristokraten — hie Patrioten. Im Münsterthal sangen Letztere:

Aristokraten muß man henken
Wenn sie an die Pfaffen denken.

In der Umgegend von Weißenburg und durch die Pfalz hieß es:

Arischtokrade
Werre gebrade
Ferschte und Pfaffe
Die werre gehenkt.

---

[1] Straßburger Zeitung 1792, Nr. 12 u. 13

Es kam zu politischen Debatten und Kämpfen, die dem Elsaß Unheil brachten. An denselben betheiligten sich neben Einheimischen auch aus dem Innern Frankreichs und aus Deutschland Eingewanderte, so z. B. Teterel, von Lyon, „ein hergelaufener Franzos, dessen Herkommen Niemand kennt, und bei dessen Anblick der liebe Gott sich seines Machwerks schämen muß; l'Abbe Schneider, der wegen seinen Schurkenstreichen aus Deutschland verjagt worden; Jung, Schuhfliker in Straßburg, der ein sammetes Kleid trägt und keine ganze Schuhe anzuziehen hat";[1] der Advokat Monet, ein geborener Savoyarde; Philibert Simond, bischöflicher Vikar und Schneiders Amtsgenosse am Münster; Laveaux, vormaliger Lehrer der französischen Sprache in Berlin und Stuttgart u. A. m. Sie bedienten sich gehaltloser Deklamationen und boshafter Angriffe gegen ihre Mitbürger, zur Decke ehrgeiziger und eigennütziger Nebenabsichten. Ihnen schloß sich ein ganzer Troß von Schreiern an, denen die ruhigen Bürger den höchstbezeichnenden Namen «aboyeurs» (Beller) beilegten. Mit ihrem Bestreben, die Monarchie abzuschaffen und im Land einen demokratischen Freistaat einzurichten, rückten sie immer kühner hervor, traten zu diesem Zweck in enge Verbindung mit den gleichgesinnten Gesellschaften, namentlich mit dem Jakobinerklub zu Paris, verdrängten die gemäßigten Verwaltungsorgane und führten den Sturz Dietrichs, des ersten Maire der Stadt Straßburg herbei, der in ihren Augen als das Haupt der streng konstitutionellgesinnten Elsässer galt. Fanden doch die republikanischen Ideen unter der elsässischen Bevölkerung, namentlich im Mittelstand, keinen günstigen Boden. Sie sehnte sich nach Ruhe unter dem Schutz einer konstitutionellen Monarchie, und zitterte vor jedem Schritt, der Frankreich in die Arme der Revolution führte. Daher die Vorwürfe, welche die Gemäßigten hören mußten: sie seien durch Sprache, Sitten, Verbindung und Neigung eher Deutsche als Franzosen; sie seien nicht für die Freiheit geschaffen; daher hieß es: man müsse diesen Theil Frankreichs regeneriren, eine Kolonie reiner und unbestechlicher Patrioten dahin verpflanzen und diese schwachen und ängstlichen Gemüther, die sich nicht zur Höhe der Revolution hinaufzuschwingen

---

[1] Wichtiger Bericht an die Wahlmänner, Straßburg 1792.

vermögen, in das Innere Frankreichs versenden.[1] Namentlich erhob man auf dieser Seite die Anklage, als seien die Protestanten Feinde des Vaterlandes. „Ein Sauerteig von Aristokratie scheint unter den reichen Protestanten zu gähren, deren Voreltern alle, und selbst einige unter ihnen von den Königen von Frankreich und von dem Haus von Oesterreich so wohl behandelt wurden, daß sie die ehemalige Herrschaft derselben zurückwünschen". — Diese Beschuldigung erregte unter der protestantischen Bevölkerung eine solche Verbitterung, daß die Jakobiner sie öffentlich zurücknehmen mußten.

In der That auch, wenn die große Mehrzahl der Protestanten für die Deklamationen dieser Demagogen und Streber unempfänglich war, der Vorwurf konnte sie nicht treffen, daß sie den Geschicken ihres Vaterlandes gleichgültig gegenüber standen, am wenigsten ihre Geistlichen. Sie fuhren fort ihren Glaubensgenossen die Wohlthaten der neuen Staatsverfassung auseinander zu setzen und zum Gehorsam gegen dieselbe zu ermahnen. Jedem bürgerlichen Feste wußten sie eine religiöse Weihe zu geben. Als im Monat Oktober 1791 die Munizipalitäten neu gewählt wurden und zum Zeichen ihrer Würde dreifarbige Schärpen erhielten, rechneten sie es sich als eine Ehre an, dieselben, es sei in der Kirche oder draußen am Bundesaltar, aus den Händen ihrer Ortsgeistlichen entgegenzunehmen. „Treten Sie, meine Herren Maires, vor diesen Altar und erlauben Sie, daß ich Ihnen diese Auszeichnungen ihrer Würde im Namen der Konstitution übergebe". So wandte sich am 13. November 1791 Pfarrer Oberlin, in der Kirche von Fouday, an die Munizipalitätbeamten, ihnen die Schärpen umlegend, und fuhr dann fort: „diese Schärpen, meine Herren, sind die achtbaren Zeichen der Würde- und des Ansehens, womit sie bekleidet sind. Sie sind leicht, aber die Bürde, die sie bedecken, ist schwer; ja sie war um so schwerer für Sie, da Sie die ersten in dieser Laufbahn gewesen sind. Aber Sie haben sie mit Muth und Treue getragen; empfangen Sie deshalb aus meinem Munde den Dank ihrer

---

[1] Sammlung authentischer Belegschriften (livre bleu), S. 5. 6. 8. 9.

[2] Ecrits particuliers relatifs à la Révolution. III.

erkenntlichen Mitbürger ... Bewahren Sie diese Schärpen vor moralischen und physischen Motten und Flecken. Die physische Vernachlässigung und Unreinlichkeit würde sie beschmutzen und zerstören; die Nachlässigkeit und Saumseligkeit bei ihrer Handhabung aber würde die Würde beflecken, von welcher die Schärpen nur das Sinnbild und die unterscheidende Auszeichnung sind."[1] Die Feierlichkeit schloß mit Gesang, Gebet und Segen.

Die freiwilligen Bataillone der Nationalgarden schafften sich dreifarbige Fahnen an, oft sehr kostbare. Die Fahne der Nationalgarden zu Eckbolsheim z. B. zeigte auf der einen Seite einen Löwen, die französische Nation vorstellend, der aus seinem Schlaf erwacht und die um ihn herumflatternden Raubvögel verjagt. Er ist mit einem Lorbeerkranz umgeben, über welchem ein Freiheitshut auf einer Lanze und ein Bündel Stäbe, in welchem ein Beil angebracht ist. Oben steht der Spruch: „Freiheit oder Tod" und unten: „diese zusammengebundenen Stäbe rufen den freien Franken Einigkeit zu. Aufgelöst, kann sie jeder Knabe zerknittern, zusammengebunden aber werden sie von der größten Stärke nicht gebrochen." Auf der andern Seite der Fahne steht das Sinnbild der Wachsamkeit — ein Hahn mit der Umschrift: „Wachet! — die Aristokraten schlafen nicht!"[2]

Bei der Fahnenweihe durften die Pfarrer nicht fehlen; ihnen lag es ob, das Wort der Weihe zu sprechen. „Am Sonntag den 6. November 1791 wurde in der Pfarrkirche von Weißenburg die Fahne des Bataillons der freiwilligen Nationalgarden eingesegnet, wobei Herr Schimmer, Pfarrer des augsburgischen Religionsbekenntnisses, eine deutsche, Herr Grimmer eine französische Rede mit hinreißender Beredsamkeit hielten".[3]

Um den Sinn für Freiheit unter den niedern Volksklassen durch äußere Ceremonien anzufeuern, führte man die Pflanzung von Freiheitsbäumen auf den Plätzen, vor den öffentlichen Gebäuden, in den Lagern ein, die häufig mit ge-

---

[1] W. Burkhardt, Oberlin. Stuttgart 1843. II, S. 375.
[2] Geschichte der gegenwärtigen Zeit. 1790 Nr. 47.
[3] Neueste Religionsbegebenheiten in Frankreich. 18. Nov. 1791.

rauschvollen Aufzügen, Musik, Festessen, Gesang und Tanz begleitet war. Auch da wieder betheiligten sich die Geistlichen und ergriffen, neben den bürgerlichen Rednern, das Wort zu Gunsten von Freiheit und Gesetz, Ordnung und Vaterlandsliebe, Eintracht und Frieden! Wir theilen hier unter mehreren ungedruckten Berichten, die uns zur Verfügung gestellt sind, denjenigen über Andolsheim mit, der in mehr als einer Beziehung von Interesse, ja geradezu von kulturhistorischer Bedeutung ist: „Anno 1792 den 11. Heumonat ist ein Freiheitsbaum allhier aufgerichtet worden. Die Jungfrauen von hier haben ihn mit Bändern geziert; die Nationalgardisten von hier haben paradirt; Herr Pfarrer Resch hat eine darauf passende Rede gehalten; Herr Ortlieb, ein gewesener Schreiber des ehemaligen Amtschaffners Rosse, hat auch die Bühne bestiegen und den Frieden und Einigkeit rekommandirt: ‚Brüder der Nachwelt, so rathe ich euch den Text zu befolgen, wo Pfarrer Resch euch geprediget und ausgelegt hat, nämlich brüderliche Liebe und Eintracht, das ist womit der Friede wiederum in unser liebes Vaterland und Elsaß zurückkehren kann und muß. Brüder der Nachwelt, seid einig, seid gegeneinander vertraulich, liebet die Nation, die Freiheit und den König; dagegen verachtet den Despotismus, die Sklaverei und die eisernen Fesseln, womit ihr im Geistlichen und im Leiblichen seid gebunden gewesen. Zum Exempel, ein Einwohner von hier, der nichts, ja gar nichts hatte, mußte dem König 12 Livres bezahlen, aber was noch das ärgste ist, der Herrschaft einen Gulden Schirmgeld jährlich, zwei Hühner, genannt die Rausch und Gartenhuhn, einen Thaler Frohngeld, einen Sester gewürfeltes (?); Salz und andere Produkten hat man der Herrschaft abkaufen müssen, um den Preis, wie sie solches durch die Offizianten hat ansetzen lassen. Vom Füllen und jungem Pferd, vom Kalb, vom Bock, der Geis, vom Lamm, vom jungen Schwein, ja von der Gans mußte man den Zehnten geben; vom Waizen, Korn und Gerst; drei Mal vom Klee, Saubohnen, von Erbsen, Linsen und Bohnen, vom Welschkorn, vom Lewatt (Reps), Tabak, Erdäpfel; auch vom Kraut und vom Gras in den Matten zwei Mal. Ja die Herrschaft hat solche Zehnten versteigern lassen und ordinairement haben es Leute gesteigert, die nichts weniger als Christen gewesen, ja Heiden und Türken sind es gewesen, insonderheit wenn Fremde den Zehnten gesteigert hatten.'"

„Brüder der Nachwelt, fährt der Berichterstatter fort, glaubt ihr da nicht wie freudig der gutdenkende Bürger hiesiger Gemeinde den Freiheitsbaum hat helfen aufrichten, da diese vorbeschriebenen Uebel auf einmal den lieben Armen und vielmehr dem reichen Landmann abgenommen wurden. Wie fröhlich und vergnügt ging's doch an diesem Tage um den Freiheitsbaum herum zu, man dankte Gott, man dankte der Nation, man lobte den König. Alt, Jung und lallende Kinder schrieen: Viva, es lebe die Nation, die Freiheit, das Gesetz und der König. Alles geht und steht um den Freiheitsbaum herum, und alles was Odem hat, lobte den Herrn der Heerscharen."

Nur ein einziges Exempel von diesem frohen und unvergeßlichen Tag will ich anführen. „Nachdem obbeschriebene Redner ihre Vermahnung zur Einigkeit den Leuten allhier anbefohlen und geprediget haben, so ist Nikolaus Reberb der ältere in dem Kreis erschienen, welchen unsere wackere Nationalgarden geschlossen haben und gesagt: er sei 76 Jahre alt und habe lang genug unter dem eisernen Joch gestanden, sagend: Gottlob, ich habe es erlebt, daß nicht allein mir, sondern der ganzen Welt nach mir solches abgenommen worden; und er hat, nachdem die Munizipalität drei Mal um den Freiheitsbaum herumgegangen ist, dieselbe gefragt, ob er seine Freude nicht öffentlich bezeugen darf? Ja, war aller hier zugegenden Antwort; ja, ja, viva la nation, viva, viva! Hierauf wurde abgefeuert. Mein lieber Alter konnte sich kaum der Freudenthränen enthalten und fing gleich an zu tanzen mit Jungfer Maria Anna Obrechtin. Ihm folgten die Andern nach, und Alle schrieen: Freiheit oder Tod! Im Uebrigen ist Alles ordentlich und wie ich als Augenzeuge gesehn habe vergnügt zugegangen.

„Brüder der Nachwelt, diese Freiheit ist zum Theil erobert, aber wir jetzt Lebenden müssen noch darum kämpfen. Wenn sie aber errungen ist, o Brüder der Nachwelt, lasset sie niemals mehr fahren. Einigkeit, Wachsamkeit und Gehorsam, diese drei Stücke befolget, so wird euch Gott segnen und ihr werdet nicht mehr im Elsaß, sondern im gelobten Land Canaan wohnen, und euer Brod unter gemeldtem Freiheitsbaum, unter dem Schatten womit uns Gott umgibt, ruhig, vergnügt und im Frieden essen. Amen."[1]

So sah das Volk anfänglich im Freiheitsbaum das Zeichen seiner Erlösung vom Druck der Vergangenheit, und die Verheißung einer neuen, goldenen Zeit, welche es mit überschwänglichen Hoffnungen begrüßte. Später wurde der Freiheits- oder Nationalbaum zuweilen von oben bis unten in den drei Nationalfarben angestrichen, mit einer rothen Freiheitsmütze und dreifarbigen Bändern geziert, geradezu das Symbol der Revolution.

IX. Krieg mit Oesterreich und Preußen. — Oberlin und die Freiwilligen. — Patriotismus der Protestanten und ihrer Geistlichen. — Die Septembermorde. — Die Niederlage der Verbündeten.

Während die evangelischen Geistlichen der Art Stellung nahmen zu den bürgerlichen Festlichkeiten, und für dies ihr Verhalten hohe Anerkennung fanden, indem der Minister des Inneren ihnen in der gesetzgebenden Versammlung das Lob spendete, „daß sie immer warme Anhänger der Konstitution geblieben und zur Anhänglichkeit an dieselbe aufgemuntert",[2] trafen Schlag auf Schlag wichtige Ereignisse ein, welche die volle Aufmerksamkeit Aller erregten und die kirchlichen Angelegenheiten auf eine Zeit lang in den Hintergrund drängten.

Am 20. April 1792 nämlich erklärte Frankreich dem Kaiser von Oesterreich, Franz II., den Krieg. Weniger friedlich gesinnt als sein Vater und Vorgänger auf dem Thron, Kaiser Leopold, ließ er der französischen Regierung ein Ultimatum zustellen, worin er die Wiedereinsetzung der Geistlichen in ihre Güter forderte, die Erstattung der den deutschen im Elsaß possessionirten Fürsten gebührenden Gerechtsamen, und endlich die Einführung in Frankreich einer Verfassung, wodurch alle Mächte vor Unruhen gesichert wären. Diese gebieterische Sprache beschleunigte den Bruch zwischen Frankreich und Oesterreich, bald darauf auch mit Preußen, welches sich in ein Bündniß mit Kaiser Franz II. eingelassen. Im Elsaß wurde die Kriegserklärung mit großem Beifall auf-

---

[1] Protokollbuch der Gemeinde Andolsheim. Wir verdanken die Mittheilung der Freundlichkeit von Pfarrer Schmidt.

[2] Geschichte der gegenwärtigen Zeit. 20. März 1792.

genommen; allenthalben bildeten sich in den beiden Rheindepartementen Freiwilligenbataillone, welche sich den Generälen La Morliere, Cüstine, Kellermann, Viktor Broglie zur Verfügung stellten und an die Grenze eilten, um dieselben zu schützen, während wohlhabende Bürger sich zu freiwilligen Beiträgen für die Kriegskosten verpflichteten. Auch hier läßt sich der Einfluß der evangelischen Geistlichkeit erkennen und nachweisen. Denn wenn die protestantischen Gemeinden fast ausnahmslos mit einander wetteiferten in der Liebe zum Vaterlande und bereit waren, Blut und Gut demselben zur Verfügung zu stellen, während viele waffenfähige katholische Männer und Jünglinge, tief verblendet, sich über die Grenze schlichen, um die feindlichen Heerscharen zu verstärken, so lag das ganz gewiß auch an ihren geistlichen Hirten und Lehrern.

Wir können mit Beispielen dienen.

Als der Krieg erklärt war, säumten auch die Steinthäler nicht, in die Reihen der Vaterlandsvertheidiger einzutreten, mit ihnen der älteste Sohn von Pfarrer **Oberlin**, Friedrich Jeremias, damals Student der Medizin in Straßburg, der als Unteroffizier im Treffen bei Bergzabern das Jahr darauf, am 27. August 1793, sich eine tödtliche Wunde holte, an welcher er, einundzwanzigjährig, am folgenden Tage im Hause des Pfarrers Kreiß zu Weißenburg starb. Der Abzug der Freiwilligen rührte Pfarrer Oberlin gar sehr. Sie kamen ihm wie Kinder vor, die sich seinen Vaterarmen entzogen. Deshalb drängte es ihn, noch einige väterliche Ermahnungen ihnen ans Herz zu legen, und sie über ihre neuen Pflichten, besonders über die eines christlichen Soldaten aufzuklären. Ein feierlicher Gottesdienst wurde zu diesem Zweck in der Kirche zu Walbersbach den 5. August 1792 gehalten, und Oberlin hielt folgende Ansprache:

„Liebe Freunde!

Ich bin erfreut darüber, daß ich noch einmal mit euch in diesem Bethause, ehe ihr abreiset, vor Gott erscheinen kann.

Ihr scheidet; aber unsere Wünsche und unsere Gebete begleiten euch; möchten sie nicht umsonst sein! möchte sich keiner unter euch der Leitung, des Segens, des Schutzes und der Erlösung von Seiten des Ewigen, unseres Gottes und himmlischen

Vaters unwerth oder unfähig machen! Darum lege ich euch folgendes ans Herz:

Wandelt vor dem Angesichte Gottes; seid immer seiner Allgegenwart eingedenk.

Sein Wort sei euch ein kostbares Kleinod und die tägliche Speise eures Herzens.

Traget Einer den Andern, und behandelt euch mit Schonung und Rücksicht.

Hütet euch vor Excessen durch Trinken.

Hütet euch vor Streitigkeiten, zieht euch davon zurück; der Klügste gibt zuerst nach . . . . .

. . . . . Erinnert euch stets, daß Gott, unser Gott, der Gott der französischen Konstitution, der Gott der Waffen und Siege, ein Gott der Liebe ist. Und er wird mit euch sein, wie er mit David gewesen ist . . . . .

Wenn ihr ein feindliches Land betretet, so gedenkt daran, daß wir nicht Feinde der Völker sind; wir haben es beschworen. Die französischen Prinzen, die Ueberläufer, die Emigranten, der König von Preußen, der deutsche Kaiser sind unsere Feinde; ihre Unterthanen sind es nicht. Seid daher mitleidig gegen sie, billig und hülfreich gegen Jedermann.

Gott aber bleibe euch Alles, ja mehr als Alles. Haltet inständig an am Gebet, daß ihr ihn von ganzem Herzen, von ganzer Seele und von ganzem Gemüthe lieben könnet, und Gott wird euch in der Fremde beistehen und euch mit Ehren und Glück überhäuft in die Arme eurer Familien zurückführen; und sollte einer sein Grab fern von hier finden, so wird er erkennen, daß die Länder, wohin uns Gott und unsere Pflichten führen, immer dem Himmel am nächsten sind."[1]

Ein jugendlicher Protestant aus Straßburg, A. Lamey, ließ in der Zeit, in welcher Rouget de Lisle die Marseillaise dichtete, seinen „Kriegsgesang zu Gott" nach der Weise: „O Gott, du frommer Gott" ausgehn, in dem es heißt:

---

[1] W. Burkhardt, Oberlin u. s. w. 2. Theil, S. 379 u. ff.

> Wir haben stark und schnell
> Den alten Zwang gebrochen,
> Nun kömmt der Fremden Heer
> Uns wieder einzujochen,
> Sie höhnen, drohen uns,
> Sie stürzen frech heran ...
>
> Drum beten wir zu dir
> Du Führer unsrer Scharen,
> Verdopple Muth und Ruhm
> Durch stürmende Gefahren,
> Zerreiß an unserm Fuß
> Des Hochverrathes Netz,
> Bind aller Menschen Glück
> An Wahrheit und Gesetz.[1]

Der evangelische Pfarrer Gottfried Jakob Schaller zu Pfaffenhofen huldigte damals „dem Vaterland" in folgenden, von großer Liebe und edler Begeisterung zeugenden Strophen:

> „O Vaterland! hoch schlägt mein Herz,
> Wenn ich dich denk' und deinen Namen nenne;
> Mein ganzer Geist erhebt sich himmelwärts,
> Von einer Lust durchzückt, die ich nicht kenne,
> Nicht stammeln kann, und vor im Sklavenstand
>   Niemals empfand.
>
> Wie lieb' ich dich ... die Thräne spricht's,
> Die mir vom Aug' beim Worte: Liebe! bebet —
> Für dich allein leb' ich und sonst für nichts.
> Und leb' ich dir, dann hab ich schön gelebet!
> Sterb' ich ... ist's nur, wenn auch durch Feindeshand,
>   Dir, Vaterland!
>
> O Vaterland! Mein Frühgebet,
> Mein Abendlied, mein Alles was ich habe!
> Mein Puls schlägt dir, dir wallt mein Blut, es weh't
> Mein Odem dir! Dich segnen über'm Grabe
> Wird noch mein Geist, im höhern Siegsgewand,
>   Mein Vaterland!"[2]

Daß solche Akkorde, zumal in hochbewegter Zeit, einen freudigen Widerhall bei Vielen finden und begeisternd einwirken mußten,

---

[1] Dekadische Lieder für die Franken am Rhein. Straßburg, III. Jahr der fränkischen Republik, S. 8.

[2] Dekadengesänge der Ingweiler Volksgesellschaft. s. l. n. a., S. 17.

liegt auf der Hand. Daher die opferfreudige Gesinnung der Mehrzahl der elsässischen Protestanten, eine Gesinnung, die noch dabei gewinnen mußte, wenn zukünftige und derzeitige Träger des geistlichen Amtes ihren Patriotismus dadurch bethätigten, daß sie die amtliche oder bürgerliche Kleidung mit dem Waffenrock vertauschten. Und das geschah. Die patriotischen Seminaristen zu St. Wilhelm, welche von Anfang an geholfen, die Sache des Volkes zu vertheidigen und ihre Wachen lieber selber thaten, als sie von bezahlten Miethlingen verrichten zu lassen, sie, die täglich zweimal in ihrer gemeinsamen Morgen- und Abendandacht Segen und Heil über die Nationalversammlung und ihre Arbeiten herabflehten, traten ungesäumt in die Freiwilligenbataillone ein, das Vaterland zu vertheidigen. Auch bereits im Amt stehende Geistliche und Lehrer wurden Soldaten. So u. A. der Pfarrer Joh. Jak. Gänshirt zu Quatzenheim-Hürtigheim und der Lehrer Winter dortselbst, welche, als die Gemeinde drei Mann zu der Freiheitsarmee stellen sollte, sich zum Abmarsch bereit erklärten. „Die Gemeinde versprach ihnen jährlich noch 5 Thaler zu ihrem Sold zu geben. Gänshirt verlor bald das Leben; Winter aber wurde Capitaine, dekorirt und lebte noch 1836 in Straßburg von einer beträchtlichen Pension."[1]

Die ersten Zusammenstöße an der Grenze endigten mit Niederlagen für die französischen Truppen; sehr natürlich, da das Gefüge des Heeres durch die Emigration der Offiziere und noch mehr durch das Mißtrauen gegen die zurückbleibenden gelockert war und mit den Freiwilligenbataillonen zwar viel Muth und Begeisterung, aber auch böse Begierden und Leidenschaften einzogen.

Auch war es so unrichtig nicht, daß ein Krieg gegen das Ausland und das „auswärtige Frankreich", wie die Emigration sich nannte, sich schwer glücklich führen ließ mit einem kraft- und haltlosen Königthum im Rücken. Dies veranlaßte weitere harte Beschlüsse gegen die eidweigernden Priester und die Forderung eines Lagers von 20,000 Föderirten in der Nähe von Paris. Der König versagte die Genehmigung, und nun kam es zu wüsten Auftritten, zu einer sogenannten «journée», in den

---

[1] Mittheilung von Pfarrer Fröhlich in Hürtigheim.

Nachmittagsstunden des 20. Juni 1792. Ein Pöbelhaufe, aus Patrioten der Vorstädte gebildet und mehr und mehr anschwellend, durchzog zuerst unter Gesang, Geheul und allerlei wilden Possen den Saal der Legislative und wälzte sich dann nach der königlichen Residenz, den Tuilerien. Ein junger Artillerieoffizier, bestimmt, einst der Bändiger dieser tobenden Elemente zu werden, schaute der Menge zu und folgte ihr, mit dem Zuruf an seinen Begleiter; suivons cette canaille. Er sah sie in das schlecht gehütete Schloß einziehen und meinte, daß es ein Vergnügen wäre, mit ein paar Kanonenschüssen den Platz reinzufegen. Aber der Pöbel drängte in den Palast und zwang dem König eine rothe Freiheitsmütze auf sein Haupt. Er zeigte bei dieser Gelegenheit, daß es ihm nicht an persönlichem Muth fehlte, verweigerte die Bestätigung der Dekrete und hielt sich brav bis der Haufe durch gute Worte von der Weisheit, der Würde und Majestät eines freien Volkes gegenüber den erblichen Repräsentanten der Nation und andern Komplimenten sich zum Abzug bewegen ließ.

Noch war in der Provinz der Eindruck, welchen die Nachricht von der Herabwürdigung des Monarchen im Innern seines Palastes hervorgerufen, nicht verwischt, als Danton, „der Mirabeau der Sanskulotten", — wie dieser, nahm auch er gelegentlich Geld aus der königlichen Schatulle — auf den 10. August eine neue Journee organisirte, im Verein Marseiller Patrioten. Wiederum — man verstand sich jetzt auf die Technik solcher Tage — vernahm man die gewöhnlichen Signale, Lärmkanonen, Sturmläuten, Trommelschlag; aus den Hauptherden der Revolution, den Vorstädten St. Antoine und St. Marceau, zogen die Haufen heran, den Tuilerien zu. Der König, von Verrath umgarnt, ließ sich bereden, das Schloß zu verlassen und begab sich nach der gesetzgebenden Versammlung. Während dem begann vor dem Palast ein Kampf, bei dem nur die 960 des Schweizer Regiments ihre Pflicht und Ehre wahrten. Der Befehl zum Abzug, den der König herübersandte, wurde ihnen verhängnißvoll; sie geriethen auseinander und fanden unter der bewaffneten Volksmenge größten Theils den Tod. In der Versammlung aber, in welcher man dem König und seiner Familie einen engen Raum, die Loge der Stenographen, zum Asyl angeboten, sprach man die Suspension des Königs aus und beschloß die Berufung eines Nationalkonvents sowie die Bestellung einer neuen Regierung mit Danton als Justizminister. Fortan lag die eigentliche Macht in den Händen der Pariser Commune.

Eine Folge der Ereignisse des 10. August bilden die bekannten September „Massakres" zu Paris. Am 2. September 1792, einem Sonntag, von Nachmittags 3 Uhr an begann, ohne daß die Außenwelt viel gewahr wurde, das, was die gemietheten Werkzeuge die „Arbeit" nannten — der große Gefangenenmord, und dauerte bis zum 5. September. 1080 Personen etwa schlachtete man in dieser Zeit in den Vorhöfen der überfüllten sechs Gefängnisse, der La Force, der Conciergerie, dem Bicêtre, der Abtei, dem Chatelet, der Salpetriere ab, nach kurzem Verhör und Feststellung der Identität der Person. Zuweilen lösten die bezahlten Mörder die Richter bei ihrer Arbeit ab. Der „Temple", in welchem man die Mitglieder der königlichen Familie als „Geiseln der Nation" aufbewahrte, war durch ein dreifarbiges Band als sakrosankt, als für diesmal noch sicher bezeichnet. Ihre Hoffnung aber, durch die Verbündeten Heere gerettet zu werden, erlosch in denselben Tagen. In der Schlacht von Valmy nämlich, am 20. September, auf's Haupt geschlagen, trat das Koalitionsheer seinen Rückzug an.

Dritter Abschnitt.

Unter dem Nationalkonvent.

(21. September 1792 bis 26. Oktober 1795.)

X. Der Nationalkonvent. — Des Königs Prozeß und Tod. — Die Jakobiner streben nach der Herrschaft. — Politisches Gebahren der konstitutionellen Geistlichkeit. — Das Verhalten der protestantischen Pfarrer.

Im Saal der Reitbahn traten am 21. September 1792 die 749 Mitglieder des Nationalkonventes zum ersten Mal zusammen. Dieselben waren nach dem Rezept des Justizministers Danton, «il faut de l'audace», unter dem Einfluß des Schreckens gewählt worden. Die Wahl selbst vollzog sich auf breiter demokratischer Grundlage, indem man die Altersgrenze des Wahlrechtes und der Wählbarkeit auf 21 Jahre herabgesetzt hatte; nur die Bedienten blieben vom Wahlrecht ausgeschlossen. Gleichwohl beruhte diese Versammlung auf einer ungeheuerlichen Minoritätswahl; von sieben Millionen Wählern, welche in den Primärversammlungen hätten erscheinen sollen, gaben nicht einmal 800,000 ihre Stimmen ab. Und doch entsprach das Resultat keineswegs den Erwartungen der Jakobiner. Den Girondisten oder den Gemäßigten gehörte die Mehrheit; allein sie vermochten nicht mehr, die Revolution in ihrem wilden Lauf zu hemmen und zu bändigen, denn es fehlte ihnen an einem Mann der That und an einem klaren, festen Programm. Deshalb geriethen sie bald in Widersprüche, und zwischen ihnen und der Bergpartei (Jakobiner) entbrannte ein Kampf auf Leben und Tod, in dem sie untergingen.

Der erste Gegenstand auf der Tagesordnung des Nationalconvents war die Abschaffung des Königthums. Die Girondisten konnten sich, ohne ihr Prinzip zu verleugnen, demselben nicht widersetzen; allein wenn ihrer Redner Einer den Beschluß einleitete mit den Worten: „Die Erwägungsgründe liegen in der allbekannten Geschichte Ludwigs XVI.", so fühlt man ihre Furcht vor dem jacobinischen Pöbel heraus, der auch thatsächlich von Sieg zu Sieg schreiten sollte. Schon am 22. September ward Frankreich zur einen und untheilbaren Republik erklärt. Die Bemühungen der Girondisten, dem Gesetz Gehorsam zu verschaffen und einige Ordnung in die Verwaltung zurückzuführen, blieben erfolglos. Desgleichen auch der Versuch, dem Pöbel seinen Wortführer, den berüchtigten Marat, zu entziehen, und ihn unter Anklage zu stellen. Am 25. September erschien derselbe in der Versammlung, wies eine Pistole vor und erklärte, er werde sich auf der Stelle den Kopf zerschmettern, wenn man eine Anklage gegen ihn beschließe. Statt ihn beim Wort zu nehmen, ging man zur Tagesordnung über. Sie gedachten die Septembergreuel zur Untersuchung zu bringen, allein weil sie nicht rasch zugriffen, verflog der günstige Augenblick und ihre Gegner kamen ihnen zuvor, indem sie die Frage, was mit dem gefangenen Könige zu geschehn habe, in den Vordergrund rückten. Fortan nahm die Anklage gegen Ludwig XVI. alles Interesse in Anspruch. Wir wollen den traurigen Gang, den die Dinge einschlugen, nicht wiederholen: wie eine Kommission von 21 Mitgliedern niedergesetzt ward; wie am 11. Dezember der Monarch aus dem Gefängniß geholt wurde, und der Schurke, der an diesem Tage präsidirte, Bertrand Barère, der als feuriger Royalist seine Laufbahn begonnen hatte, die er erst im Jahr 1841 als sechsundachtzigjähriger Greis und Gnadenpensionär Ludwig Philipps beschloß, ihm ein „Ludwig, setzen Sie sich!" zurief; wie die Versammlung, um den Schein zu wahren, ihm gestattete, sich Rechtsbeistände zu nehmen, und nicht Wenige sich freiwillig zu diesem gefährlichen Dienste erboten; wie endlich, nach langen Debatten, man sich am 14. Januar 1793 über die Fragestellung einigte: „Ist Louis Capet der Verschwörung gegen die Freiheit der Nation und des Attentats gegen die allgemeine Sicherheit des Staates schuldig?", worauf 683 Mitglieder unbedingt mit

Ja antworteten. Am 16. Januar, spät Abends, gegen 10 Uhr, begann die entscheidende Abstimmung. Sie dauerte bei 721 Stimmenden, von denen nicht Wenige ihr Votum mit einer kurzen Rede begründeten, die ganze Nacht und den folgenden Tag hindurch, beaufsichtigt von dem Volke auf den Tribünen, das jedes „la mort" mit Beifall, jede andere Stimmabgabe mit Lärmen und Drohen begleitete. Das Ergebniß war folgendes: 361 hatten für den Tod, 72 für den Tod mit Aufschub, 281 für Verbannung oder Gefangenschaft bis zum Frieden gestimmt. Elsässische Deputirte gab es im Nationalconvent 16; 9 für den Niederrhein und 7 für den Oberrhein. 6 davon stimmten für den Tod, 1 für den Tod mit Aufschub, 4 für die Gefangenschaft bis zum Frieden; 4 waren beurlaubt, unter ihnen der lutherische Pfarrer von Landau, Denzel, der spätere General, und einer krank. Am 21. Januar 1793, Vormittags 10 Uhr, auf dem Revolutionsplatz, am Westende des Tuileriengartens, wurde das Urtheil mittelst der Guillotine vollzogen. Die Stimmung des Königs auf diesem letzten Gang war aus Schmerz, Entrüstung, Ergebung und Ringen nach Ergebung zusammengesetzt. Zur rechten Zeit ermahnte ihn der Geistliche, daß auch der Erlöser sich willig habe binden lassen. Seine letzten Worte: „Ich wünsche, daß Frankreich . . .", wurden durch Santerre, der die Trommeln zu rühren befahl, erstickt.

Mit getheilten Gefühlen nahm die elsässische Bevölkerung die Nachricht von der Abschaffung des Königthums und der Einführung der Republik auf, als dieselbe am 26. September, unter großer Feierlichkeit, in Straßburg und in allen Städten und Dörfern der beiden rheinischen Departemente bekannt gegeben wurde. Eingeschüchtert durch die gegen sie getroffenen Maßregeln, lauerten die Anhänger der alten Ordnung der Dinge, namentlich die Parteigänger der ungeschworenen Geistlichkeit, auf eine günstige Stunde, um ihre Absichten ins Werk zu setzen, und „wie sorgfältig auch die Wächter am Rhein Wache hielten, sie wachten nicht immer zur Zeit und an der Stelle, wo Emigranten über den Rhein setzten", die geheimen landesverrätherischen Verbindungen mit den Anführern der feindlichen Heere und dem „auswärtigen Frankreich" aufrechtzuerhalten. Der friedliebende

Landbewohner, die Anhänger der konstitutionellen Monarchie, die Moderirten in den verschiedenen Verwaltungszweigen, der wohlhabende, ordnungsliebende Bürgerstand in den Städten, besonders zu Straßburg, theilten die Ansichten der Girondisten und verhehlten nicht ihren Widerwillen gegen alle gewaltthätige Hilfsmittel. Ihnen gegenüber stand eine dritte Partei, die der Jakobiner, die thätigste, unternehmendste, rücksichtsloseste, doch bei weitem nicht die zahlreichste, welche enge Beziehungen mit den Jakobinern der Hauptstadt pflog und von dort aus die Parole erhielt.

Wie ihre übrigen Parteigenossen im Land, strebten auch die elsässischen Jakobiner nach der öffentlichen Macht, um die wichtigsten und bestbezahlten Stellen im Departement oder im Distrikt unter sich zu theilen. Das Proletariat, aus dem sie hervorgegangen, oder dem sie in niedriger Gesinnung und dämonischen Leidenschaften ähnelten, beriefen sie zur Mitherrschaft und mit einander übten sie ein wahres Schreckensregiment aus. Erlebte man doch dazumal das Ungeheuerliche, daß eine Minderheit von vielleicht 300,000 Menschen eine Nation von 24 Millionen eine Weile niederhielt und furchtbar tyrannisirte.

Daß bei solcher politischen Lage, die zu den leidenschaftlichsten Parteikämpfen führte, das kirchliche Leben nothleiden, zum Mindesten in den Hintergrund treten mußte, versteht sich von selbst. Die Zeitungen aus der zweiten Hälfte des Jahres 1792 und aus den ersten Monaten von 1793 beschäftigten sich nur selten und nur vorübergehend, das eine oder das andere Mal, mit der eidweigernden Geistlichkeit oder mit der konstitutionellen Kirche des „Bürger-Bischofs" Brendel.

Seine Vikare: Eulogius Schneider, Simond, Kämmerer, Schwind bereiten sich auf die politische Rolle vor, welche sie zu spielen gedenken und warten den Augenblick ab, die äußeren Abzeichen eines Amtes wegzuwerfen, dem sie innerlich von Tag zu Tag immer mehr sich entfremden. Eine Zeitlang scharten zahlreiche Zuhörer sich um die schöne Münsterkanzel, wenn derselben Einer sie am Sonntag bestieg; namentlich Schneider hatte, ob seines bedeutenden Rednertalentes, Erfolge zu verzeichnen. Allein bald überholten sie sich, zum großen Aerger der Einen wie zum

Wohlgefallen Anderer, an gewagten Behauptungen und pikanten Redewendungen. Die Predigt z. B., welche am Ostermontag des Jahres 1792 der bischöfliche Vikar F. R. Schwind über „die Päpste in ihrer Blöße"[1] gehalten, wird wohl das Stärkste geboten haben, was je auf einer katholischen Kanzel zum Ausdruck gekommen. Jedenfalls ist, selbst mitten im heißen Streit und Kampf mit „der großen babylonischen Hure", zur Zeit der Reformation, kein derartiges langes Register von Scheußlichkeiten und Verbrechen des römischen Stuhles ans Tageslicht gefördert worden. Bischof Brendel verwahrte sich anfänglich gegen seine Vikare und ihr unkirchliches Gebahren; allein sie wuchsen ihm über den Kopf und bekümmerten sich blutwenig um seine Ermahnungen und Censuren. Ihnen lag mehr am Beifall der großen Menge, welche ihre „Reden über Gelübbe, Ehelosigkeit der Geistlichen und andere Selbstpeinigungen",[2] in denen von den „Verschnittenen, den unsinnigen Dekreten des Tigers Hildebrand, dem Freunde der Gräfin Mathilde" und Anderm gesprochen wurde, beklatschte. Und als die Behörden in richtiger Erkenntniß dessen, daß auf diesen konstitutionellen Klerus kein Verlaß sei, die Hand von ihm zogen und ihn nicht mehr wie in den ersten Zeiten begünstigten, warf sich derselbe ganz in den Strudel, um hin und her in den Jakobinerklubs seinen Leidenschaften die Zügel schießen zu lassen. Von ihnen gingen die heftigsten Angriffe und die giftigsten Verleumdungen aus gegen den Straßburger Maire Dietrich, den konstitutionell gesinnten Bürgerstand und die Protestanten.

Schneider war's, der in einem Wochenblatt, „Argos" genannt, den Kampf gegen seinen ehemaligen Gönner, den Maire Dietrich, und dessen Anhänger, die „Dietrichsknechte", eröffnete; er tauchte seine Feder in Gift und Galle und schreckte vor keiner Lüge zurück in seiner Hetzarbeit gegen die „Fanatiker und Royalisten". Bekanntlich unterlagen Dietrich und seine Partei in diesem tödtlichen Ringen, doch überlebte der bischöfliche Apostate den Tod seines Gegners nur um wenige Monate: es war ihm zu Paris unter dem Fallbeil der Guillotine ein gleiches Ende vorbehalten.

---

[1] Straßburg, bei Levrault, 1792.
[2] Straßburg, bei Levrault, 1792.

Schneider war es auch, der sich durch seine Angriffe gegen die Protestanten und ihre Geistlichen hervorthat. Er machte ihnen aus ihren gemäßigten Gesinnungen ein Verbrechen und warf ihnen vor, das Reich der wahren Freiheit und des Lichtes in seinem Anzug zu hindern. Sein „Argos" strotzte von Haß gegen seine evangelischen Mitbürger, und in diesem Einen wenigstens hat er seine katholische Herkunft und Erziehung nicht verleugnet.

Und doch enthielten diese Anklagen schreiende Ungerechtigkeiten: die protestantische Bevölkerung im Elsaß stand in echtem Patriotismus Niemanden nach und die Geistlichen fuhren fort, nach wie vor, das Beispiel der Achtung und des Gehorsams gegen die Gesetze zu geben. So auch in Sachen der neuen Civilstandsgesetzgebung, im Herbst des Jahres 1792. Denn nicht nur lieferten sie ohne Widerstreben die kirchlichen Tauf-, Hochzeit- und Sterberegister an die Munizipalität aus, sondern waren auch bereit, dieselben nach dem Wortlaut des Gesetzes weiterzuführen, darum besorgt, wie sie den Uebergang vom Hergebrachten in die neue Ordnung mit schonender Hand vollzögen. Eine „Reformationspredigt von Joh. Lorenz Blessig, über die Verbindung der Religion mit den Pflichten des bürgerlichen Lebens, in besonderer Rücksicht auf das Betragen bei Geburten, Ehen und Sterbefällen, gesprochen nach Matth. XXII, 15. den 11. November 1792",[1] kann als Beweis und Beleg dafür gelten.

Am 4. November nämlich, einem Sonntag, war von den Kanzeln verkündigt worden, wie vom 8. November ab das Gesetz, vom 20. September desselben Jahres, über die Art und Weise wie künftighin die Geburten, die Ehen und die Sterbefälle mit bürgerlicher Gültigkeit anzumelden, zu verzeichnen und zu bescheinigen seien, sollte in Kraft treten. Im letzten Artikel des Gesetzes hieß es: „Die Bürger haben die Freiheit, ihre Geburten, Heirathen und Absterben mit den bei der Religionsübung, zu der sie sich bekennen, anerkannten Ceremonien und vermittelst der dabei angestellten Geistlichen feyerlich zu begehen." Am Sonntag darauf, den 11. November, kam Blessig auf diese Ankündigung zurück, um zu zeigen, „die wohlthätigen Folgen der Reformation, in Ansehung der drei wichtigsten Zeitpunkte für jeden Menschen: Geburt, Ehe, Tod."

---

[1] Straßburg, bei Heitz, 1792.

„Willkommen sei uns jeder neue Ankömmling auf dieser unsrer Erde... er ist **Bruder** und **Bürger**... Was ist nun zweckmäßiger, als daß der neu erscheinende Lebensgenosse in Rücksicht auf diese seine zwiefache Bestimmung, in das **Bürgerbuch** seines doppelten Vaterlandes eingetragen, und der beiderseitigen Gesellschaft, die ihm ihre Arme öffnet, dargestellt werde?"

„In Bezug auf **die Ehe** geben wir der bürgerlichen Gesellschaft zurück was von ihr herkam und ihr gehört, und ihr, Christen! werdet gern auch Gott geben wollen, was Gottes ist; d. h.: einen so wichtigen Schritt, wie die eheliche Verbindung ist, von der das Glück oder das Unglück euers ganzen Lebens abhängt, werdet ihr gern mit heiligen Entschließungen, mit Gebet und öffentlicher Gottesverehrung anheben wollen."

„Was den letzten Schritt, der uns in diesem Uebergangsleben bevorsteht, betrifft, so fühlt ihr es ohne mich, daß es allerdings die Sache der Obrigkeit seie, wegen des Hintritts eines Bürgers, und wegen der besondern Umstände dieses Hintritts, ob er gewaltsam, ob er natürlich gewesen? ob die Krankheit von ansteckenden Folgen sein möchte u. s. w. genauere Erkundigungen einzuziehen. Was uns Kirchendienern dabei obliegt, ist: für die Hinterbliebenen zu thun, was wir mit Freuden ihrem geliebten Entschlafenen darboten, Trost und Beruhigung ihnen zu verkündigen, und ihnen die Aussicht in die bessere Welt zu eröffnen, zu welcher der gläubige Freund Jesu, durch den Tod, wiedergeboren wird..."

So Blessig in seiner Reformationspredigt. Sie bildete in damaliger Zeit wie ein Programm, und bestätigte auf's Neue die wahrhaft evangelische Gesinnung der protestantischen Geistlichkeit, mit welcher sie bereit war, dem Worte Jesu gemäß, „dem Kaiser zu geben, was des Kaisers ist, und Gott, was Gottes ist".

XI. Der Anfang der Schreckenszeit. — Rühl, Denzel und Couturier. — Einsetzung der Jakobiner in die Verwaltung. — Angriffe auf das protestantische Kirchengut. — Bürgerscheine.

Mittlerweile brach das Jahr 1793 an und mit ihm die Schreckenszeit. Die Vorboten derselben waren die drei Volksrepräsentanten Rühl, Denzel und Couturier, welche, mit außerordentlichen Vollmachten ausgerüstet, am 9. Januar 1793 zu Straßburg anlangten, um unter den Parteien im Elsaß Wandel zu schaffen. Mit großer Spannung, ja mit Bangigkeit, sah man ihrem Auftreten entgegen, weil man sie als überzeugte Jakobiner kannte. Doch war der erste Eindruck auf die Mehrzahl der Bevölkerung ein günstiger: sie versprachen mit der größten Billigkeit und Unparteilichkeit zu Werke zu gehn, und luden jeden ein, ihnen freimüthig über die öffentlichen Zustände und den herrschenden Parteigeist Bericht zu erstatten, damit sie die zweckmäßigsten Mittel ergreifen könnten, um dem Uebel zu steuern. Demgemäß reichten ihnen die Bürger Adressen ein, in denen es hieß: „Wir wandelten bisher brüderlich unter dem Schutz einer gesetzlichen Freiheit; seitdem aber der verderbliche Parteigeist sich bei uns eingeschlichen hat, sind die Gemüther getrennt und herrscht Argwohn und Mißtrauen unter uns. Man schlug uns Männer als Beamte vor, die unser Zutrauen nicht besaßen, die erst während der Revolution aus der Fremde zu uns kamen und sich, seitdem sie unter uns wohnten, in keinem vortheilhaften Lichte zeigten..."

Auch der protestantische Prediger zu St. Nikolai, Matthias Engel, erschien vor den Repräsentanten und händigte ihnen eine Schrift ein, in welcher er seine Mitbürger gegen die Verleumdungen der Jakobiner, als wären sie unpatriotisch, in Schutz nahm und zum Schluß sich gegen die „Unsinnigen verwahrte, welche dem Volk immer zurufen: Bürger, die Revolution ist in Straßburg noch nicht vollendet, es muß noch eine geschehn, und dabei nicht bedenken, daß dies ein Aufruf zur Plünderung, zum Mord und zum Bürgerkrieg ist."

Diese Eingaben beantworteten die Repräsentanten dahin, daß sie die von der Bürgerschaft erwählte, gemäßigte und ordnungliebende Munizipalität ab- und durch eine jakobinisch gesinnte ersetzten. Dadurch kam, dem Grundsatz der Volkswahl zuwider, ein fremder, mit der Sprache und den Sitten der Elsässer nicht vertrauter, kaum fünfundzwanzigjähriger junger Mann, als Maire an die Spitze der Munizipalverwaltung zu Straßburg. Es war dies Franz Peter Monet, aus Nanci an der Cluse, in Savoyen gebürtig, ein eifriger Jakobiner, der als Generalprokurator des Departements, zu verschiedenen Malen bereits seine den Elsässern feindseligen Gesinnungen zum Ausdruck gebracht hatte. Bei seinem Amtsantritt am 2. Februar ließ er, zum Zeichen seiner demokratischen Anschauungen, Adelsbriefe, die Insignien des Königthums und die Bildnisse der königlichen Familie auf dem Parade-, jetzigem Kleberplatz, öffentlich verbrennen. Er war und blieb das gefügige Werkzeug der radikalen Partei, welche nunmehr das Staatsruder Frankreichs an sich riß, und sein Name ist, wie der Schneiders und Anderer, mit der Geschichte der Schreckenszeit im Elsaß für immer verbunden.

Auch auf protestantisch-kirchlichem Gebiete zeichneten sich die beiden Volksrepräsentanten, Denzel und Couturier, durch große Willkührakte aus, nachdem der billiger denkende Rühl, Krankheit vorschützend, sich von ihnen getrennt. Ihnen war die Ausnahmsstellung der protestantischen Kirchen und Schulen, der Gymnasien und der Universität ein Dorn im Auge, und deshalb erließen sie am 27. Februar 1793 einen Beschluß, laut welchem die Güter der protestantischen Stiftungen, im besondern die des St. Thomasstiftes, als Nationalgut erklärt, und als solches verwaltet und veräußert werden sollten. Das ging auf eine schnöde Verkennung und Vergewaltigung der bekannten Gesetze vom 17. August und 10. Dezember des Jahres 1790 hinaus, und bedrohte die elsässische Kirche, sowie die Universität und die höheren Lehranstalten mit dem Untergang. Zum Glück wurden diese böswilligen Anschläge vereitelt, indem der Nationalkonvent durch Dekret vom 8. März 1793 den willkührlichen Beschluß der beiden Repräsentanten annullirte.[1]

Nun versuchten sie, wie sie auf einem andern Wege zum Ziele kämen. „Laßt uns die Männer wegräumen, sagten sie, welche die berufenen Vertheidiger dieser Anstalten und Stiftungen sind, und dann fallen dieselben doch noch unter unsern Streichen." Demgemäß bewogen sie, gegen den offenbaren Wortlaut des Gesetzes, die Straßburger Munizipalverwaltung den Professoren der Universität, den Lehrern am Gymnasium, den Mitgliedern des St. Thomaskapitels und des Kirchenkonventes Bürgerscheine (certificats de civisme) abzufordern, in der geheimen Hoffnung, daß die Departements- oder Distrikts-Direktorien dieselben nicht ausstellen und gutheißen werden. Da aber die Verweigerung des Bürgerscheines einer Amtsentsetzung gleichkam, so schien das

---

[1] Archiv des Direktoriums: Recueil sur les protestants.

Schicksal dieser Männer besiegelt. Jetzt legte sich Professor Koch ins Mittel. In zwei Eingaben an die Munizipalität, und an den Miniester des Innern, vom 10. Mai 1793, entwickelte er den gesetzlichen Standpunkt und führte den glänzenden Nachweis, daß die von den Repräsentanten Denzel und Couturier angegebenen Bestimmungen in diesem besondern Fall nicht von Belang seien. Auf den Antrag des Deputirten Rühl pflichtete der Nationalkonvent den Ausführungen von Professor Koch bei, durch ein Dekret vom 21. Mai, in dessen Artikel II ausdrücklich gesagt ist, „daß alle diejenigen Personen, welche nicht aus dem öffentlichen Schatz besoldet werden, der Verpflichtung, einen Bürgerschein vorzuweisen, enthoben sind."[1]

So war, für dies Mal wenigstens, der Angriff glücklich abgewiesen. Noch beherrschte den Nationalkonvent der Respekt vor der Unverletzlichkeit des Gesetzes. Bald darauf aber, in den Tagen vom 31. Mai auf den 2. Juni 1793, unterlagen die Girondisten der Bergpartei und dem Pariser Pöbel, welche von nun an ein blutiges, wahnsinniges Schreckenssystem einführten.

XII. Der öffentliche Ankläger Eulogius Schneider.

Einschneidender erwiesen sich in der Folgezeit die neuen Ernennungen der Volksrepräsentanten auf dem Gebiete der Justizverwaltung. Der zwei Mal vom Volke zum öffentlichen Ankläger beim peinlichen Gerichtshof des Niederrheins erwählte Acker, wurde seines Amtes enthoben, und erhielt zum Nachfolger den bischöflichen Vikar Eulogius Schneider. Des Mannes Name ist mit der Geschichte der Revolution im Elsaß zu innig verwoben, als daß wir nicht in kurzen Worten seinen bisherigen Lebensgang schildern dürften.

Zu Wipfeld, im bayrischen Bisthum Würzburg am 20. Oktober 1756 von blutarmen Eltern geboren, erhielt Johann Georg Schneider seinen ersten Unterricht vom Dorfpfarrer, der ihm auch eine Freistelle am Würzburger Jesuitenkollegium verschaffte. Mit zwanzig Jahren trat er in ein Franziskanerkloster zu Bamberg ein; dort soll, nach einjährigem Noviziat, der Prior von ihm gesagt haben: „Eulogius (sein nunmehriger Klostername)

---

[1] Archiv des Direktoriums: Recueil sur les protestants.

wird unserm Orden zur größten Ehre oder zur größten Schande gereichen."

Die Fesseln der Klosterzucht lasteten schwer auf dem jungen, ehrgeizigen, zur Sinnlichkeit geneigten Mönch, und er suchte, wie er sich denselben entschlüge. Als es ihm gelungen war, ward er Hofprediger des Herzogs Karl von Württemberg und nach zweijährigem Aufenthalt zu Stuttgart Lehrer an der Universität Bonn, wo er Vorlesungen über Philosophie und Litteratur hielt. Aus dieser Zeit sind manche Erzeugnisse seiner poetischen Muse vorhanden, die aber ihres erotischen Anstrichs wegen verstimmen. Durch sein eitles, anspruchsvolles Betragen, wie durch seine freimüthigen Ansichten über die katholische Glaubenslehre verwickelte er sich in einen ärgerlichen Streit und in heftige Feindseligkeiten, die ihn zu Bonn unmöglich machten. Der Maire Dietrich lud den Flüchtling ein, sich im Elsaß anzusiedeln, in der Hoffnung, denselben den Umtrieben des Kardinals Rohan und der fanatischen Geistlichkeit erfolgreich entgegenstellen zu können. Sein geistreiches, einschmeichelndes Benehmen gewann Schneider gleich nach seiner Ankunft die Herzen derer, die mit ihm Umgang pflogen; er wurde Professor am bischöflichen Seminar und bald darauf, wie wir schon gesehen haben, Vikar des konstitutionellen Bischofs Brendel. Von nun an griff er mit fester Hand und hochstrebendem ehrsüchtigem Sinn in die Geschicke unseres Landes ein, entfremdete sich immer mehr seinem priesterlichen Beruf, gründete eine Zeitung, „Argos" genannt, verfeindete sich mit seinem Gönner Dietrich, und entpuppte sich als ein grimmiger Gegner der Moderirten und der Protestanten."[1]

Am 19. Februar 1793 trat er als öffentlicher Ankläger am peinlichen Gerichtshof des Niederrheinischen Departements mit folgendem Rundschreiben, das bereits nach Blut riecht, sein Amt an: „Unsere heilige Freiheit schreit nach Hülfe ... ich schwöre, jeden Feind mit unerbittlicher Strenge zu verfolgen ... Da schwatzt man von Sanftmuth und Menschlichkeit. Schändliche Feigheit ist es, wenn man hier und da einen Bürger schont. Tod dem Verbrecher, Haß den Tyrannen, Strafe dem Laster. Gerechtigkeit oder Tod sei unser Wahlspruch!"

---

[1] F. C. Heitz, Notes sur la vie et les écrits d'Euloge Schneider. Strasbourg 1862, S. 1 u. ff.

Schon am 31. März floß das erste Blut. Die Vollziehung eines Aufgebots von 300,000 Mann zu Zwecken der Landesvertheidigung hatte in einigen Orten des Ober- und Niederrheins zu Unruhen und bewaffnetem Widerstand geführt. Zu Molsheim u. A. sah man am Hut die weiße Kokarde und ertönte der Ruf: Es lebe der König! Darauf hin erfolgte die Verhaftung einer Anzahl junger Leute und ihre Einthürmung zu Straßburg. Ueber drei derselben, Joseph Holzmann aus Molsheim, Lorenz Jost aus Bergbieten und Joseph Hummel von Avolsheim, ward am 30. März das binnen 24 Stunden vollziehbare Todesurtheil verhängt.

Zu diesem Zweck erbaute man auf dem jetzigen Kleberplatz, unmittelbar vor dem Gasthof „zum rothen Haus", auf hoher Empore die neu erfundene Schlachtbank, die Guillotine, der Opferaltar der Revolution. Des andern Tags, am Osterfeste, brachte man die Verurtheilten zum Schaffot. Um tiefern Eindruck auf das ungemein zahlreich erschienene Volk zu machen, ließ Schneider dieselben im Traueranzug herzuführen: schwarze Binden umschlangen ihre Hembärmel, ein Flor umgab die weißen Mützen, womit ihr Haupt bedeckt war. Noch einmal befahl der öffentliche Ankläger, der hoch zu Roß, die rothe Jakobinermütze auf dem Haupt, in hellblauem Frack, mit rother Leibbinde, aus welcher zwei Pistolen herausschauten, der Hinrichtung beiwohnte, das Todesurtheil laut vorzulesen, dann bestiegen die drei Jünglinge das Blutgerüst. Holzmanns Haupt fiel zuerst. Als der Scharfrichter die blutenden Köpfe der Gerichteten von der Höhe des Schaffots dem Volk vorzeigte, hörte man zwar hie und da den Ruf: Es lebe die Republik! Sonst aber herrschte eine feierliche Stille unter den Anwesenden; es stieg wohl in den Herzen derselben die dunkle Ahnung auf, daß noch anderes Blut fließen möchte, nach diesem zuerst vergossenen.

Von jetzt aber trat die Tigernatur des gewesenen bischöflichen Vikars immer entschiedener zu Tag. Schneider hatte Blut gerochen; ihn verlangte nach mehr. Er drang deshalb auf Errichtung eines Revolutionstribunals im niederrheinischen Departement, welches keine andere als Todesurtheile oder die Verbannung aussprechen sollte, führte das Spionir- und Denunziantenwesen ein gegen „Royalisten, Fanatiker, Aristokraten und Verbächtige", beantragte im Klub, unter dem Beifall der anwesenden Weiber, „seiner Strickerinnen", die Abfassung einer Liste von Verdächtigen für den ganzen Niederrhein und empfahl in allen Dörfern die reichsten Bauern als Geiseln auszuheben.

XIII. Der Hunger. — Die Assignaten. — Das Maximum. — Der Krieg und seine Schrecken.

So breitete sich allmählich der Schrecken über das Land aus und lähmte die Gemüther. Zwei Gesellen begleiteten ihn auf dieser seiner bösen, blutigen Bahn: der Hunger und die Entwerthung des Papiergeldes oder der Assignaten. Das Jahr 1793 war ein völlig unfruchtbares. Auf die außerordentliche Kälte des Monats Juni folgten Dürre und Wassermangel, so daß man Pferde und Handmühlen zur Verarbeitung des spärlichen Getreides anwenden mußte. Anfangs April kostete das Viertel Weizen 50 bis 54 Livres, und mit diesem Preis standen die der andern Lebensmittel in gleichem Verhältniß. Hand in Hand mit dem bleichen Hunger ging die Entwerthung der Assignaten. Trotz dem Verkauf des Kirchengutes blieben die Finanzen des Landes höchst erbärmlich, und die Assignaten fielen von 100 Livres auf 43 und darunter.[1] Klingende Münze sah man keine mehr oder nur im Geheimen, und die Bauern weigerten sich, Papiergeld in Bezahlung anzunehmen. Als die Verwaltung der beiden Departemente des Ober- und Niederrheins, um diesem Uebel abzuhelfen, das Viertel Weizen auf 42 Livres in Assignaten festsetzte, vermehrte sie nur die Noth, weil von da ab die Bauern ganz von den Märkten wegblieben. Die Regierung führte deshalb das Maximum ein: Zwangspreise auf die Lebensmittel und Zwangskurs für das Papiergeld. Mit bewaffneter Hand durchsuchte man die Keller und Vorrathskammern der reichen Bauernhöfe, nahm Hab und Gut weg, und die also Behandelten konnten sich glücklich schätzen, wenn sie nicht als verdächtig verhaftet wurden und mit dem bloßen Leben davon kamen.

[1] Zu Straßburg bezahlte man den Kattun zu einem Kleide mit 10,000 Livres in Assignaten, welchen man in klingendem Geld um 18 bis 20 Livres gekauft haben würde. (J. v. Birnbaum, Geschichte der Stadt Landau. Kaiserslautern 1830, S. 380.)

Uebrigens war es bei den damaligen Jakobinern Prinzip und System, die Reichen, welche ihrer Ansicht nach durch ihren Egoismus alles Unglück verschuldeten, möglichst viel auszubeuten. In einer Bekanntmachung Monets aus jener Zeit heißt es: „Die Thränen der im Ueberfluß lebenden Egoisten ergötzen den tugendhaften Sanskulotten."

Zu diesem innern Elend gesellte sich der Krieg mit all seinen Schrecken. Unaufhaltsam drängten die feindlichen Heere der Grenze zu, die französischen Truppen auf dieselbe zurückwerfend. Deshalb stellte man immer größere Anforderungen an den Patriotismus der Elsässer. Der Nationalkonvent erließ das bekannte Dekret des allgemeinen Aufgebots, laut dessen die ganze Nation zu den Waffen gerufen wurde, zur Vertheidigung seiner Freiheit und des Gebietes der Republik. Durch dasselbe sahen sich alle Franzosen in beständige Requisition für Kriegszwecke gesetzt: „Die jungen Leute von 18 bis 25 Jahren sollten ins Feld ziehen; die Verheiratheten Waffen schmieden oder für den Transport der Lebensmittel sorgen; die Frauen Zelte und Kleidungsstücke verfertigen oder die Verwundeten und Kranken pflegen, die Kinder Charpie machen, und die Greise sollten sich auf die Sammelplätze tragen lassen, um den Muth der Krieger anzufachen und die Liebe zum Vaterlande zu predigen. In den Kellern sei nach Salpeter zur Fabrikation von Pulver zu graben, und um dem Feind den Unterhalt zu erschweren, alles die nothwendigsten Bedürfnisse übersteigende Getreide und Futter in die Festungen oder in die fern von der Grenze errichteten Magazine zu bringen."

Um diesen Beschlüssen den gehörigen Nachdruck zu verschaffen, ordnete der Konvent außerordentliche Volksrepräsentanten, Milhaud, Guyardin, Ruamps und Borin, ins Elsaß ab. Dieselben organisirten den bewaffneten Widerstand durchs ganze Land, nahmen auf eine Zeit ihren Wohnsitz zu Weißenburg, ließen in den Dörfern des Weißenburger Distriktes die Sturmglocke anschlagen, und den Einwohnern, die sechzigjährigen Männer nicht ausgeschlossen, Befehl thun, die Engpässe in den Vogesen von Weißenburg bis über Bitsch hinaus zu besetzen. Im Weigerungsfall drohte man den Ortschaften mit Brand und Tod. Die Stimmung jener Tage läßt sich wohl am besten aus folgenden bisher unveröffentlichten Aufzeichnungen zweier Augen- und Ohrenzeugen ermessen und beurtheilen. „Als am Samstag vor dem 14. Sonntag nach Trinitatis", schreibt der damalige lutherische Pfarrer Schrumpf von Aßweiler, „die Bürgerschaft in Masse mit Piken nach Weißenburg den Oesterreichern entgegenziehen mußte, blieben nur Weiber und Kinder und etliche gebrechliche sechzig und darüber Jahre alte Männer hier zurück. Damals war die Kirche noch für den Gottesdienst offen und ich predigte an gemeldtem Sonntag über das gewöhnliche Evangelium von den zehn Elenden und Nothleidenden, welche Hülfe und Rettung bei Jesu gesucht und gefunden (Lukas XVII, 11—19). In der Anwendung fragte ich: Haben wir denn auch Ursache zu flehen: Jesu, lieber Meister, erbarme dich unser, da unsere schlecht bewaffnete Gemeine einem gut bewaffneten und geübten Feind entgegenzieht? Als den Tag darauf der Maier (Bürgermeister), der als Maier auf seinen Posten zurückgewiesen ward, dies von etlichen zurückgebliebenen Patrioten erfuhr, ging er nicht nur hier, sondern auch in der Nachbarschaft herum und ließ das, von den die da wollten, bezeugen und unterschreiben. Hätte nicht Einer von der Munizipalität sich widersetzt, so wäre die Schrift an den Bluthund Eulogius Schneider geschickt worden, und ich hätte ein tragisches Ende genommen." [1]

Der Friedensrichter des Lützelsteiner Kantons, Hoffmann aus Petersbach, meldet in seinem Tagebuch wörtlich:

„Den 24. August ist die erste Klasse des Aufgebots zum Breitenstein, nahe bei Götzenbrück angekommen. Die Sachen waren damahlen in einer kritischen Lage. Den 11. September kam Ordre, 48 Stunden Sturm zu läuten, und alle Männer, die das Gewehr tragen konnten, mußten nach dem Breitenstein, andere Kantone aber nach Weißenburg marschiren. Die Lamentationen kann man sich vorstellen. Ich selbsten ritte diesen Tag noch auf den Breitenstein; als ich aber dahin kam, war schon Ordre da, daß es die Richter nichts angehe, und sie sollten auf ihren Posten bleiben. Dem ohnerachtet blieb ich dennoch diese Nacht da und schlief in Günthers, des Kommandanten Barrak. Um Mitternacht gab's Lärmen, und ein panischer Schrecken überfiel das

---

[1] Archiv des Direktoriums.

ganze Lager, und es fehlte nicht viel, daß sie alle davonliefen. Ich hatte alle Mühe sie zum Stehen zu bringen, und als ich die Sache untersuchte, war's nichts. Daran konnte man sehen, was mit den Bauern auszurichten ist. Mithin aber dauerte das Lager doch länger als man glaubte; was über 45 Jahre alt war, konnte nach Hause gehen; die Andern mußten bleiben.

Den 13. September kam Ordre, unsere Vorposten seien bei Lembach angegriffen und zurückgeschlagen worden.

Die Assignaten fielen immer mehr, so daß man den Livre kaum auf 4 Sols zählte.

Den 26. September sind sechs Volksrepräsentanten zu Lützelstein angekommen, mit Namen: Ruamps, Niou, Ehrmann, ein Straßburger, Milhaud, Borie, Lakoste. Den 27. kamen noch zwei.

Den 27. ging ich auch nach Lützelstein, um mit den Volks-Vätern zu reden. Ich freute mich im voraus Gelegenheit zu finden, mich wegen verschiedener Gegenstände, das allgemeine Wohl betreffend, mit ihnen zu besprechen. Wie erstaunte ich aber, an den vermeinten Volks-Vätern so viel Tyrannen anzutreffen, die, mit ihren Schnauzbärten, sogar alle Empfindung auf die Seite setzten. Alles zitterte was sich ihnen näherte, denn es ginge nichts als die schrecklichsten Drohungen aus ihrem Mund. Die Munizipalität, an deren Spitze Herr Inspektor S ch m i d t [1] war, und ich wurden vorgelassen, und kaum hatte Herr Schmidt einige Worte vorgebracht, sah man schon weß Geistes Kinder sie waren. Der Maire Georg Brum, der Gemein Prokurator Altmeyer wurden in Arrest gethan; Andere wurden ihres Amtes ohne andere Form und Prozeß entsetzt.

Ich bekam Ordre Herrn Leingre, entrepreneur, und Herrn Deis, der zu Neuweiler wohnte, zu arretiren und ihre Schriften zu untersuchen.

Den 1. Oktober kamen Munizipalbeamte von Hambach und brachten die Nachricht, daß die preußischen Vorposten bis Rahlingen vorgedrungen seien. Die zweite Klasse wurde derhalben beordert nach Hambach und Puberg zu marschiren. Ich bin selbst nach Hambach und Abends wieder zurückgegangen. Bitsch war damahlen eingeschlossen.

---

[1] Der damalige lutherische Pfarrer von Lützelstein.

Den 5. Oktober kamen Truppen von Bockenheim, die vereinigten sich mit den Nationalgarden und andern Truppen, gingen unter Anführung eines sogenannten Adjoint der Volksrepräsentanten, Namens Lafond, nach Rahlingen, plünderten da wie in Feindesland und zogen sich wieder zurück nach Hambach."[1]

Wir vervollständigen diese Schilderung der beiden Augen- und Ohrenzeugen mit dem Berichte Strobels über die „Gabelarmee und ihren General Helmstätter". „In der Nacht vom 18. auf den 19. August versuchte ein preußisches Armeekorps unter Kalkreuth, der sein Hauptquartier zu Ottweiler (Pfalz) aufgeschlagen, durch die Engpässe des Bärenthals, zwischen Bitsch und Lützelstein, ins Elsaß vorzudringen, während General Wurmser die Franzosen zwischen Landau und Weißenburg durch Angriffe beschäftigte. Kaum hatte sich die Kunde dieses Einfalls in der Nachbarschaft verbreitet, so sammelten sich eiligst bei drei Tausend Nationalgardisten und Bauern aus den Kantonen Ingweiler, Niederbronn und Pfaffenhofen. Mit Feuergewehren, Säbeln, Heugabeln, Sensen und Aexten bewaffnet, stellten sie sich unter das Kommando des wackern Maire von Pfaffenhofen, Helmstätter, zogen dem Feind muthvoll entgegen, vertrieben ihn aus den Engpässen und besetzten dieselben."[2]

Dennoch rückten die Oesterreicher unaufhaltsam vorwärts unter der Leitung des Generals Wurmser, und eroberten nach und nach die Linien der Queich und der Lauter. Wurmser verlegte sein Hauptquartier nach Weißenburg, dann nach Sultz unterm Wald, nach Hagenau, nach Brumath, die französische Armee vor sich hertreibend, bis dieselbe sich endlich unter den Mauern Straßburgs zu sammeln vermochte. Seite an Seite mit den feindlichen Truppen zog das „auswärtige Frankreich", das Emigrantenkorps unter Conde, ins Elsaß ein. In den katholischen Dörfern begrüßte man ihre Ankunft mit Jubel und Frohlocken; überall erblickte man weiße Kokarden und Fahnen, und ertönte in den Kirchen das Te Deum. Die ausgewanderten Geistlichen folgten den Soldaten auf dem Fuß nach, um von ihren ehemaligen

---

[1] Tagebuch des Friedensrichters Hoffmann, im Privatbesitz von Pfarrer Rübel in Esenheim.
[2] Strobel, Vaterländische Geschichte des Elsaß, V, S. 187.

Pfarreien Besitz zu nehmen. So triumphirte an vielen Orten des von den Oesterreichern besetzten Landes der gegenrevolutionäre Geist, welcher bald darauf mit blutiger Hand niedergehalten und erstickt wurde.

XIV. Das Revolutionsheer und das Revolutionsgericht.

Nach Pariser Muster organisirten die Volksrepräsentanten Ehrmann, Borie, Ruamps, Mallarme und Genossen für die beiden rheinischen Departemente ein aus tausend Mann bestehendes Revolutionsheer mit dem Auftrag, über die Verproviantirung des Heeres zu wachen, desgleichen über die Vollziehung der Beschlüsse des Konvents oder der Volksrepräsentanten, und die Feinde der Revolution sowie die Uebelgesinnten zur Anzeige zu bringen.

Es entstand in Folge dessen eine wilde, verwegene Jagd durch ganz Elsaß. Offiziere, Civilkommissäre, Unteragenten und Mannschaften dieses Heeres operirten zusammen oder auf eigene Faust, und was sie sich alles an Erpressungen, Drohungen, Gewaltthätigkeiten und Ungerechtigkeiten zu Schulden kommen ließen, ist gar nicht mehr aufzuzählen. Im Bund mit dem Revolutionsheer arbeiteten die Revolutions-Gerichte, von denen es zwei im Elsaß gab, das eine für den Oberrhein, das andere für den Niederrhein. Diese Gerichte hielten den gewöhnlichen Gang der Criminalprozedur nicht inne. Die man vor sie brachte, sollten binnen vierundzwanzig Stunden gerichtet werden. Man erkannte nur auf Tod; das Todesurtheil war mittelst der Guillotine, dem „rothen Baum", und an Ort und Stelle zu vollziehen. Es zog die Einziehung des Vermögens der Verurtheilten nach sich.

Während das oberrheinische Revolutionsgericht sich unter seinem Präsidenten Delattre und den Beisitzenden Dubosk und Philipp Jves weniger hervorthat, gelangte das niederrheinische zu schrecklicher Berühmtheit. Der Apostate Eulogius Schneider versah unter dem Namen eines Civilkommissärs an demselben das Amt des öffentlichen Anklägers. Ein anderer Abtrünniger der katholischen Kirche, Taffin, ehemaliger Domherr aus Metz, fungirte als Gerichtspräsident. Derselbe hatte sich bereits als Präsident der Hagenauer Distriktsverwaltung durch seine Rücksichtslosigkeiten hervorgethan und die Gemeinden des Distrikts, namentlich die des Kochersberg, schonungslos heimgesucht. Zu Hagenau entsagte er dem Priesterstand und verheiratete sich, fünfundvierzigjährig, mit Margarethe Vandernoote aus Mettloch bei Trier, „eine alte Bekanntschaft aus früherer Zeit". Seine eigenen Genossen sagten von ihm: „er habe im Distrikt die guten und fähigen Beamten verdrängt, um sie durch solche zu ersetzen, die kaum im Stande seien, sich ein Urtheil in Verwaltungssachen zu bilden. Er sei der größte Intrigant, ebenso Tartuffe als ein Mönch der alten Zeit, ein gemeiner und niederträchtiger Mensch..."[1] Die zwei Beisitzer waren ein ehemaliger Candidat der Theologie Namens Wolf, bisher provisorischer Maire von Fürdenheim, ein charakterloses Subjekt, und Clavel, ein gleich roher und eingebildeter Vergolder aus Straßburg. Der Gerichtsschreiber Weis, ein siebzehnjähriger Junge, vermochte die gefällten Urtheilssprüche nur nothdürftig abzufassen.

Taffin hatte kaum sein neues Amt als Präsident des Revolutionsgerichtes angetreten, als ihn der gerade in Straßburg anwesende Volksrepräsentant St. Just frug: „wie viel Köpfe er schon habe fallen machen?" Die darauf erfolgte Antwort lautete: „Keine, da uns die Zeit gefehlt hat, und wir in den 24 Stunden, seit welchen wir unseres Amtes walten, die Personalakten untersucht und es versucht haben, die Assignaten respektiren zu machen." — „Wie, entgegnete St. Just, schon seit zwei Mal 24 Stunden im Amt und noch keine 24 Köpfe abschlagen lassen? Sage deiner Kommission, daß, wenn sie keine Köpfe fällen will, ich die ihrigen aufs Schaffot bringe. Ihr seid nicht ernannt, um Akten zu untersuchen und die Assignaten in Kurs zu halten, wohl aber um die Aristokraten, deren dieses Departement wimmelt, zu vernichten."

Diese Aufforderung des Volksrepräsentanten erlitt keinen Verzug. In kurzer Zeit fällte das Revolutionsgericht einunddreißig Todesurtheile, die ohne Gnade vollzogen wurden.

Unter den Schlachtopfern, welche Schneider, der Hochpriester der Revolution im Elsaß, seinem nunmehrigen Abgott, dem Moloch, auf dem neu ersonnenen Altare, der Guillotine, weihte, befand sich auch ein evangelischer Geistlicher, der damalige Pfarrer von Dorlisheim, Johann Jakob Fischer. Ein ehrwürdiger Greis,

---

[1] Blaues Buch, T. II, S. 160, Nr. 57.

der Freund von Doktor Blessig, welcher zu Dorlisheim sein Tuskulum hatte, machte er aus seinem Unwillen über den Gang, den die Revolution nach und nach einschlug, kein Hehl. Heute noch erzählt man den Großvätern nach, wie er seinen Pfarrkindern die apostolische Weisung: „Schicket euch in die Zeit, denn es ist böse Zeit", auslegte und die alte Zeit verherrlichte. Das Revolutionstribunal verurtheilte ihn deshalb zum Tod, und zu Straßburg, auf der Guillotine, welche damals vor dem „rothen Haus" auf dem Kleberplatz Tag und Nacht bereit stand, holte er sich eine blutige Märtyrerkrone.[1] Im Augenblick, wo er das Schaffot bestieg, soll er dem öffentlichen Ankläger zugerufen haben: „Schneider, du richtest mich; bald wird Gott dich richten!" Der dazumal auf dem Höhepunkt seiner unheilvollen Macht stehende Schreckensrichter ahnte wohl nicht, daß unter seinen Füßen der Abgrund sich schon öffnete, ihn zu verschlingen.

XV. Antagonismus zwischen Schneider und Monet. — Die Propaganda.

In der That, seit einiger Zeit herrschte zwischen Monet und Schneider nicht mehr das frühere gute Verhältniß, und obschon sie äußerlich einander freundlich thaten, wußte doch jeder vom Andern, daß er ihm im Wege sei, und suchten sie gegenseitig sich ihre Stellung zu untergraben. Der öffentliche Ankläger war bemüht, die deutschredenden Jakobiner des Landes für sich zu gewinnen, während Monet, der kein deutsches Wort verstand, aus den benachbarten Departementen Helfershelfer ins Elsaß berief. Diese aus sechzig bis achtzig der wildesten Jakobiner und Klubisten des Oberrheins, der Champagne, Burgunds und Lothringens zusammengesetzte Gesellschaft, die „heilige Propaganda" genannt, wollte im Elsaß die Freiheit, die Gleichheit und die Aufklärung begründen. Sie seien gekommen, sagten sie, um die politische Bekehrung der Elsässer zu vollziehen und um sie auf die Höhe der Revolution zu stellen, weil sie noch unter dem Joch der Aristokratie und des Priesterthums seufzen und durch Sitten, Neigungen und Sprache mit Deutschland zusammenhängen. Sie

---

[1] Joh. Jacobus Fischer, Argentinensis, tempore revolutionis denunciatus, Argentorati capite truncatus est anno 1793. (Archiv des Direktoriums.)

wollten „die Elsässer für die Tugend anregen und ihnen ein Vaterland verschaffen".

Von Monet und den Volksrepräsentanten wurden diese Kraftrepublikaner bei ihrer Ankunft freudigst bewillkommt. Das damalige collège royal, jetzige Lyzeum, gab ihnen die gemeinschaftliche Wohnung ab; vom Stadtkommandanten Dieche, einem Jakobiner und notorischen Trunkenbold, erhielten sie eine Ehrenwache und Reiterordonnanzen und zu ihrem Unterhalt, nebst reichlich besetztem Tisch, täglich 15 Franken. Sie zeichneten sich durch eine seltsame, Aufsehen erregende Tracht aus: ein weiter Ueberrock von dunkler Farbe, um den ein langer Schleppsäbel oder ein Hirschfänger gegürtet war, ein entblößter Hals mit umgeschlagenem Hemdkragen, geschnürte Halbstiefel, ein bis an das Kinn herabhängender Schnurrbart, lange Haare und darüber die rothe Mütze. In dem dreifarbigen Gurt staken Pistolen. So durchzogen sie die Stadt, so bestiegen sie die Rednerbühne im Klub, so zeigten sie sich der erschrockenen Landbevölkerung, wenn sie, einer Räuberbande gleich, durch die Dörfer schwärmten. Die rohesten und unmenschlichsten unter ihnen waren ehemalige katholische Priester, so Dubois aus Beaune und Delattre aus Metz. Dieser Letztere, in seiner Kleidung ein abscheulicher Geck, machte sich durch seine niederträchtigen Spöttereien auf die Religion und Christus verdächtlich. Gegen ihn veröffentlichte darauf der Protestant Jung, selbst ein feuriger Jakobiner, im „Argos" folgenden Protest:

„Ich endesunterschriebener bekenne hiermit, daß ich von dem großen Charlatan Jesus Christus unendlich mehr gelernt habe, als von dem unverschämten jungen Menschen, der ihn zu höhnen wagte. Ha, das muß eine kleine niederträchtige Seele sein, die über den besten, den ehrwürdigsten aller Menschen spotten kann. Den Buben hätte man in der Wiege ersticken sollen, denn er ist zu allem was gut, was schön, was edel ist, schlechterdings verborben.

Jung, Schuhmacher und ehrlicher Mann."

Diese Propaganda verfolgte neben ihrer politischen Sendung noch einen andern Zweck: sie half mit an der Abschaffung des alten Glaubens, an der Schließung der Kirchen und an der Einführung des neuen Kultus der Vernunft.

Immer frecher und schamloser nämlich trat, wie zu Paris und in ganz Frankreich so auch im Elsaß, die religions- und kirchenfeindliche Gesinnung der damaligen Machthaber zu Tag. Und da wird es denn doch für alle Zeiten eine ganz eigene Erscheinung bleiben, daß gerade im Land der „allerchristlichsten Könige", der Religion, dem Christenthum, der katholischen Kirche und ihren Geistlichen zumal die heftigsten und unbändigsten Gegner und Feinde erwachsen, und die Wildesten unter den Wilden gerade aus den Reihen der Geistlichkeit hervorgehn mußten.

O, das war doch das rächende Gericht Gottes! Mit Stumpf und Stiel hatte das französische Königthum im Bund mit den Jesuiten das Evangelium auszurotten versucht; der Protestantismus lag vernichtet am Boden, das katholisch gewordene Frankreich freute sich seines Sieges, und siehe, da schlug der Sieg um in eine Niederlage: die Mächte der Hölle triumphirten. Und hier wurzelt seitdem das dunkle Verhängniß, vielleicht das Verderben des unglückseligen Landes, daß es hin- und hergeworfen, im bittern Kampf der katholischen Kirche mit der Revolution, nicht mehr jene innere Erneuerung und Wiedergeburt durchmachen kann, von welcher das Heil der Völker abhängt wie das der Einzelnen. Ohne die Bartholomäusnacht, ohne den Widerruf des Edikts von Nantes und die gestiefelten Missionen oder Dragonaden, keine französische Revolution mit ihren Greueln allen! Denn der Protestantismus erspart den Ländern und Völkern, bei welchen er zu einer Macht geworden, solche blutig schauerliche Ausbrüche und bewahrt sie vor denselben, indem er sie ganz zielbewußt auf die Bahnen jedweder geistigen und volkswirthschaftlichen Entwicklung stellt und sie ihre materielle Wohlfahrt auf den religiösen und sittlichen Gesetzen und Ordnungen des Evangeliums oder des Reiches Gottes gründen und aufbauen lehrt.

XVI. Die Schreckenszeit zu Straßburg.

Früher als in den andern Städten und Ortschaften des Elsaß äußerte sich in Straßburg der kirchen- und religionsfeindliche Sinn der Monet, Schneider, St. Just, Lebas und ihrer Genossen. Schon am 8. August 1793 erging ein Beschluß der

Kommissäre des Sicherheitsausschusses, der Bürger Tirel und Barbier, laut dessen von den im Münsterthurm sich befindlichen Glocken 27 heruntergeschafft und dem Zeughaus zum Guß von Kanonen zu überweisen seien. Sämmtliche Glocken der andern Stadtkirchen, bis auf eine für jede Kirche, ereilte am 11. September dasselbe Schicksal. Am 19. September befahl der Nationalkonvent allüberall, von allen Kirchen und Gebäulichkeiten, die Zeichen und Embleme des Königthums zu entfernen. Dann kam die Reihe an die Verstorbenen in ihren Särgen und Gräbern. Am 28. September ersuchte die Departementsverwaltung die Munizipalitäten, „augenblicklich alle metallenen Särge an den General Lepine auszuliefern, damit diese Denkmäler des Hochmuthes in Kanonen- und Flintenkugeln umgewandelt werden". In den Tagen vom 5. auf den 14. Oktober endlich erfolgte die Abschaffung der bisherigen christlichen Zeitrechnung und die Einführung des neuen republikanischen Kalenders.

Im neuen Kalender fing das Jahr mit dem Eintritt der Sonne in das Zeichen der Waage, also zwischen dem 20. und 23. September an, noch genauer mit dem 21. September 1792 als dem Tag der Ausrufung der französischen Republik, und war in zwölf gleiche Monate, jeder zu dreißig Tagen eingetheilt. Die fünf übrigen Tage hießen „Ohnehosentage", wurden aber später durch Dekret vom 7. fructidor III mit dem Namen „Ergänzungstage" belegt. Die Namen der Monate hatte man von den Jahreszeiten genommen. Sie hießen: 1. vendémiaire oder Herbstmonat; 2. brumaire oder Nebelmonat; 3. frimaire oder Frostmonat; 4. nivose oder Schneemonat; 5. pluviose oder Regenmonat; 6. ventose oder Windmonat; 7. germinal oder Keimmonat; 8. floréal oder Blüthenmonat; 9. prairial oder Wiesenmonat; 10. messidor oder Erntemonat; 11. thermidor oder Hitzmonat; 12. fructidor oder Früchtemonat. Jeder Monat war in drei Dekaden eingetheilt, und die Tage nannte man primidi, duodi, tridi, quartidi, quintidi, sextidi, septidi, octidi, nonidi und decadi. Der Dekadi oder zehnte Tag galt als der gesetzliche Ruh- und Feiertag, zu den Versammlungen im Tempel der Vernunft bestimmt. Sorgfältig sind in dem neuen Kalender die Namen der Heiligen und alle christlichen Zeichen ausgemerzt und durch solche von Thieren, Pflanzen, und allerlei Handwerkszeug ersetzt. Wir schreiben hier die erste Dekade ab:

1. Primidi	Traube.	6. Sixtidi	Balsamine.
2. Duodi	Safran.	7. Septidi	Gelberüben.
3. Tridi	Kastanien.	8. Oktidi	Reseda.
4. Quartidi	Kürbis.	9. Nonidi	Kartoffel.
5. Quintidi	Pferd.	10. Dekadi	Weinbottich.

Pfeffel, der bekannte elsässische Dichter, ließ an diesem neuen Kalender seinen damals nicht ungefährlichen Spott und Witz also aus:

„Der Franken Almanach ist wunderschön:
Für Heilige giebt er mir Schöpse, Gänse, Fische,
Allein seitdem sie im Kalender stehn,
Stehn sie nicht mehr auf meinem Tische."

Noch war das Verbot des öffentlichen Gottesdienstes nicht erlassen; Monet bahnte ihm aber den Weg, indem er die Kirchen Straßburgs für den Kriegsdienst in Beschlag nahm.[1] Vorerst plünderte man die Kirchen rein aus und bemächtigte sich der heiligen Gefäße ebenso wie der andern darin vorhandenen Kostbarkeiten und der Kunstwerke. Einzelne Gotteshäuser erlitten dadurch große, unersetzliche Verluste; so z. B. Alt-St. Peter und St. Wilhelm, denen man nicht nur die schönen silbernen oder vergoldeten Abendmahlsgefäße entriß, sondern auch die zinnernen Teller, Kannen, Lichtstöcke, die messingenen Kron- und Wandleuchter, die eisernen Gitter und Stangen, woran die Leuchter hingen, entführte. Am 15. Oktober ließ Monet, während des Beichtgottesdienstes, die Neue Kirche schließen, die Stühle augenblicklich abbrechen und die Kirche in ein Fruchtmagazin, später in einen Schweinestall umwandeln; auch die St. Thomas- und die Jung-St. Peterkirche wurden zu Heu- und Strohmagazinen, die Wilhelmerkirche zu einem Spital und später zu einem Proviantamt; St. Nikolai zum Kuhstall. An die Abhaltung von Gottesdiensten war jetzt nicht mehr zu denken, und der am Sonntag vor Advent zu erklärende, so zeitgemäße Herbsttext aus Psalm 85, 9—14, fand erst 1795 eine Verwendung.[2] Dem Münster erging es noch schlimmer, denn ärger als Schweine hausten in diesem

---

[1] Archiv der Stadt Straßburg. Protokolle der Munizipalität V.
[2] Aus einem Manuskript im Privatbesitz von Direktor Erichson.

Heiligthum die Baalspfaffen der Vernunftreligion. Ja wohl; am 7. November wurde die Ausübung jedweden öffentlichen Gottesdienstes für die ganze Dauer des Krieges verboten, und am 17. eröffneten die „Autoritäten!" im Münster einen Hexensabbat, der allmählich das ganze Land in seine heillosen, undenklichen Wirbel zog.

Das geschah also: Um 4 Uhr Nachmittags wälzte sich ein gewaltiger Menschenstrom, bestehend aus den Mitgliedern der Verwaltungen, den Volksrepräsentanten, den Klubisten, Propagandisten und zahlreichen Neugierigen, in die nur spärlich erleuchteten Säulengänge des Münsters. Monet bestieg sodann die Kanzel, um die Ankunft der Propagandisten der Straßburger Bürgerschaft anzukündigen und ihr mitzutheilen, wie dieselben herbeigeeilt seien, um die wahren Grundsätze der Revolution zu predigen und die Einwohner mit der wahren Lage der Dinge vertrauter zu machen. Nachdem der Maire die Beglaubigungsschreiben der Glieder der Propaganda vorgelesen, folgten diese ihm auf der Rednerbühne und gaben ihr Programm zum Besten. „Die Zeit der Wahrheit und des Lichtes, sagten sie, ist nun erschienen; keine Schonung mehr für die Irrthümer. Die Lehren, womit die Priester so lange den Geist der Völker geblendet, sind vom Ehrgeiz und der Habsucht ausgegangen. Die Priester sind nur schlaue Charlatans, deren Blendwerke man zernichten muß; die Beeidigten sind nicht besser als die Eidweigernden. Die Diener aller Religionen können sich am besten als echte Freunde der Freiheit bewähren, wenn sie auf dem Altar der Vernunft ihre vom Aberglauben ersonnenen Titel niederlegen und bekennen, daß die von ihnen gelehrten Dogmen nur Betrug seien."

Diese patriotischen Worte, sagt der offizielle Bericht, fanden die lebhafteste Theilnahme unter der Volksmenge. Darauf verlangte ein Mitglied der Propaganda die Meinung des Volkes über die Priester zu vernehmen. In beiden Sprachen wurde die Frage gestellt. Da rief es einstimmig: „es wolle keine Priester mehr", und bekräftigte diese Worte durch einen Eid, den der Maire abnahm. Monet kündigte hierauf die am folgenden Dekadi, den 30. Brumaire (20. November), vorzunehmende Einweihung des Münsters in einen „Tempel der Vernunft" an. Zur Antwort ertönten die Hallen des ehrwürdigen Gotteshauses von Beifallsrufen.

Auch die Straßen der Stadt wurden geschändet: am Abend zogen Jakobiner, „Schneiders Strickerinnen", und elender Pöbel, in Priester-, Mönchs- und Nonnenkleidern, bei Fackelschein durch die Straßen, das Brustbild des Bluthundes Marat mit sich führend, tanzten die Carmagnole um die Guillotine und sangen im elsässischen Dialekt: „Ça ira, ça ira, Du bekummsch den Kopf hera!"

In gleicher Zeit setzte sich Daum, einer der Straßburger Distriktsverwalter, mit der ländlichen Bevölkerung in Verbindung und erklärte derselben: „Ludwig der Abgekürzte ist nicht mehr; nun sind die Priester an der Reihe und all die netten Sachen, die von diesen traurigen Menschen herstammen. Fortan mag ein vernünftiger Mann keine Geistliche mehr zu ertragen, und wer zu den Gebildeten sich zählt, dreht ihnen eine Nase . . . Das müßt ihr euch, ihr Landleute, jetzt merken; wer dies nicht begreifen kann, wird um einen Dickkopf gekürzt . . . Aller geistliche Firlefanz hat aufzuhören; die Priester mögen sich verheirathen und gute Familienväter werden . . . Du aber, Volk, vergiß es nicht, daß wir für dich, wenn du muckfest, die Guillotine, das Revolutionsgericht und die Revolutionsarmee bereit halten."[1]

Diesem unerhört deutlichen „Unterricht" folgte das Verbot des Glockengeläutes und der Beschluß des Nationalkonventes vom 11. Frimaire II (1. Dezember 1793), laut dessen die Pfarrhäuser in allen Gemeinden, die dem öffentlichen Gottesdienst entsagen, „dem Kultus der nothleidenden Menschheit geweiht sind", auf dem Fuße nach.

Am 3. Dekadi des Monats Brumaire (20. November) feierte man, laut Monets Anzeige, das Fest der Vernunft in dem in eine Art heidnischen Tempel umgestalteten Münster. Den Tag zuvor befahlen die Konventskommissäre die Schließung aller Kirchen und die Aufhebung jeden öffentlichen Gottesdienstes. In den Städten und in den Dörfern schlug man folgende Proklamation öffentlich an: „Da nun das Bündniß der Könige mit dem Priesterthum zernichtet ist, so gebietet das Gesetz den Bürgern

---

[1] „Unterricht über den Schluß der Repräsentanten . . . für die Leute auf dem Lande", 20. Brumaire. Anschlagzettel in Folio. (Rob. Reuß, La Cathédrale etc., S. 418.)

den zehnten Tag der Woche des republikanischen Kalenders als einen Ruhetag, sowie einen Tag feierlicher Vereinigung zu betrachten." Endlich forderte man noch die Geistlichen aller kirchlichen Parteien zur Entsagung ihrer Würden auf. Jetzt konnten die Saturnalien ihren Anfang nehmen; Straßburg gab den Ton an und feierte sein erstes Vernunftfest wie folgt.

Voraus schritten junge Mädchen und Frauen, alle weiß gekleidet, mit der rothen Jakobinermütze auf dem Haupt. Darauf kam Marats Brustbild, von Pikenmännern eskortirt. Ihnen nach die Klubisten und Propagandisten, der Maire und die verschiedenen Verwaltungen, die Generalität und das Offizierskorps, die Volksrepräsentanten, die Volksmenge. Ueber dem großen Portal des Münsters stand auf schwarzer Tafel, in goldenen Buchstaben, zu lesen: „Tempel der Vernunft", und darunter: „Auf Finsterniß folgt Licht." Das Innere des Gotteshauses hatte eine vollständige Umgestaltung erfahren. Der offizielle Bericht über das Fest sagt: „Dieser Tempel, der fünfzehn Jahrhunderte hindurch der Schauplatz des Betrugs gewesen, ist auf das Wort der Philosophie in drei Tagen von allen lächerlichen Verzierungen, welche den Ceremonien des Fanatismus dienten, gereinigt worden. Nicht die geringste Spur des Aberglaubens war mehr darin zu finden." Der Hochaltar war entfernt, und an seiner Stelle erhob sich ein Gerüst, einem Berg ähnlich, auf dessen Gipfel die vielbrüstige Bildsäule der Natur thronte, neben ihr die Freiheit. Am Fuß des Berges sah man Ungeheuer mit Menschengesichtern im Priesterornat, um sie her heilige Bücher, Rauchfässer, Dolche. Weiter noch erblickte man zwei Gestalten, von denen die eine eine blutige Krone hielt, während die andere ein Buch zu verbergen suchte, auf dessen Blätter lügenhafte Worte zu lesen waren. An Stelle der schönen Kanzel, von welcher herab der Kaysersberger Doktor einst zu seinen Zuhörern gesprochen, war ein großes Gerüst aufgeschlagen, eine Bühne, auf welcher die Redner sich ablösten und durch die Wildheit ihrer Worte überboten. Man fluchte dem Königthum, den Priestern, diesen Heuchlern, Betrügern und Schwelgern. „Das Priesterreich ist dahin, erklärte der eine, wir brauchen solche Possen nicht mehr." Eulogius Schneider trat auf und schwor abermals seine Priesterwürde ab; ihm folgte Taffin, der Präsident des Revolutionstribunals, und erklärte: „Ich habe immer meinen Priesterrock mit Abscheu getragen, ich zerreiße meinen Weihbrief." Andere Geistliche drängten sich herzu und legten unter dem dröhnenden Beifall der Menge Bekenntnisse gleichen Inhaltes ab.

Die Bemerkung wurde laut, es habe noch kein protestantischer Pfarrer und kein jüdischer Religionsdiener seinen Irrthum abgeschworen. Da erschien auf der Rednerbühne ein evangelischer Geistlicher, dessen Namen man leider nicht mehr weiß, allein statt seinen Glauben zu verleugnen, beklagte er sich über die revolutionäre Unduldsamkeit und berief sich auf die erhabenen Lehren des Evangeliums. Tausend Lippen fluchen ihm, tausend Hände recken sich aus, ihn zu greifen; man donnert wider den lutherischen Pfaffen und fordert die Anwendung der allerstrengsten Maßregeln. „Ich muß gestehen, schrieb des andern Tags der öffentliche Ankläger im ‚Argos‘, nie habe ich eine süßere Musik gehört, als die Stimme ehemaliger katholischer Priester, die im Tempel der Vernunft das Pfaffenwesen abschwuren und sich freuten, Menschen zu werden. Allein die lutherischen Stadtpfaffen zeigten sich ganz anders; die Großen kamen nicht, und die Kleinen sprachen solchen Unsinn, daß die Zuhörer sie von der Tribüne jagten."[1]

Nachdem man noch auf dem jetzigen Schloßplatz Adelsbriefe, Meßbücher, Heiligenbilder, Bischofsmützen, Priesterkappen, Bibeln, Gesang- und Gebetbücher verbrannt[2] hatte, ergoß sich die wild erregte Menge in die Straßen der Stadt oder in die verschiedenen Klubhäuser, wo man fortfuhr über Religion und über die Abschwörung des Priesterthums zu deklamiren, und die Verhaftung all der Geistlichen beantragte, welche nicht abschwören oder ihr Amt nicht niederlegen wollten. Unter dem Einfluß dieser Drohungen kamen noch Abschwörungen zustande. Der katholische Pfarrer zu Bischheim am Saum bei Straßburg, Johannes Scherer, erklärte: „Er bereue es, als Geistlicher das Volk durch Heucheleien und Mysterien getäuscht zu haben." In gleicher Zeit verleugnete auch der protestantische Pfarrer Philipp Jakob Engel,

---

[1] „Argos" Nr. 62, 1793.
[2] Im Jakobinerklub war eine eigene Kommission, aus den Bürgern Pagnot und Ortlieb bestehend, eingesetzt worden, „um bei den Buchhändlern alle Bücher von Andächtelei zu untersuchen und solche den Flammen zu übergeben". (Blaues Buch, II. Theil, S. 295.)

von der St. Thomaskirche, seinen Christenglauben, während die Anwesenden berüchtigte Volkslieder sangen. Schneider schrieb dazu die bitter höhnischen Worte: „Das Interesse dieser Sitzung ward erhöht durch das ehrenvolle Geständniß einiger protestantischer Kirchendiener, wie herzlich sie die Religion der Vernunft lieben, und wie sehr sie das Unwesen der Pfaffen verabscheuen, man heiße es Katholizismus, Talmud oder Lutherthum."[1]

Im Protokollbuch der Volksgesellschaft aber heißt es: „Die Vernunft gewinnt täglich neue Siege über den Fanatismus und den Aberglauben, und der Tempel der Freiheit erschallte heute von Beifallsrufen bei Abschwörungen der ehemaligen Priester. Sie stimmen alle darin überein, daß sie eingestehen, bezahlte Marktschreier gewesen zu sein. Die Gesellschaft beschließt, daß ihre Namen in den Verbalprozeß gesetzt werden sollen. Hier sind sie: Engel, Stolz, Müller, Schweighäußer, Junker, protestantische Geistliche; Robert, katholischer Priester."[2]

Abends fand, bei Fackelschein, ein Umzug durch die Straßen statt. Zügellose Pöbelbanden führten einen mit schwarzem Tuch ausgeschlagenen Wagen mit sich, auf dem man die Insignien der durch die Revolution zernichteten geistlichen und weltlichen Würden erblickte: Krone, Szepter, Königsmantel, Hirtenstab, Bischofsmützen u. s. w., alles in buntem Gemisch. Wieder hatten die Theilnehmer geistliche Gewänder angelegt und sangen Spott- und Lästerlieder auf die Religion und ihre Diener. Auf dem Kleberplatz tanzten diese Priester und Nonnen der neuen Vernunftreligion die Carmagnole „um die mit Lampen eingefaßte Guillotine".

Bald nachher setzte Monet dem Ganzen die Krone auf durch die Herausgabe eines ebenso boshaften als arglistigen Pamphlets. Unter dem Titel: „Die Priester wollen Menschen werden", veröffentlichte er nämlich die „Abschwörungen" einer Anzahl Geistlichen, sowohl katholischer als evangelischer, aus Stadt und Land. Mit folgendem Vorwort sandte er das Büchlein hinaus in die Welt: „Nicht alle Priester sind Betrüger oder Betrogene, auf einigen haftet nicht der Schandfleck des Pfaffthums, ihre Seele ist rein

---

[1] „Argos" Nr. 62, 1793.
[2] Blaues Buch, II. Theil, S. 296.

geblieben im Moraste der Vorurtheile, sie können dem Vaterlande noch wichtige Dienste leisten. Sie werden durch Enthüllung der Büberein ihres ehemaligen Gewerbes die blutenden Wunden heilen, welche der Fanatismus der Menschheit schlug, und das Pfaffthum wird unter seinem eigenen Dolche dahinstürzen müssen. Aus den Geständnissen der Priester wird das Volk die listigen Heuchler kennen lernen, welche ihm im Himmel goldene Berge versprachen, um es hier auf Erden zu plündern und am Lenkseil der Dummheit nach Gefallen zu leiten."

Unstreitig gehören die Bekenntnisse, welche den Inhalt der Broschüre bilden, mit zum Schlimmsten jener bösen Tage, und das Herz blutet einem, wenn man vernimmt, wie die Religionsdiener beider Kirchen das mit Füßen treten, was ihr Heiligstes hätte sein sollen. Da erklärt z. B. der Bürger Ruppert, katholischer Pfarrer zu Brumath, "daß er nie Priester im Herzen war, daß er nur den Eid schwor, um den Fanatismus niederzuschmettern. Jetzt, da das Reich der Finsterniß verschwunden ist, entsagt er freudig einem Stande, der ihn bisher entehrte. Er erkennt keinen andern Gott, als die Harmonie der Natur, keine andere Gottesverehrung, als die Ausübung gesellschaftlicher Tugenden." Ihm steht der protestantische Pfarrer von Obenheim, Junker, ebenbürtig zur Seite, wenn er bekennt: „Ich erkläre hiermit freimüthig, daß der Priesterstand mir seit der Revolution unerträglich geworden ist. Ich wollte dem Schlage zuvor kommen, der alle Morastkröten in weißen und schwarzen Ueberschlägen zermalmt, allein ich ward überrascht, und eile folglich einer der ersten zu sein, welche mit Freude und Entzücken der herrlichen Fahne der Vernunft und der reinen, natürlichen Freude folgen. Ich schwöre also hiedurch, aufrichtig und mit heiterer Stirn, dem tollen Dienst ab, welchen ich bisher wider meinen Willen bekannte; fortan sehe ich in Gott nichts als die Wohlthaten der Natur. Es lebe Vernunft und Wahrheit!"

Nicht alle Erklärungen, welche Monet sammelte und herausgab, lauten so schamlos und gotteslästerlich wie diese hier. Die meisten sind in zweideutigen oder unbestimmten Redensarten gehalten und fühlt man ihnen den Schrecken an, unter deren Einfluß ihre Verfasser damals standen. Andere noch rühmen das Evangelium als eine Quelle der erhabensten und reinsten Moral, und Jesum als den wahren Märtyrer der Menschheit, als den „besten Freund der Sanskulotten".

Monet selbst hatte sich nicht entblödet, einzelne dieser Abschwörungen absichtlich zu verstümmeln oder zu verdrehen, ihnen einen Sinn unterzuschieben, an welchen die betreffenden Geistlichen nicht gedacht. Allein im Augenblick selbst legte nur einer Verwahrung gegen dieses boshafte und arglistige Verfahren ein, nämlich der reformirte Pfarrer Petersen. Andere schwiegen, und erhoben erst ihre Stimme, als die Schreckenszeit vorüber und die Macht Monets und seiner Genossen gebrochen am Boden lag. So u. A. der Pfarrer an der St. Thomaskirche, Philipp Jakob Engel. Von ihm erzählte man sich noch lange nachher zu Straßburg, wie er am Charfreitag des Jahres 1794, als er die Wache vor der Thomaskirche bezog, den Tod Jesu für einen Gegenstand des Aberglaubens erklärt habe, und seine Abschwörung hatte in dem Büchlein des Maire eine Stelle gefunden. Im Jahre 1795 veröffentlichte Engel eine Schrift, in welcher er sein Betragen zu rechtfertigen suchte und sich darüber beklagte, daß seine Erklärung verstümmelt und mißdeutet worden sei.[1] In einer Eingabe an die Munizipalität vom 26. Germinal III beschwerte er sich ebenfalls über das Geschehene und begehrte eine genaue Abschrift seiner früheren Zuschrift. Monet konnte nicht umhin zuzugeben, daß ein Satz eine Veränderung erlitten habe, sowohl in der französischen Ausgabe als auch in der deutschen Uebersetzung.[2] Aehnliches ging wohl noch mit anderen „Erklärungen" vor.

Unterdessen setzten die Terroristen in Straßburg ihre Arbeit fort: jeder Tag brachte neue Ueberraschungen. Am 14. November schrieb St. Just an die dortige Munizipalität: „Zehntausend Mann sind bei der Armee barfuß; ihr müßt heute noch allen Aristokraten in Straßburg ihre Schuhe abnehmen, und bis morgen früh um zehn Uhr müssen die zehntausend Paar Schuhe auf der Reise nach dem Generalquartier sein;" dann: „Innerhalb 24 Stunden sind zweitausend Betten bei den Reichen dieser Stadt bereit-

---

[1] Beitrag zur Geschichte der neuesten Religions-Revolution in Straßburg. III. Jahr der Republik.

[2] Protokoll der Munizipalität im Stadtarchiv: un passage a été altéré ... mitgetheilt durch Direktor Erichson in Straßburg.

zuhalten für die Soldaten"; dann: „Alle Mäntel der Bürger der Stadt Straßburg sind in Requisition; bis morgen Abend sollen sie in das Magazin geliefert sein"; dann: „Die Bürgerinnen Straßburgs sind eingeladen, die teutsche Tracht abzulegen, da ihre Herzen fränkisch sind." Dadurch gewann St. Just 1061 goldene und 423 silberne Hauben, die um 12,994 Livres verkauft wurden. Bereits hatte die Straßburger Bürgerschaft 20,000 Hemden, 2600 Leintücher, 1300 Mäntel, 17,000 Paar Schuhe ausgeliefert.[1]

Immer wieder zogen die Kirchen die Aufmerksamkeit der Revolutionsmänner auf sich: „Brechet den Münsterthurm ab, schrie Teterel; er verstößt gegen das Gesetz der Gleichheit." Man setzte ihm eine riesige, blecherne, in den drei Nationalfarben angestrichene Jakobinermütze auf, und das rettete ihn. Bald darauf schrieben die Volksrepräsentanten Goujon und Hentz: „Weg mit allen Kirchthürmen! Durch den alten Stolz der christlichen Possenspieler wurden die frechen Glockenthürme auf die Gebäude, welche ihren religiösen Allfanzeleien gewidmet waren, errichtet. Das stiere Auge des Volkes hatte sich gewöhnt, mit Ehrerbietung diese Denkmäler des Aberglaubens und der Sklaverei zu betrachten... fortan keine Glockenthürme, keine Herabwürdigung der Gleichheit, kein Zunder für Schwachheit und Verbrechen mehr!" Nur der Münsterthurm erhielt Gnade „als ein kühnes und kostbares Denkmal der alten Baukunst", und die Thürme, welche längs des Rheinufers gelegen, etwa zu „militärischen Beobachtungen dienen könnten".[2]

Nebenher wüthete man gegen die Lebenden. Wer nur irgendwie gemäßigter Gesinnungen verdächtig war, wurde angehalten und eingesperrt. Die Gefängnisse und die öffentlichen Gebäude in Straßburg füllten sich mit „Feuillants, Dietrichsknechten, Moderirten, Assignatenverächtern, Geistlichen".

In dem in ein Gefängniß umgewandelten Priesterseminar beim Münster begegneten sich Geistliche und Lehrer beider Konfessionen in gleicher Haft; so Bischof Brendel und Mitglieder seines Klerus katholischerseits, die Professoren Oberlin, Schweig-

---

[1] Sammlung authentischer Belegschriften ... (Blaues Buch) I, S. 21 u. 22.
[2] Blaues Buch, I, S. 170.

häußer, Müller, Fritz, Blessig, Lorenz und manche Pfarrer der Stadt evangelischerseits. Selbst diejenigen, welche die berüchtigten Erklärungen von sich gegeben hatten, theilten jetzt mit ihren standhafteren Genossen dasselbe Schicksal, nicht aber deren gutes Gewissen. Jeden Tag ersann man neue Mittel, um die Gefangenen zu quälen und zu terrorisiren. So ließ der Stadtkommandant Dieche vor den Thoren der Gefängnisse scharfgeladene Kanonen auffahren, deren Bedienungsmannschaft die brennende Lunte bereit hielt, oder er sprengte um Mitternacht mit zahlreicher Begleitung in den Gefängnißhof ein und befahl den Gefangenen, bei Todesstrafe, vor ihm zu erscheinen. Immer wieder zitterten die Verhafteten um ihr Leben oder um das der Andern. Von der Stimmung der Eingethürmten und ihren Familien legt der Briefwechsel, welchen Blessig während seines gezwungenen Aufenthaltes im Seminar mit seiner Frau monatelang im Geheimen unterhielt, ein ebenso rührendes als ergreifendes Zeugniß ab. Die Originale der „Zettelchen" befinden sich auf der Straßburger Stadtbibliothek.[1] Mehr als einmal schwebten sämmtliche Verhaftete in höchster Gefahr. Als nämlich die ländlichen Gefangenentransporte derart zunahmen, daß man nicht mehr wußte, wie und wo dieselben unterbringen, dachte man an Massenhinrichtungen: im Jakobinerklub, der eine Zeitlang in der reformirten Kirche seine Sitzungen hielt, wurde allen Ernstes das Niederkartätschen oder das Ersäufen in den Fluthen des Rheins angerathen.[2]

Wir gehen nun zur Schilderung der Schreckensherrschaft außerhalb Straßburg, in den Stadt- und Landgemeinden, über.

XVII. Die Schreckenszeit im übrigen Elsaß. — Das Schicksal der Kirchen.

Das Vorgehen der Schreckens- oder Revolutionsmänner in Straßburg erfolgte theils auf Grund von Verordnungen und Beschlüssen des Nationalkonvents und seiner Repräsentanten, theils nach Pariser Vorgängen, theils aus eigenem Ermessen.

---

[1] J. W. Edel, Monatsblätter der Blessigstiftung, Straßburg 1847 u. ff., und Fr. Riff, Das Vater Unser, oder Dr. Blessig während der Schreckenszeit, Straßburg 1883.

[2] Blaues Buch, I, S. 211 u. ff.

Ganz ähnlich ging es auch im übrigen Elsaß, zuweilen bis in den kleinsten Ortschaften zu, nur daß man hier und da mehr oder weniger Eile an den Tag legte, um die Befehle des Konventes oder der Distriktsbehörden zu vollstrecken. Einzelne Gemeinden nämlich, in welchen ein wackerer Pfarrer, Lehrer, Maire oder sonstiger Bürger, die das Herz auf dem rechten Fleck hatten, das Heft in Händen hielten, durchlebten die böse Zeit, ohne das Schlimmste zu erfahren. Andere dagegen, in welchen diejenigen untreu und fahnenflüchtig wurden, denen von Gottes- und Rechtswegen die Wahrung der ihnen anvertrauten Interessen oblag, oder in welchen eine Handvoll elender, herabgekommener Subjekte, wie Trunkenbolde, Wollüstlinge, Dorfphilosophen, Bankerutteure und ähnliches Gelichter, die Gewalt an sich riß, mußten den Kelch des Schreckens und der Schmach kosten bis auf die Neige. Diese Patrone überboten sich an Lästerungen und Schlechtigkeiten: je ärger sie hausten, desto verdienstlicher erwies sich eben ihr Verhalten nach oben hin. Und da sie doch zuweilen die Erkenntniß beschleichen mochte, daß ihr Verfahren auf die Dauer nicht werde bestehn können, so gab dies einen Grund mehr, die kurze Spanne Zeit ungesäumt auszukaufen.

Zunächst einmal fand die Verordnung des Konvents, laut welcher sämmtliche Glocken jeder Gemeinde, bis auf eine, an die Zeughäuser abzuliefern seien, einen allgemeinen Vollzug. Angeblich sollten diese Glocken zum Guß von Kanonen dienen, thatsächlich aber wurden Kupfermünzen daraus geschlagen. Eine Gemeinde hatte einigen Nutzen dabei, nämlich Handschuhheim. Die dortige Glocke hing entzweigesprungen im Thurm; da richtete die Munizipalität ein Gesuch an das Departementsdirektorium um Ueberlassung einer der in der Straßburger Münze niedergelegten Glocken, gegen Abgabe der untauglich gewordenen. Das Direktorium genehmigte das Gesuch, unter der Bedingung, daß die fehlerfreie Glocke das Gewicht der andern nicht übersteige.[1]

Nach den Glocken kam die Reihe an das Kirchengeräth. Schon einmal war alles entbehrliche Kirchengeräth an edelm

---

[1] Bezirksarchiv, Protokoll des Direktoriums des niederrhein. Departements vom 13. Februar 1792. Mittheilung von Direktor Erichson zu Straßburg.

Metall „auf den Altar des Vaterlandes" zu legen der Befehl ergangen. Jetzt aber sollten alle kirchlichen Gefäße, selbst die aus Zinn, Messing oder Eisen, an die dazu betrauten Agenten ausgehändigt werden. Den 7. Oktober 1793 gab Monet folgende Einladung, die einem Befehl gleichkam, heraus: „Gold und Silber, welches die Monarchien durch die Pfützen und den Koth hindurch nach sich schleppen, kennen die Republiken nicht; sie würden sich durch diese Zeichen des Verderbnisses und der Sklaverei erniedrigen; sie bedürfen nur des Eisens, um die Tyrannen als Opfer darzubringen. Ich lade Sie daher ein, in Zeit von 24 Stunden, alle kostbaren Gefäße und Geräthschaften auf das Gemeindehaus zu liefern, um sie den Staatsbedürfnissen zu widmen."

Räubern gleich stürzten die Agenten der Schreckensmänner, aber auch Unberufene über die also preisgegebene Beute her und rafften zusammen an silbernen oder vergoldeten Kirchengefäßen, Kelchen, Abendmahlskannen, Kruzifixen, an goldenen und silbernen Borten an den Altar= und Kanzeltüchern, was in den einzelnen Kirchen oder Pfarrhäusern zu finden war. Manche dieser Kostbarkeiten wurden von untreuen Händen unterschlagen; andere, die man hatte verbergen können, gaben die redlichen Bewahrer den Kirchen nach wiederhergestelltem Gottesdienst zurück.

Zu Bläsheim [1] wurden „alle Kannen geraubt"; zu Niederröbern die „kostbaren Kanzel= und Altartücher und die silbervergoldeten Abendmahlsgefäße, ein Geschenk derer von Fleckenstein"; zu Lingolsheim „wurde die Kirche geplündert, besonders durch die revolutionäre Wuth eines Schulmeisters Namens Krug, und gingen sämmtliche Kirchengefäße verloren; der Pfarrer von Wasselnheim klagt: „Wir haben aufs wenigste für 4000 Franken silber und vergoldete heilige Gefäße verloren. Bei dieser Gelegenheit zeichnete sich aus ein Straßburger evangelisch=lutherischer Bürger, Weißhaar, Bierbrauer zum Störkel. Dieser nahm nicht nur die silbernen Gefäße, sondern auch die zinnenen mit sich fort; Kanzel, Altartuch, alte Kirchenröcke sogar wurden ein Raub seiner Adlersklauen." Die Kirchenbücher von Zehnacker, Gerstheim, Ittenheim, Fürdenheim,

---

[1] Diese und die folgenden Angaben sind dem Archiv des Direktoriums entnommen.

Colmar, Audolsheim, Reichenweyer, Heiligenstein, Neuweiler, Prinzheim, Gottesheim, Wingen, Altweiler, Pistorf, Saar-Union u. s. w. u. s. w. verzeichnen ähnliche Verluste. „Ich lieferte, schreibt der schon genannte Friedensrichter Hoffmann von Petersbach in seinem Tagebuch, aus den Kirchen des Lützelsteiner Kantons 40 Pfund Silber und Gold an das Distrikt zu Straßburg." Kaum eine Kirche mag dem allgemeinen Schicksal entgangen sein, wenn auch hie und da Pfarrer das zu thun suchten, was Pfarrer Schmidt von Wingen im Taufregister der Pfarrei niederschrieb: „Das Getüch auf dem Altar hatte ich in der Revolution versteckt und auf diese Art glücklich erhalten." [1]

Den wenigsten aber glückte, was der wackere Pfarrer von Reitweiler, Kampmann, im Protokollbuch dortiger Pfarrei erzählt: „Ich erhielt auch, indem ich im Namen des Gemeinderathes eine Schrift aufsetzte, worin er sich auf den eigentlichen Buchstaben der Dekrete berief — denn öffentlich nahm sich die Nationalversammlung wohl in Acht, dergleichen Sachen zu befehlen, insgeheim aber thatens die Komites, die alles regierten — die Kirchengefäße. [2]

Allseitig läßt sich nachweisen, daß das erste, was man thun mußte, als die Schreckenszeit mit ihren Greueln vorüber und die öffentlichen Gottesdienste erlaubt waren, darin bestand, unter den Gemeindegliedern freiwillige Beiträge zu erheben zum Ankauf von kirchlichen Gefäßen, Tüchern und Gewändern.

In einzelnen Gemeinden dauerte es Jahre, Jahrzehnte lang, bis der Verlust wieder ersetzt werden konnte. So heißt es im „Kommunikantenbüchlein" des damaligen Pfarrers Ehrmann zu Prinzheim: „Sub imperio Robespierrii, tempore terrorismi, wurde geboten bei Strafe, alles Kirchengeräth nach Hagenau zu liefern; der Kommissaire allda, Namens Prost, drohete sehr. Die Prinzheimer und Geißweilerer gehorchten nicht; allein der Gemein procureur zu Gottesheim, Jakob Gleiß, trug aus Furcht, nebst dem Schuldiener, alles Kirchengeräthe, auch den 1770 verfertigten Kirchenrock (er behielt nur das Taufgeräthe

---

[1] Mittheilung von Pfarrer Marzloff in Wingen.
[2] Mittheilung von Pfarrer Klein in Reitweiler.

zurück) nach Hagenau. Als im März 1795 der Gottesdienst in der Kirche wieder erlaubt wurde, predigte ich zu Gottesheim etliche Jahre her in einem alten schwarzen Rock. Weil keine Gemeindeeinkünfte mehr vorhanden waren, konnte ich, meines öftern Begehrens ohnerachtet, zu keinem Kirchenrock mehr kommen. Endlich 1800 habe ich die Vorgesetzten einen neuen machen lassen aus dem Almosen und durch beßfalls an der Kirchenthür gesammelte Steuer, welche sechs Gulden betrug. Denselben zog ich den 31. August. D. D. 12. p. Tr. das erste Mal an. Er kostet 66 Livres und 6 Sols."[1] Zu Fürdenheim dagegen mußte der Sakristan, bis zum Jahr 1828, die bei der Taufe oder beim heiligen Abendmahl benöthigten Gefäße einer in der Nähe der Kirche wohnenden Familie entlehnen.[2]

Auf den Kirchenraub folgten der Bildersturm und die Kirchenschändung. Laut Aufforderung der Straßburger Volksgesellschaft erschien im Ober- und Niederrhein ein Beschluß des betreffenden Departements-Direktoriums vom 9. Brumaire II (30. Oktober 1793), welcher den Befehl enthielt, „alle Zeichen des Lehnwesens, des Königthums und des Aberglaubens an den öffentlichen Gebäuden und an den Privathäusern zu vertilgen",[3] und der Vandalismus wagte sich an die Kirchen im Elsaß. Wappen, Heiligenbilder, Kreuze, Grabsteine, kurz alle christlichen oder königlichen Zeichen und Embleme verschwanden in kurzer Zeit, und mancher Orts kann man jetzt noch, nach einem Jahrhundert, die traurigen Spuren dieses frevelhaften Treibens erblicken.

Ueberaus schlimm ging es in Colmar zu, wie aus den Tagebüchern zweier Augenzeugen, des evangelischen Pfarrers Billing[4] und des Bürgers Dominikus Schmutz,[5] eines Katholiken, erhellt. Beide erzählen das grauenhafte Auftreten und Verfahren der dortigen Bilderstürmer und Tempelschänder. Alle Heiligenbilder in und außerhalb der Kirchen fielen unter ihren unbarmherzigen Händen; die Kreuze wurden herabgerissen und zerschlagen,

---

[1] Mittheilung von Pfarrer Ritter zu Prinzheim.
[2] Archiv des Direktoriums.
[3] Blaues Buch, II, S. 309.
[4] Billing, Colmar und die Schreckenszeit. Stuttgart 1873.
[5] Hausbuch von Dominikus Schmutz. Colmar 1878.

die Grabsteine und Denkmäler auf den Friedhöfen abgebrochen und verkauft. "Um 10 Uhr, klagt Billing in seinem Tagebuch, am 2. Dezember 1793, zog ein Theil der Revolutionsmänner, etwa 30 Mann, in unsere Kirche und rissen sogleich das (sic) Altar, die drei Beichtstühle, die schöne Kanzel und das Gestühl nieder und zertrümmerten Alles." Zu Beblenheim[1] "zerschlägt man Kanzel und Altar; zu Ittenheim wurde der Altar hinausgeschafft und versteigert; zu Gerstheim bricht man das Kreuz des Kirchthurms ab, zerschlägt oder beschädigt die Grabsteine auf dem Friedhof und in der Kirche. Um letztere wenigstens theilweise gegen den Vandalismus der zu Gerstheim garnisonirenden Freiwilligen der Rheinarmee zu schützen, läßt sie die Munizipalität übertünchen. Von der Kirche auf dem Glöckelsberg bei Bläsheim heißt es: "1793 ward die Kirche auf dem sogenannten Glöckelsberg beinahe gänzlich zerstört. Sie war mit den schönsten Grabsteinen geschmückt und Wappen der ehemaligen Herrschaften, die daselbst begraben lagen; diese wie auch alle Zeichen, welche auf Religion Bezug hatten, hinweg geschafft und die Kirche so zugerichtet, daß man keinen öffentlichen Gottesdienst mehr halten konnte." Auch die Kirche zu Neuweiler ward geschändet; desgleichen die zu Ingweiler: "an Kanzel, Pfeilern u. s. w. sind die gräflich-hanauischen Wappen damals sämmtlich ausgemeißelt worden; auch sonstiger Vandalismus wurde verübt; dagegen malte man auf die Altarplatte eine trifolore Kokarbe und allerlei Embleme."[2] "Unter der Hauptthüre der Kirche zu Wangen war ein Lamm in Stein gehauen und darüber ein Kreuz; letzteres wurde aber in der Revolution weggeschlagen.[3] In der Kirche zu Hürtigheim stand in einer Nische das hölzerne Bild des St. Velten, an welchen die Katholiken der Umgegend sich bittweise wandten und zum Dank ein lebendes, schwarzes Huhn zurückließen. Dies Bild wurde durch den Sohn des Lehrers Joh. Großkost, Schuhmacher seines Handwerks, von seinem Postament herabgenommen und im

---

[1] Diese und die folgenden Angaben sind dem Archiv des Direktoriums entnommen.
[2] Mittheilung von Pfarrer Herrmann zu Ingweiler.
[3] Mittheilung von Pfarrer Hickel zu Wangen.

Garten vergraben. Die Katholiken fragten später darnach.[1] Der Pfarrer Jonathan Rhein „ließ, ganz im Geschmack der Zeit, über der Kirchthüre unter einem kleinen Schutzdache ein Freskogemälde anbringen, eine Frauengestalt darstellend, die einer Schlange den Kopf zertritt. Es trug die beliebte Inschrift: Obéissance à la loi. — Liberté. Egalité. Fraternité."[2] Zu **Niederbetschdorf** bewahrt man im Gemeindearchiv die Quittung des Schieferdeckers, welcher damals das eiserne Kreuz hoch vom Thurm herabschaffte. Ausführlich vermögen wir über die Vorgänge in **Altweiler**, bei Saar-Union, zu berichten. Im dortigen Pfarrarchiv nämlich befindet sich eine längere Aufzeichnung von Johann Friedrich Hauth, welcher von 1772 bis 1814 daselbst Pfarrer war; derselbe schreibt wörtlich:

„Actum Altweiler, den 20. Jänner 1794, oder neuern Stils, den 3. Pluviose im II. Jahr der ein und unzertheilten Republik, die Veränderungen und Neuerungen in und mit der hiesigen Kirche betreffend.

Als am 18. Jänner oder 29. Nivos dieses Jahres ein Cirkular vom Distrikt zu Neu-Saarwerden hierher, wie an alle Munizipalitäten gekommen und publiziert worden, darin der öffentliche Gottesdienst allen Religionen verbotten, die Feier der Dekaden, die Vertilgung aller Wappen, Inschriften u. s. w. an Kirchen und Grabsteinen u. s. w. gebotten war, so hat's in hiesiger Kirche folgende Veränderungen gegeben.

1. Den 19. Jänner oder 30. Nivos auf den zweiten Sonntag nach der Erscheinung, da eben der Ruhetag einfiel, war hier den ganzen Tag kein Gottesdienst und ist zum ersten Mal gar nicht Morgen, Mittag und Nacht Klok geläutet worden, weil man die Ordre buchstäblich erfüllen wollte.

2. Den 20. Jänner oder 1. Pluvios sind die reformiert Munizipalen Meyer Schneider, Jakob Hoffer, Jakob Heller, Joh. Klaus Kohler, Jakob Schön (Christian Georg und Nickel Rocher sind auch beim Grabstein gewesen, aber nicht vor der Kirchthür) und die reformierten Censoren Peter Bollinger der

---

[1] Mittheilung von Direktor Erichson in Straßburg und Pfarrer Frölich in Hürtigheim.
[2] Erichson, Eine elsässische Landpfarrei, S. 27.

Alte, Franz Lenjoint mit ihrem Pfarrer Hepp, einseitig und ohne mich oder Jemand von den Lutheraner zu avertiren, in die Kirch gegangen, und haben an einem Grabstein bei der Kanzel, darunter des Pfarrer Bartel Mutter und er liegen sollen, durch den Steinmetz, Paul Rieger, die Schrift so darauf stund aushauen lassen, Namen, Alter u. s. w. der Verstorbenen, und die Schrift auf dem Stein über der großen Kirchthür, des Inhalts: daß die Lutheraner und Reformierten diese Kirch zu ihrem gemeinschaftlichen Besitz und Gebrauch erbauet haben miteinander auf ihre Kosten.[1] Diesen Stein hatten sie schon seit vielen Jahren gerne weggeschaft, und ist oft und viel davon geredt worden. Sobald ich diese Dinge vernahm, ging ich in die Kirch, wo ich besagte Männer beim Grabstein antraf. Ich bat sie, die Schrift, Namen und Sterbejahr der darunter Begrabenen, nicht zu vertilgen, sondern lieber den Stein umzuwenden und alle unnöthige Neuerung, die Uneinigkeit verursachen würde, zu meiden. Als sie an den Stein über der Kirchthür wollten, kamen die lutherischen Männer Karl und Georg Schneider, Johannes Schmidt, Jakob Lieb, ebenfalls dazu, und Johann Adam Lieb war vorher schon da. Wir protestirten nicht gegen die Vollziehung des Gesetzes, sondern gegen eigenmächtiges und gewaltsames Verfahren, gegen Vernichtung eines öffentlichen Beweises unserer Gerechtigkeit an der Kirche, gegen Störung des Friedens. Verlangten, sie sollten eher nochmals beim Distrikt anfragen, ob diese Schrift vertilgt werden müsse? oder eine genaue Abschrift von dieser Schrift nehmen, oder den Stein ganz herausnehmen und bis auf weitere Ordre auf der Halle aufbewahren. Wir stellten die Gefahr zur Ruhestörung und kurz alles vor, aber alles half nichts; die Schrift wurde vertilgt. (NB. Noch ist alles ohne Zank und Thätlichkeit abgegangen.) Unsere zwei Censoren J. Schmidt und Karl Schneider gingen sogleich in den Distrikt nach Neu-Saarwerden, reden aber nur mit dem Präs. Marx und Schlosser, welche ihnen abwehrten die Sach förmlich anzuzeigen und sagten: man solle die Reformierten machen lassen.

---

[1] Herr Pfarrer Schuh in Altweiler theilt uns mit, daß auf dem Stein noch bemerkt war „wie bei Reparaturen die Reformirten das Geld und die Lutheraner die Materialien liefern müßten".

An eben diesem Tag haben die Reformirten den zugemachten Stuhl im Kohr ganz weggemacht, und den Pfarr-Weiber-Stuhl, der auch zugemacht war, zur Hälfte abgenommen, wie auch in andern Kirchen geschehen ist. Beede Stühle haben seit Erbauung der Kirche da gestanden und den im Kohr hat der alte Forstmeister Wernik von Harskirchen machen lassen. Den Pfarrstuhl selbst haben sie nach etlichen Wochen auch abgenommen. Als sie den Pfarrstuhl veränderten, stieg Schwenkfeld von Bokenheim (Saar-Union) auf die Kanzel und sagte: „Nicht wahr, ihr Leute, hier sind schon manche Lilgen heruntergepredigt worden?" Jakob Hoschar, der sogenannte Scheele, antwortete hierauf vor allen Leuten: „Ja, das ist wahrhaftig wahr."

3. Tags darauf haben sie beede Almosen-Stöcke oder Behälter, abusive Opferstöcke genannt, in welchen Lutheraner und Reformierte das mit dem Klingelbeutel gesammelte Almosen aufbewahrten, welche schon bei 40 Jahr lang in einer Eck, wo sie fast Niemand sahe, geschweige daß sie Jemanden hinderten, ebenfalls einseitig und ohne uns zu avertiren, ausgegraben.

Um eben diese Zeit haben die Hiesigen ihre kleine Klock heruntergemacht und nach Bokenheim geführt.

4. Gleich nach dem Vorgang an und in der Kirch (s. Nr. 2) haben mich die vorbenannten reformierten Munizipalen beim Distrikt zu Neu-Saarwerden verklagt. Den 12. Pluvios ließ der Agent Mullot mich und den Censor Johannes Schmidt von hier arretiren. Ich — wir — saßen etliche Tage in Bokenheim, hernach zu Straßburg, überhaupt sechs Wochen lang, und wurden zuletzt durch das Friedensgericht zu Harskirchen wieder in Freiheit gesetzt, aber nicht indemnisirt.

5. Während meiner Abwesenheit und Gefangenschaft, sind die Kirchenbücher von der Munizipalität und alle Tauf- und Abendmahlsgefäße von einem Kommissario abgeholt, und diese nach Neu-Saarwerden gebracht worden. Es waren eine Platt und Taufkanne, 5 Kommunionkannen und eine Hostienlade — und alles von Zinn —, ein silberner Kelch und Patene übergoldet und ein silbern Löffelgen."[1]

---

[1] Mittheilung von Pfarrer Schuh in Altweiler.

So dehnte sich das Zerstörungswerk überall aus und verschonte selbst entlegene, stille Gemeinden nicht. Dabei gingen natürlich ungezählte alterthümliche, oft werthvolle Denkmäler zu Grunde. Vergriffen sich doch diese modernen Barbaren an jeder Bildhauerarbeit, welchen Ursprung sie auch haben mochte. So schlugen sie einem jetzt auswendig in der Mauer der Sakristei der Kirche zu S ch w e i g h a u s e n eingemauerten Bild der Göttin Juno, aus der Römerzeit stammend, welches sie für ein Heiligenbild hielten, den Kopf ab. Diese Schandthaten konnten bem gesunden Theil der Bevölkerung, bei welchem die Revolution und ihre Einrichtungen schon längst in Mißkredit standen, dieselbe nur unter einem gehässigeren Lichte erscheinen lassen.[1]

Herzlichst freuen wir uns, die Aufzählung und Schilderung dieser Greuelszenen mit folgenden Zeilen, die einen unwillkürlich an 1. Könige 19, 18 erinnern, abschließen zu dürfen: „In dieser traurigen Zeit hat vielleicht keine Gemeinde in Ansehung der Religiosität weniger gelitten als E n g w e i l e r. Ihr Festhalten, ihre Beibehaltung alter Rechte und Gewohnheiten und besonders ihr einträchtiger Geist, der sie von jeher belebte, bewahrte sie vor Unglauben, Sittenlosigkeit und manchem andern Uebel, das andere Gemeinden betroffen hatte. Zu der Zeit, wo in so vielen Gemeinden Religion und Gottesdienst vernachlässigt oder verachtet und verspottet wurden, wo allenthalben ein zügelloser Geist des Eigennutzes herrschte, entschlossen sich Engweiler Bürger, in ihrer Kirche eine Orgel, und zwar aus ihren Säcken bauen zu lassen. Die Beiträge wurden sogleich gesammelt, willig gebracht und das Vorhaben ausgeführt. Gewiß ein schönes Denkmal ihrer Religion zu einer Zeit, wo man nur den Geldkasten kannte und alles, was den Menschen heilig und ehrwürdig ist, unter die Füße trat. Das verdankte die Gemeinde u. A. ihrem frommen Pfarrer Moser und dem wackern Kirchenältesten Philipp Pfennig; ihnen auch die Erhaltung der Kirchengüter, die mehrmals angefochten wurden."[2]

---

[1] J. Klele, Hagenau zur Zeit der Revolution. Straßburg 1885, S. 199.
[2] Archiv des Direktoriums.

XVIII. **Die Lage, das Verhalten und die Schickjale der evangelischen Geiſtlichkeit.**

Zu den begeiſterten Anhängern der Revolution gehörten bei ihrem Beginn die proteſtantiſchen Pfarrer. Sie begrüßten in ihr die Anfänge einer neuen, beſſern, ſchöneren Zeit und hielten ſich für berufen, an dem Auf- und Ausbau derſelben thätig mitzuwirken. Gingen doch einmal Zuſtände und Verhältniſſe, die dem Geiſte des Evangeliums zuwider waren, und unter deren Druck ihre Gemeinden und ſie ſelbſt oft genug ſeufzten, völlig in die Brüche; während die Forderungen und Grundſätze, welche das Chriſtenthum in die Welt gebracht und als deren Träger der Proteſtantismus ſich von jeher weiß, immer mehr zur Geltung kamen und in der Konſtitution von 1789 einen beredten Ausdruck empfingen. Kein Wunder, wenn die evangeliſche Geiſtlichkeit deshalb die Arbeiten der Nationalverſammlung mit lebhaftem Intereſſe verfolgte und allenthalben, in der Kirche wie im privaten Leben, denſelben das Wort redete. Im ſonntäglichen Gebet gedachten ſie der Deputirten vor Gott, und ermahnten ihre Pflegebefohlenen, wie ſie, als das Volk Gottes, fleißig ſein möchten in allen guten Werken und durch freies Zeugniß für die Wahrheit und freudigen Opferſinn mitwirken am Wohle des ganzen Vaterlandes. Doch als die Revolution immer mehr auf die bekannten Abwege gerieth, um in Schrecken und Blut zu endigen, änderte ſich auch die Stellung der Geiſtlichkeit zu ihr: die einen gingen mit in den Abgrund; andere ſuchten den Gang der Ereigniſſe aufzuhalten und wurden zermalmt; andere noch verloren den Muth, flohen, entſagten ihrem Amt oder verleugneten ihren Glauben; ein auserleſen Häuflein endlich „blieb, im Vertrauen auf Gott, muthvoll und ſtandhaft und wartete auf die Hilfe des Herrn". [1] Ihre Hoffnung ließ ſie nicht zu Schanden werden.

„Selig ſind die Todten, die in dem Herrn ſterben!" jubelt der fromme Seher in der Offenbarung. Wir pflichten ihm bei, im Hinblick auf diejenigen Geiſtlichen, denen der Tod das Auge ſchloß, ſei es gewaltſam, wie dem Dorlisheimer Pfarrer, Fiſcher,

---

[1] Hürtigheimer Taufbuch. Mittheilung von Pfarrer **Frölich**.

dem Schneider das Haupt vor die Füße legte, sei es auf natürliche Weise, wie etlichen Andern damals geschah. Sie nahm Gott heraus aus dem Lichte der Lebendigen, „ehe die Schreckens- und Trauertage anbrachen, von denen ein Bibelwort sagt: ‚Meine Thränen sind meine Speise Tag und Nacht.'" [1]

Eine Anzahl Pfarrer ging gänzlich oder zeitweise für das geistliche Amt verloren, insofern sie sich nach andern Stellen umsahen, theils freiwillig, aus innerem Trieb, oder weil ihnen, wie dem Pfarrer Junker von Obenheim, „der Priesterstand unerträglich geworden war", oder weil allerlei andere Verhältnisse sie auf fremde Bahnen führten. Wir nennen den lutherischen Prediger von Landau, Dentzel, der es in der Folgezeit bis zum Brigadegeneral brachte; Amsler von Schweighausen, welcher Kommissar bei der ausübenden Gewalt wurde;[2] Beisser von Müttersholz, den man in den Schlettstadter Distrikt wählte; Papst von Ostheim, welcher in die Verwaltung des militärischen Verpflegungswesens überging und eines Tages, im Jahre 1794, wo er einen Munitionszug nach dem Oberrhein begleitete, als „widerspenstiger Priester" zu Benfeld verhaftet und das Gefängniß zu Colmar kennen lernte; Cunier, ein Schweizer von Geburt, französischer Prediger an der reformirten Kirche zu Bischweiler. Derselbe hielt des öfteren patriotische Reden an den Gedenktagen der Revolution, bekleidete das Amt eines Präsidenten der Bischweiler Volksgesellschaft, ließ sich in den Straßburger Jakobinerklub aufnehmen, gehörte dem Aushebungsgeschäft als Kommissar an, schwor zu Straßburg seinen Glauben ab,[3] erhielt unter dem ersten Kaiserreich die Stelle eines Unterpräfekten in Schlettstadt und brachte die letzten Jahre seines vielbewegten Lebens zu Buchsweiler zu, wo er auch das Zeitliche segnete. Der Pfarrer von Sundhausen, Johann Ludwig Donauer, trat zum Studium der Medizin über. Der Pfarrer von Nieder-

---

[1] Archiv des Direktoriums; in Bezug auf den 1791 verstorbenen Pfarrer und Spezial von Ingweiler, Gottfried Christian Petri.

[2] Archiv des Direktoriums.

[3] Seine Abschwörung lautete: « Je promets (car un Jacobin ne jure pas), de ne reconnaître d'autre culte désormais que celui de l'éternelle raison; je me dévoue entièrement au salut de la patrie et au bonheur de la République.» Revue d'Alsace, 1879, S. 280.

röbern, Jakob Hasselmann, überlieferte das reichhaltige Kirchenarchiv den Flammen, begab sich nach Straßburg, wurde Schreiber an Schneiders Revolutionsgericht, später wieder Pfarrer am Bürgerspital.[1]

Andere Geistliche wanderten aus; sie verließen ihre Heerde und zogen sich ins Ausland zurück. So z. B. Pfarrer Bader von Ingweiler; „er wurde membre de la Commune und hat einige Zeit als Maire fungirt; Ende 1793 verließ er Ingweiler und begab sich nach Darmstadt, wo er starb";[2] Franz Rehfeldt von Neuweiler, der mit den Deutschen abzog;[3] Karl Ludwig Wagner von Hatten emigrirte ebenfalls nach Darmstadt und nahm seine Kasse, im Betrag von 783 Gulden, mit. Der Superintendent von Reichenweyer, Titot, zog sich nach Pruntrut zurück. „Derselbe hatte einmal bei einem Kindtaufschmause die Aeußerung fallen lassen: die Freiheit liege noch in der Wiege. Das Wort wurde der Obrigkeit hinterbracht und das Revolutionsgericht von Colmar ordnete die Verhaftung des unklugen Pfarrers an. In einem Brief aus Pruntrut vom 12. Pluvios XIII erzählte derselbe den Hergang seiner Gefangennehmung. Unter Anführung des Subdiakonus Meyer drang die revolutionäre Munizipalität in die Wohnung Titots und forderte die Kirchengeräthe und die Kirchenbücher; das Studierzimmer wurde förmlich geplündert. Die Frau mit zwei Kindern flüchtete zu ihren Brüdern nach Logelbach; nur durch List gelang es, die geheimen Papiere des Konsistoriums in Sicherheit zu bringen. Das Vermögen der Almosenkasse wurde mit Beschlag belegt. Titot aber wurde nach Colmar abgeführt und mit andern Verdächtigen in das Gebäude des Gymnasiums gesperrt. Den 5. Dezember 1793 wurden sämmtliche Gefangene auf 17 Leiterwagen nach Langres abgeführt. Titot gab später das geistliche Amt auf und errichtete ein Institut, dessen Leitung er übernahm."[4] Fr. Karl Christian Lorch verließ die Pfarrei Kleeburg „beim Rück-

---

[1] Kirchenprotokoll von Niederröbern.
[2] Mittheilung von Pfarrer Herrmann in Ingweiler.
[3] Diese und die folgenden Angaben sind dem Archiv des Direktoriums entnommen.
[4] Ensfelder, Geschichte der evangelischen Gemeinde zu Reichenweyer, Straßburg 1885, S. 29.

zug der Oesterreicher, hielt sich eine Zeitlang jenseits des Rheines auf und wurde später Pfarrer zu Wilgartswiesen in der Pfalz".[1] Ein gleiches that der Pfarrer von Sesenheim, Georg Jakob Schweppenhäuser.

So hatten sich die Reihen der evangelischen Geistlichkeit bereits einigermaßen gelichtet, als am 13. November 1793 ein Dekret erging, durch welches dieselbe in die peinlichste, ja sagen wir geradezu, in tödtliche Verlegenheit versetzt wurde. Dies Dekret nämlich ermächtigte alle Verwaltungen, Entsagungserklärungen der Geistlichen anzunehmen, und forderte dieselben auf, nicht nur ihrem Amt, sondern auch dem Christenthum den Rücken zu kehren.[2] Der Beschluß gab das Zeichen zu einer wahren Hetzjagd gegen alle Pfarrer wie gegen diejenigen Lehrer, welche im Verdacht standen, unzufrieden zu sein mit dem Gang der Revolution; und es darf uns nicht allzusehr Wunder nehmen, wenn in jenen Wochen und Monaten, die zwischen dem Monat November 1793 und dem Monat Juli 1794 mitten inne lagen, von Seiten einzelner Geistlichen Erklärungen abgegeben wurden, die mit zu dem schlimmsten und herzbedrückendsten gehören in der Zeit der französischen Revolution.

In der That auch, die brutale Schamlosigkeit, mit welcher katholische Geistliche damals ihren Glauben verleugneten, fand auch protestantischerseits traurige Nachahmung. Wir verweisen auf die bereits genannte Schrift „Die Priester wollen Menschen werden", in welcher Monet diese Deklaranten, unter dem Vorwand, dieselben „der allgemeinen Achtung zu empfehlen", für immer mit weißglühendem Eisen gebrandmarkt hat. Was katholischerseits die Taffin, Schneider, Scherer, Ruppert u. A., evangelischerseits die Junker, Westermann, Schweppenhäuser und

---

[1] Mittheilung von Pfarrer Eppel in Kleeburg.

[2] Als Beleg theilen wir folgendes Formular mit: «Je ... convaincu des erreurs par moi longtemps professées, déclare en présence de la municipalité de ... y renoncer à jamais; déclare également renoncer, abdiquer et reconnaître comme fausseté, illusion et imposture tous prétendus caractère et fonctions de prêtrise ... Je jure en conséquence devant les magistrats du peuple, duquel je reconnais la toute puissance et la souveraineté, de ne jamais me prévaloir des abus du métier sacerdotal, auquel je renonce.»

Genossen geleistet, bleibt ihnen zur Schmach und Schande, Anderen aber, wenn ähnliche Zeiten sich wiederholen sollten, was leider nicht im Bereich der Unmöglichkeit liegt, zu einem überaus warnenden Exempel.

Wir beginnen — man muß den Muth dazu haben — mit diesen erbärmlichen Verirrungen.

Von Weinburg wird gemeldet: „Während der Revolution hatte die Gemeinde das Loos mit allen Gemeinden Frankreichs gemein, daß der Gottesdienst aufhörte, aber auch noch das besondere, daß ihr eigener unsinniger Pfarrer Westermann öffentlich auftrat, sich des Namens eines Pfarrers schämend, für einen bisherigen Irrlehrer erklärte, das Heiligthum der Menschen, die Religion, lästerte, die Bibel für Betrug erklärte, der ehrwürdigen Gebräuche hämisch spottete, die Kirche half zerstören und den Samen von Irreligiosität und Unsittlichkeit ausstreute, der noch im Stillen wuchert und so bald nicht wird ausgereutet werden." [1]

„Pfarrer Schweppenhäuser von Birlenbach" schwor förmlich ab; die Bibel warf er über die Kanzel hinunter mit den Worten: „Hier liegt das Lügenbuch", ihr nach den Kirchenrock mit den Worten: „Hier liegt der Lügenrock." „In der Kirche tanzte man die Carmagnole, und auf den heiligen Christtag drosch er selber mit seinem Knecht Weizen in der Scheune, nachdem er keinen Taglöhner zu solchem Geschäfte im Dorfe gefunden hatte." [2]

Andreas Karcher, Pfarrer in Hürtigheim und Quatzenheim, „verließ seine Heerde wie ein Miethling, entsagte seinem Amt und soll bei seiner letzten Predigt widerrufen haben, was er bis dahin gepredigt. Er betrieb darauf einen Porzellanhandel zu Straßburg, und nachher ward er Pfarrer zu Breuschwickersheim." [3]

---

[1] Archiv des Direktoriums. J. Rathgeber, Die Grafschaft Hanau-Lichtenberg. Straßburg 1876, S. 247.

[2] Mittheilungen der Pfarrer Schmutz in Kutzenhausen, Eppel in Kleeburg und Haas in Rott.

[3] Mittheilung von Pfarrer Frölich in Hürtigheim. — Wir lassen uns an diesen Beispielen genügen; wird man doch unser Schweigen billigen müssen, wenn wir die Versicherung geben, daß weitere Mittheilungen, welche uns zu Gebote stehn, unter andern Familien betreffen, deren Namen in der heutigen Pfarrwelt einen guten Klang haben.

Nebenher entsagten nicht wenige Geistliche stillschweigend ihrem Amt, auf bessere Zeiten hoffend, oder gaben vor der Municipalität und den Distriktsbehörden mündliche und schriftliche Erklärungen ab, welche sie in unbestimmte, allgemein gehaltene Ausdrücke einkleideten. Sie betonten, wie sie es sich von jeher hätten angelegen sein lassen, wahre Tugend und Aufklärung zu predigen und zu verbreiten, wie sie sich bemüht, das Evangelium mit den Forderungen der Vernunft in Einklang zu bringen, und versprachen, sich als den Gesetzen der Republik ergebene Bürger zu verhalten. In dem Ausdruck des Hasses gegen den Aberglauben, den Fanatismus und die Unduldsamkeit stimmten alle überein. Der Ton und Inhalt dieser Erklärungen darf, bis zu einem gewissen Grad, ein muthiger genannt werden, namentlich da, wo der Einzelne auf das Christenthum, seine Segnungen und Wohlthaten zu reden kommt. War es doch gerade auf die Vernichtung des Christenthums abgesehen, wie aus allen Beschlüssen und Maßregeln der Terroristen erhellt, und das christliche Bekenntniß mit den schwersten Strafen bedroht. Die Guillotine warf ihren unheimlichen Schatten überall hin, und mehr denn je galt das alte Sprüchwort: „Die Vorsicht ist die Mutter der Sicherheit." „In diesem und nachfolgendem Jahr," schreibt 1794 der Friedensrichter Hoffmann von Petersbach in sein schon mehrfach erwähntes Tagebuch, waren die Gegenstände sehr häufig und ich habe am wenigsten aufgezeichnet. Der Ursach war, daß ich nicht alles der Feder anvertrauen wollte, weil es sehr gefährlich war, seine Gedanken zu sagen, viel weniger zu schreiben."

Um so freudiger und dankbarer blicken wir deshalb zu den protestantischen Geistlichen auf, die, ausgerüstet mit der Schlangenklugheit der Jünger Jesu und mit dem Muth der ersten christlichen Bekenner und Märtyrer, dem Behemoth zwischen die Zähne traten und erklärten: „Wir können nicht anders; Gott helfe uns!" Und derselben gibt es, Gott sei Dank, eine herrliche Schaar. Trotz der terroristischen Verbote fuhren sie fort in den Kirchen zu predigen, zu taufen, die Sakramente zu verwalten und den Verstorbenen das letzte Geleite zu geben, bis man gewaltsam das Gotteshaus vor ihnen zuschloß. Und als dies geschah, als das Christenthum sich öffentlich nicht mehr zeigen durfte, dann machten sie's wie die Christen einst in den Zeiten der Verfolgung: in bürgerlicher Kleidung, gehetzt von den Gendarmen, gingen sie hin und her in den Häusern, oft von einer Gemeinde in die andere, um bei verschlossenen Thüren und Fenstern mit den geängstigten Gemeindegliedern zu beten, kleine Kinder zu taufen, einem Schwerkranken geistlichen Zuspruch oder das heilige Abendmahl zu spenden. Ihrer Viele schleppte man deswegen in die Gefängnisse zu Straßburg, Colmar, Weißenburg, Besançon und anderer Orte, aus denen in der Regel nur ein Weg führte — der aufs Schaffot. Doch, bis auf den einen Dorlisheimer Pfarrer, bewahrte Gott die treuen, unerschrockenen Bekenner der elsässischen evangelischen Geistlichkeit vor dem Aeußersten: als in den heißen Julitagen des Jahres 1794 das ganze Land unter dem eisernen Szepter des Schreckens zitterte, erscholl plötzlich die unerwartete Nachricht: Robespierre, Couthon, St. Just, Lebas und eine gewisse Anzahl ihrer Anhänger seien am 27. Juli (9. Thermidor) vom Konvent in Anklagezustand versetzt und den folgenden Tag zum Tode verurtheilt und hingerichtet worden. Diese frohe Botschaft bestätigte sich; und jetzt, nachdem auch die Blutigen im Blutstrom untergegangen waren, nahm die Schreckenszeit allmählich ein Ende.

Zum Beweis für die Gefährlichkeit der damaligen Zeitläufte und die Standhaftigkeit mancher Pfarrer theilen wir nachstehendes urkundliche Material mit.

XIX. Urkundliches aus der Schreckenszeit.

In seiner Vorrede zum Kirchenbuch von 1794 sagt Pfarrer Hauth von Altweiler von der Schreckenszeit im Allgemeinen was folgt:

„An den Dekaditagen erschienen allerlei Redner auf den Kanzeln, Handwerksleute, Fuhrleute, Advokaten, katholische Geistliche in lutherischen Kirchen und hielten Dekadireden, und zwar viele gänzlich irreligiös und zur Verachtung der Religion (hier in Altweiler wehrten wir und erwehrten uns dieser Kirchen-Entweihungen). Ungläubige, irreligiöse Leute, die sich auserlesene Patrioten und Jakobiner nannten und hinterher ihren rechten Namen, Terroristen, bekamen, hatten sich aller Orten Meister gemacht, alles mit Furcht und Schrecken erfüllt so, daß sich

Niemand getraute, gegen ihre Anmaßungen ein Wort zu reden. Sie verleugneten, ja verspotteten öffentlich und ungestraft das Dasein Gottes, die Gottheit Christi, die Unsterblichkeit der Seele und alle Hauptwahrheiten der geoffenbarten Religion. Sie hatten aller Orten Nachfolger und Nachbeter, die sich öffentlich gegen die Religion, den öffentlichen Gottesdienst und gegen den geistlichen Stand, der damals in ganz Frankreich äußerst gehaßt und verfolgt wurde, erklärten. Da wurden die eigentlichen Gedanken und Gesinnungen der menschlichen Herzen offenbar, und da sah man, daß es aller Orten, auch unter den geringsten Leuten, irreligiöse und ungläubige, ja offenbar Religionsspötter gebe. Die Klubs und Revolutionskomités beherrschten das ganze Land, welches mit Spionen und Denunzianten erfüllt war. Ein einziger, schlechter Mann, der sonst ohne Ehre war, machte jetzt eine ganze Gemeinde zittern. Man brauchte weiter nichts, als einen braven Mann für Suspekt zu erklären, so wurde er eingesperrt und mußte oft ein ganzes Jahr lang sitzen, oder ihn für einen Royalisten und Kontrarevolutionär erklären, so wurde er guillotinirt. Die Arrestationen waren so allgemein und alltäglich, daß im Jahr 1794 zu gleicher Zeit etliche 100,000 Leute von allerlei Geschlecht, Stand und Alter in Frankreich mit Gefangenschaft belegt waren. So ging's bis in den August des Jahres 1794, wo Robespierre und seine Helfer gestürzt, und die revolutionäre Schreckensregierung abgeschafft wurde. Nun wurden die Gefangenen tausendweis in Freiheit gesetzt, man fing nach und nach wieder an, frei zu reden und zu handeln."

Ueber Altweiler selbst berichtet Pfarrer Hauth: „Vom Februar 1794 bis Februar 1795 fand weder lutherischer noch reformirter Gottesdienst allhier statt. Die Taufen geschahen in den Häusern, zuerst von den Schulmeistern und Bürgern, hernach von den Geistlichen. Sämmtliche Leichen wurden ohne Glockengeläute und Gesang, und ohne Begleitung der Geistlichen, bestattet."[1]

Ueber die Zustände in Aßweiler klagt Pfarrer Schrumpf: „Die Kirchengefäße von Silber übergoldet, Kelch, Patene und Hostienlade, die vier Exemplare zinnerne Kommunionkannen,

---

[1] Mittheilung von Pfarrer Schuh in Altweiler.

Taufgefäße, Altar, Kanzeltücher, Krankenkelch, sogar der Klingelbeutel wurde genommen und in den Distrikt von Neu-Saarwerden
geschleppt, der herrschaftliche Kirchenstuhl zerstört, verkauft, die
Kirche auf 18 Monate geschlossen, der Schullehrer gedrückt, daß
er nicht blieb, das Pfarrgut versteigert, das ich aber selbst steigern
oder wieder an mich handeln mußte. Die Leichen wurden in der
Stille begraben, einige Kinder von mir halbverstohlen im väter-
lichen Hause getauft. Zwei habe ich nicht getauft; bei einem, wo
der Vater abwesend war, sollte der öffentliche Beamte, der die
Civilakte zu schreiben hatte, das Kind taufen; mich hätte man
auf zwanzig Schritte haben können, und es fiel den patriotischen
Weibern nicht ein, daß die Pfarrer die Kindtaufe verrichten;
endlich wurde das Kind von einer alten Frau getauft. Der erste
Meyer (Bürgermeister) hier verheirathete sich im Anfang der
Revolutionszeit, da schon die Kirche gesperrt war, nach bürger-
lichem Gesetz; seine Verwandten wollten, daß er sich auch christ-
lich sollte trauen lassen; ich war schon dazu berufen, er schlug
es aber aus und ich ging unverrichteter Dinge nach Hause. Als
früher — wie in der Regel — seine Gattin niederkam, wollte
er sein Kind gar nicht taufen lassen. Die Wöchnerin und seine
Mutter vermochten ihn endlich, in die Taufe zu willigen, da fing
er einen hier ansässigen reformirten Schneider auf der Straße
auf, der sich nicht lange nöthigen ließ, das neugeborene Kind zu
taufen. Und dieser jetzt beschriebene Jakobiner, fügt unser Ge-
währsmann hinzu, der auch, nachdem der Gottesdienst eröffnet
war, anderthalb Jahre demselben nicht beigewohnt hat, ist bei
Organisation des Konsistoriums, freilich in der Regel, als einer
der höchstangelegten Hausväter, zum Mitglied desselben erwählt
worden. Und seinesgleichen waren die mehrerst Mitglieder der
Konsistorien von der ersten Wahl, bei welcher die Pfarrer nur
stumme, traurige Zeugen sein durften."[1]

In seinem Tagebuch jammert der Pfarrer und Inspektor
Liebrich von Neu-Saarwerden (Saar-Union): „1794. Charfreitag! Todestag Jesu Christi; Trauertag für mich und jeden
seiner wahren Bekenner; ihre Zahl ist klein, wenigstens scheint
es so. So ward er noch nie begangen, seitdem das Ort steht. —

---

[1] Archiv des Direktoriums.

Bricka wollte an dem Tag Mist fahren lassen, um, wie er sagte, keinen bösen Namen zu bekommen; der Knecht weigerte sich, mußte dran; wie er fahren wollte, brach das Rad, und der Karch blieb stehen. Ich weiß wohl, ihr Philosophen, daß das nichts für euch ist, die ihr alles erklärt — doch weiß ich, daß alles unter einer höheren Direktion steht."

„Am ersten Ostertag frühe. Wie rein und herrlich geht die Sonne auf. Morgenröthe, Sonnenaufgang ist auch für den Unempfindlichen rührend. Was war das vor ein Morgen, da Jesus Christus aus dem Grabe ging! Wie war es seinen Freunden? Das spricht Niemand aus. Nacht lag über Judäa, über Jerusalem und der Horde seiner Feinde. Nacht liegt auch jetzt über seiner Anbetung. Die Würmer im Staub lästern den Erstandenen! Erbarme dich! Hallelujah, dem, der da lebt!"

Hierauf berichtet Pfarrer Liebrich, wie Herrenschmidt aus Bokkenheim zu ihm in die Stube hineintrat, ihn zum Essen einzuladen: „angewohnt dieser Sachen, staune ich; — er lächelt, fordert es, und ich sage ihm zu. Vielleicht ist seine Frau im Kindbett, denke ich und frage ihn. Er bejahte es, setzte hinzu: möchten Sie nicht das Kind taufen?" Dies geschah; „ich taufte das Kind, konnte vor Wehmuth kaum beten, ist doch in den Augen der Meisten die Taufe nur noch eine leere Ceremonie, die Jeder verrichten mag. Dauert dies noch eine Weile fort, dann .... doch Deus providebit!"[1]

Pfarrei Bütten: „Die Schicksale der hiesigen Pfarrei und protestantischen Gemeinde während der Revolution waren die gewöhnlichen. Man verbot den öffentlichen Gottesdienst ... doch wurde der hiesige Geistliche, Pfarrer Hild, nicht vertrieben. Er blieb den ganzen Krieg über auf seinem Posten, und Bütten zeichnete sich während der Revolutionszeit dadurch vortheilhaft aus, daß es nicht nur seinem eigenen protestantischen Geistlichen nichts zu Leid that, sondern auch manchen katholischen Geistlichen aus der Nachbarschaft, die hieher geflohen waren, aufnahm und sich durch keine Drohungen bewegen ließ, sie zu entdecken."[2]

---

[1] Ungedrucktes Tagebuch, im Privatbesitz von Pfarrer W. Liebrich in Saar-Union.
[2] Archiv des Direktoriums.

Mehr allgemeinen Inhaltes ist nachstehende Notiz aus dem Hürtigheimer Taufbuch, von Pfarrer Jonathan Rhein: „Um diese Zeit erhob sich eine schreckliche Verfolgung wider alle Bekenner des christlichen Glaubens. Die Kirchen wurden für sie geschlossen, die Religionslehrer gezwungen, ihrem Amte sowohl, als der Religion Jesu öffentlich zu entsagen; bei schwerer Strafe durfte kein Kind getauft werden, noch Jemand sich unterstehen, irgend eine öffentliche Religionshandlung zu unternehmen — viele Prediger entsagten um diese Zeit wirklich ihrem Amte; doch die meisten unter ihnen wurden darum nicht weniger, ja oft noch mehr geängstigt und verfolgt, als die Wenigen, welche muthvoll, im Vertrauen auf Gott, standhaft blieben und auf die Hülfe des Herrn warteten."[1]

Wacker und muthvoll benahm sich Pfarrer J. R. Spach in Obermodern. „Mein Urgroßvater Spach, schreibt uns sein Urenkel, sollte in der Schreckenszeit, wie so viele andere Geistliche, gefänglich eingezogen werden, weil er von Gott und seinem Wort nicht lassen wollte. Gendarmeriekapitän Pfersdorff, von Buchsweiler, sein Freund, wurde mit der Verhaftung beauftragt. Mein armer Urgroßvater verbarg sich rasch in einem Schrank, hinter Kleidern. Pfersdorff leitete selbst die Haussuchung, öffnete den Schrank und .... stieß ihn mit einem derben Fluche wieder zu, anderswo den Flüchtling suchend. Welch ein Freundschaftsdienst! Pfersdorff hätte das das Haupt kosten mögen."[2]

Nichtsdestoweniger fuhr der Pfarrer fort, seines Amtes zu walten. Im Konfirmationsregister der Pfarrei befindet sich von seiner Hand folgende Aufzeichnung: „D. Lætere, den 30. März, anno. Christi 1794, sind von mir J. R. Spach, nachfolgende Kinder, nach vorhergegangenem Examen, in meiner Pfarrbehausung, weilen der öffentliche Gottesdienst in der Kirche verwehrt und bedrohet war, in Gegenwart ihrer Eltern und einer zahlreichen Versammlung konfirmirt und eingeseegnet, und sogleich zum heiligen Abendmahl admittiret worden."

Leider erwies sich seine Pfarrgemeinde für dies sein muthvolles Verhalten und Betragen nicht im mindesten dankbar. Sie

---

[1] Mittheilung von Pfarrer Frölich in Hürtigheim.
[2] Mittheilung von Pfarrer Spach in Lichtenberg.

erwählte einen „Volkslehrer", dem der wackere Pfarrherr das Feld räumen mußte. Er klagt darüber: „Nachdem die Obermoderer Gemeinde mich wegen meiner Festigkeit und Beharrlichkeit in der Lehre Jesu Christi, zu dieser Zeit der Unterdrückung der christlichen Religion, als ihren Religionslehrer verstoßen, und sich einen andern, abgefallenen, und Verleugner, aus dem Distrikt von Straßburg, Namens Johann Daniel Lenz, erwählet, und mir gewaltthätiger Weise, durch Aufgebot der ganzen Gemeinde und Bedrohung derselben bei vierundzwanzigstündiger Thurmstrafe, unter Anführung derer drei Müller, Johann Philipp Klein, des Obermüllers, Johann Jakob Klein, des Mittelmüllers, und Johann Jakob Stephan, des Bläsmüllers, und Michael Jakob, eines Ackersmannes und gewesenen Präsidenten des Jakobinerklubs, die sich sämmtlich zu einem Kirchenrath aufgeworfen, und des Vizemärs und ersten Mitglieds der dasigen Munizipalität, Jakob Fießen, eines Ackersmannes, der zumalen mein Gevatter, und Pfetter meiner jüngsten Tochter war — alle meine Effekten und Meubles aus dem Hause, den 16. Junii 1795, schmißen. Und mich den 25. Junii darauf die Schalkenbörfer Gemeind insgesammt abholte, und mich von solchen Tyrannen und Wütherichen erlösete." [1]

Pfarrer Spach blieb in Schalkendorf bis zum Jahre 1806, wo er starb. Der „Volkslehrer" selbst, Johann Daniel Lenz, hielt es nur ein halbes Jahr lang in Obermodern aus. Ihm folgte Ludw. Karl Weyrich im Amte nach. Unter diesem Pfarrer kam, nach Spach's Ableben, Schalkendorf wieder als Filial zur Gemeinde Obermodern.

Wie sehr auch der Pfarrer von Allenweiler, Dreyspring, bemüht war in jenen bösen Zeitläuften seines Amtes zu walten, erhellt aus den kurzen Notizen, mit welchen er einzelne Tauf- oder Sterbeakten abschließt. Von einem Kind, das am 9. März 1794 im elterlichen Hause die Nothtaufe erhielt, sagt er: „Dasselbe ist den 10. März — es war Dekadi — nach dem nachmittägigen Gottesdienst in der Kirche vorgestellt worden." Bei anderen Taufen, deren Dreyspring im Jahr 1794 sechzehn vollzogen hat, sowohl in Allenweiler als in auswärtigen, zur

---

[1] Mittheilung von Pfarrer Adam in Obermodern.

Pfarrei gehörigen Ortschaften, heißt es gewöhnlich: „aus bewegenden Ursachen" oder „auf Begehren, von mir im Hause getauft", oder auch „in der Nacht — ganz in der Stille". Meistens wohnten Zeugen der heiligen Handlung bei. Vom 18. Februar 1794 ist eine kirchliche Trauung verzeichnet. Bei Beerdigungen hielt Dreyspring, während der Schreckenszeit, gewöhnlich eine Rede am Grab; doch war ihm dies nicht immer möglich. Am 18. Oktober 1794 schreibt er: „Meister Johann Theobald Schneider, der gewesene verwittwete Bürger und Küfer, auch Kirchenälteste dahier, dessen verblichener Leichnam den andern Tag gegen Abend, mit gewagtem Zeichenläuten und unter Gesang seiner Familie am Hause und bei dem Grabe, und zugleich, nach v e r s u c h t e r Rede von mir vor Einsenkung in die Mutter Erde, christlichem Gebrauch nach zur Erde bestattet wurde."

Schon zu Anfang des Jahres 1795, also viel früher als anderswo, nahm bereits der unerschrockene Pfarrer sein Amt voll auf: „Am 19. Jänner 1795, wurde zum ersten Mal wieder eine Leiche in der Kirche gehalten, mit Gesang und Klang, und den sonst üblich gewesenen Ceremonien."[1]

Johann Friedrich Samuel Lucius, der von 1787 bis 1795 der Pfarrei Rott, bei Weißenburg, vorstand, verwaltete die ganze Schreckenszeit über sein Amt und verrichtete die kirchlichen Handlungen. In seiner Schlafstube hatte er eine Leiter, um, bei etwaigen Verhaftungsversuchen, durchs Fenster entkommen zu können. Als Bauer verkleidet, mit dem Zwillichmutzen, und dem Nebelspalter auf dem Kopf, besuchte er auch im Geheimen die Protestanten von Kleeburg, welche seit der Emigration ihres Pfarrers ohne Seelsorger waren, in ihren Häusern und taufte deren Kinder. Wir können dafür den ziffermäßigen Nachweis erbringen: während vor 1789 die jährliche Durchschnittszahl der von ihm vollzogenen Taufen sich auf 8—9 beläuft, wächst sie von dort ab auf 10, 15, 18, 19.[2] Außerdem sind wir noch in der glücklichen Lage, aus dem Leben dieses Mannes einen Zug zu berichten, der, wie er das von seinem Muth Gesagte bestätigt, so auch zur Charakterzeichnung des Schreckensrichters Schneider

---

[1] Mittheilung von Pfarrer Jakob in Allenweiler.
[2] Mittheilung der Pfarrer Eppel in Kleeburg und Haas in Rott.

bienen mag. „Unter den Gefangenen des Seminars befand sich Joh. Fried. Lucius, seit 1763 Pfarrer in Freckenfeld (Pfalz). Um die Freigebung des Vaters zu erbitten, begab sich Samuel Lucius zu Schneider. Als dieser vernommen, daß Vater und Sohn Pfarrer: ‚Wußtest Du, daß Du in die Höhle des Löwen gerathen würdest?' — Darauf mein Urgroßvater: ‚Allerdings habe er sich die Gefahr nicht verhehlt; allein seine Kindespflicht hätte ihm diesen Schritt geboten.' — ‚Diese Gesinnung ehrt Dich', antwortete Schneider, der sofort meinen Urgroßvater freigab, und Vater und Sohn in Frieden ziehen ließ." [1]

In seinem „Communikantenbüchlein" hat Joh. Jak. Ehrmann, Pfarrer in Prinzheim, ferner folgende Aufzeichnung hinterlassen: „Damals war der Gottesdienst über ein Jahr verboten; man durfte nicht Gottesdienst in der Kirche halten. Sonntags arbeitete man; ich taufte in den Häusern, und bei Leichen hielt ich eine Rede am Grabe." [2]

Ausführliche Nachrichten verdanken wir dem schon des öftern genannten Pfarrer von Reitweiler, Fried. Kampmann. In seinem Tagebuch schreibt er: „Weil die katholischen Geistlichen sich von Anfang an der neuen Ordnung der Dinge entgegensträubten, und theils im Lande, theils außer demselben, der französischen Revolution entgegenwirkten: so wurden die Häupter des Konventes, die ohnedem Voltärische und Rousseanische Grundsätze hegten, zum Theil auch gar Atheisten waren, dadurch veranlaßt, gegen die christliche Religion überhaupt vorzugehen, und alle christlichen Gottesdienste zu verbieten. Man weihte die christlichen Tempel zu Tempeln der Vernunft, und nur unter großer Gefahr konnte man, selbst am sogenannten Dekadi, Gottes Wort verkündigen. Taufen und Abendmahl halten, durfte man gar nicht wagen. Ich wagte es dennoch eine ziemliche Zeit, wurde aber deswegen unter großen Drohungen nach Hagenau vor das Distriktdirektorium gefordert, um mich zu vertheidigen. Ich stellte mich und gab zu erkennen, daß die Grundsätze, die man dermalen befolgte, nicht von Dauer sein könnten, daß der Mensch auch für die Ewigkeit zu sorgen habe — bei allem übrigen Gehorsam für

---

[1] Mittheilung von Professor D. Lucius in Straßburg.
[2] Mittheilung von Pfarrer Ritter in Prinzheim.

die bürgerlichen Gesetze —, daß die Bibel sich nun seit mehreren tausend Jahren als Wahrheit bestätigt habe u. s. w.; erregte aber nur umsomehr den Widerwillen etlicher Direktoren gegen mich, doch ließ man mich diesmal in Frieden nach Hause zurückreisen."

Schon früher einmal hatte er sich mit einer Zuschrift an die Verwalter des Hagenauer Distriktes gewandt, um sich über eines seiner Pfarrkinder, Namens Konz, zu beschweren, weil dasselbe ihm Schwierigkeiten in der Ausübung seines Amtes bereitete, und die Munizipalität aufstachelte, ihm den Pfarrdienst zu verbieten. Er berief sich, für dies sein Verhalten, wie auf die Freiheit des Gewissens und des Glaubens, so auch auf seine im Distrikt wohl bekannte patriotische Führung. Die Anklage zog ihm nur die Mahnung zu: „alles Unterscheidende der Sekten fahren zu lassen, und bloß Reden zu halten, die den Patriotismus beförderten."[1]

Aus den kirchlichen Aktenbüchern der Pfarrei Reitweiler theilen wir noch folgendes von ihm mit: „Die Gottesdienste konnten hier, in Reitweiler und Gimbrett, fast ununterbrochen gehalten werden, und ich hielt ihn einen Tag um den andern in beiden Orten. Nachdem der Krieg von uns hinweg war (18. November 1793), ging die Störung des Gottesdienstes an; die christlichen Kirchen wurden in Tempel der Vernunft umgeschaffen, die Natur als Gott vorgestellt, der Freiheit Bild als eine Göttin verehrt, der Sonntag verboten, alle Versammlungen, außer in den Volksgesellschaften und dem Tempel der Vernunft, verboten, u. s. w. Ich, und einige Andere, fuhren beständig fort Kirchen zu halten; wir predigten, tauften in gemeiner Kleidung, ohne Mantel und Kragen, verlegten, um nur Gottes Wort zu erhalten, die ordentliche Predigt auf den Dekadi, feierten der christlichen Freiheit zufolge, diesen statt des Sonntags. Als man mir zu sehr zusetzte, die Kirche einzustellen, weil alle andern Volksversammlungen, außer im Tempel der Vernunft und den Volksgesellschaften, von den im Lande anwesenden Volksrepräsentanten verboten worden seien, so hielt ich lauter Kinderlehren am Dekadi wie am Werktage, wobei doch die Alten mit beiwohnten."

---

[1] Ungedrucktes Tagebuch, im Privatbesitz von Direktor Erichson.

Von seiner weiteren Thätigkeit erzählen nachstehende Aufzeichnungen. Im Sterberegister heißt es, bei Gelegenheit einer Beerdigung am 17. Hornung 1794: „Sonst wurde der Leichnam eines abgeschiedenen Mitchristen, welcher im Sarg auf einer Totenbahre, wenn es ein erwachsener Mensch war, von etlichen Personen getragen wurde, gewöhnlich von einer ziemlich zahlreichen Versammlung zu Grabe begleitet, wobei unterwegs ein Lied gesungen wurde; vor dem Hause stand man um den Sarg herum und sang die ersten Verse des Liedes, und während dem Forttragen die andern. Während dem Begraben sang man ein anderes Lied, das vom Tod und der Auferstehung handelte; nachher wurde in der Kirche eine Leichenrede gehalten. Während der Prozession zu und von dem Grabe läutete man mit den Glocken. Bei dieser Beerdigung wurden nur kurze Zeichen gegeben, auch unterwegs nicht gesungen, weil der Gottesdienst in Verordnungen und Gesetzen immer mehr als eine Privatsache behandelt wird."

Die Leichenprotokolle vom Jahr 1794 bis zum 31. März 1795 schließen mit folgender Formel ab: „In der Stille begraben, ohne gottesdienstliche Gebräuche, wegen Verbots."

Bei Gelegenheit der Konfirmation im Jahre 1809 schrieb Pfarrer Kampmann: „Alle diese Kinder waren in jener Schreckensperiode geboren, worin aller Gottesdienst strenge verboten. Einige waren daher von mir, entweder im Pfarrhause dahier (4), andere in ihrer Eltern Häusern (2), andere von der Hebamme in Gimbrett, in größter Stille, selbst mit verschlossenen Läden an den Fenstern (3), eines von seinem Vater zu Hause getauft worden. Es war auch nach wiederaufgehobenem Verbot des Gottesdienstes wegen mancher Unbequemlichkeit, z. Ex. des Alters u. a. nicht wohl thunlich gewesen, sie in der Kirche zu präsentiren. Nun, bei ihrer Konfirmation wurde dies in Erinnerung gebracht, mit beigefügter Ermahnung an sie, ihre Eltern und die ganze Gemeinde, Gott für die wieder erlangte Freiheit des Gottesdienstes zu danken; und sie legten nun öffentlich, mit Rührung, ihr Glaubensbekenntniß ab."[1]

Im Kirchenbuch von Alt-Eckendorf bestätigt der damalige

---

[1] Mittheilung von Pfarrer Klein in Reitweiler.

Pfarrer, J. Chr. Röhrich, obige Mittheilungen mit nachstehendem Bericht: „Anno 1793 wütheten die heftigsten Verfolgungen gegen Religion, Gottesdienst und Geistliche. Bei harter Gefängnißstrafe wurde jedem Geistlichen untersagt, irgend einen Religionsakt zu verrichten, weder zu taufen, noch zu kopuliren, bei Leichen zu erscheinen oder bei Kranken zu beten. Schneiders und Konsorten blutdürstige Regierung war stets bereit eine solche Handlung als ein gegen den Staat begangenes kontra-revolutionäres Verbrechen mit der Guillotine, die auf dem Lande nachgeführt wurde, zu bestrafen. Unter Robespierres abscheulicher Regierung wurden gar alle Kirchengefäße und Tücher weggeholt und die Geistlichen des ganzen Elsaß in schreckliche Kerker eingesperrt, worüber von zwei Volksrepräsentanten der Befehl gegeben wurde."

Dem schließt sich Joh. Fried. Schweighäuser, damaliger Pfarrer von Eckbolsheim, an, wenn er im dortigen Kirchenbuch schreibt: „Vom 1. Advent Sonntag 1793 bis zu dem Junius 1794 ließ die hiesige Munizipalität aus Furcht, nur an den Dekadis eine Predigt und einen Unterricht der Jugend zu, über die Konstitution, ohne Gesang, aber mit Gebet; da erklärte ich die Bürger- und Christenpflichten aus der Vernunft und Konstitution, aber auch, worauf ich noch stärker drunge, aus Wahrheiten und Gründen des Evangeliums und aus dem Glauben an dieses: wie ich denn auch in der, durch die Munizipalität von mir geforderten Deklaration bezeugte, daß dies die besten Bürger bilde. So lange ich predigte, hielte ich an den Sonntagen eine Betstunde, taufte auch Anfangs in der Kirche. Hernach (wie auch wenige Kommunionen und die Einsegnung der Eheleute) in den Häusern, bis anno 1794 im Junius, auch die Besten riethen, ich sollte alles bleiben lassen. Da dachte ich, ich hätte also keinen Beruf mehr dazu, und unterließ es in der Hoffnung einer bessern Zeit, welche anno 1795 im März eintrate, da dann wiederum alle Gottesdienste anfingen, noch ungetaufte Kinder getauft und die von der Hebamme getauften in der Kirche vorgestellt wurden. Von anno 1794, den 23. Juli bis 9. Augusti, war ich zu Straßburg beim Séminaire gefangen."[1]

---

[1] Archiv des Direktoriums. Auch: J. Rathgeber, Hanau-Lichtenberg u. s. w., S. 248.

Hieran reihen wir folgende, auf oberrheinische Ortschaften bezügliche Notizen: „Zu Rappoltsweiler hatte Pfarrer Ortlieb den Muth, den Gottesdienst länger als sonstwo geschah, zu halten. Auch ist ihm die Erhaltung des Pfarrhauses zu verdanken."

„Während der Revolution wurde hier, zu Sundhofen, noch länger als anderswo Gottesdienst gehalten und als dieser verboten, hielt der Pfarrer Privatgottesdienst, Betstunden u. s. w. in den Häusern."[1]

„Pfarrer Resch von Anbolsheim ging nicht fort, konnte aber nicht verhindern, daß die sämmtlichen Kirchengefäße nebst dem Almosen, ungefähr 1000 Livres, durch einen Kommissaire eingezogen wurden und verloren gingen. Die Kirche war während zwei Jahren ein Tempel der Vernunft; in demselben trieb ein Volkslehrer aus Colmar sein Wesen. In der Zwischenzeit verrichtete der Pfarrer den Gottesdienst im Pfarrhause, und hielt dort auch den Konfirmandenunterricht."

„Den Predigtstuhl der in einen Tempel der Vernunft umgewandelten Kirche zu Horburg hatte ein Volkslehrer inne. Während dem fanden unter des Pfarrers Leitung Gottesdienste in einem Privathause statt."

„Die Gemeinde Mittelweier hielt am längsten an den altgewohnten gottesdienstlichen Bräuchen fest und beschützte ihren Pfarrer vor jedweder Verfolgung."

„Zu Forstfeld taufte der Pfarrer von Raufenheim ein Kind im Hause, et à petit bruit."[2]

Aus dem Münsterthale theilen wir das Nachstehende mit, laut Tagebuch des damaligen Pfarrers Friedrich Bernhard Balzweiler in Sulzern. „Der Monat Julius 1794 war für mich (und alle gläubige Christen) ein sehr trauriger Monat. Denn in demselben wurden alle gottesdienstlichen Verrichtungen aufgehoben. Alle Priester wurden zusammengeholt; einige kamen wieder los, viele aber wurden eingesteckt. Man schalt uns als Verführer des Volkes. Den 28. Juli hielt ich die letzte Predigt, nämlich eine Leichenpredigt über die Worte: ich bin beides, dein

---

[1] Röhrich, Handschriftlicher Nachlaß, Straßburger Stadtbibliothek, 2 Bände.

[2] Diese Angaben sind dem Direktorialarchiv entnommen.

Pilgrim und bein Bürger, wie alle meine Väter. Gleich den andern Tag wurde ich durch die Gendarmen nach Colmar geführt; alsdann mußten wir nach Straßburg, wo man uns wieder nach Colmar schickte und in das Augustinerkloster einsperrte. Endlich wurde ich wieder losgelassen, den 27. August, wo ich dann wieder zu meiner Gemeinde nach Sulzern ging, aber leider, wie andere Geistliche, nichts verrichten durfte. Die Kinder werden nun von den Eltern in den Häusern getauft. Kirchen und Schulen sind geschlossen, bis (wie ich denke) die Leute eine größere Lust und einen Hunger nach dem Worte Gottes bekommen werden, denn nur das fehlt, und daher straft uns der gerechte Gott. Betrübt ist jetzt, höchst betrübt, das kleine Häuflein der Gläubigen, denn die stehen wie verlassen. Wir halten uns aber fest an die schönen Verheißungen der heiligen Schrift und singen als die Traurigen, aber doch allezeit im Geist Fröhlichen und in Gott Getrosten: „Ein veste Burg ist unser Gott!"[1]

Die Frauen von Sulzern gingen am Sonntag (als die Feier dieses Tages verboten war) mit ihren Spinnrädchen über die Straße, als ob sie sich zur Arbeit begeben würden — versammelten sich und hielten den Tag des Herrn durch Lesen in der Bibel und in Andachtsbüchern.[2]

Allem nach hat die deutsch-reformirte Gemeinde Markirchs, unter der Leitung von Pfarrer Rudolf Rapp, die Stürme der Schreckenszeit ohne schwer leiden zu müssen durchlebt. Pfarrer Rapp blieb die ganze Zeit über auf seinem Posten, seines Amtes zu warten. Die französisch-reformirte Gemeinde dagegen hatte eine zeitlang keinen Pfarrer, insofern ihr bisheriger Geistlicher Testus, ein eifriger Jakobiner, infolge von allerlei Zerwürfnissen mit seinen Pfarrkindern anfangs 1794 auf seine Stelle verzichtete. In der lutherischen Kirche war der Gottesdienst eine Zeitlang eingestellt.[3]

---

[1] J. Rathgeber, Münster im Gregorienthal. Straßburg 1874, S. 115 u. f.

[2] Mitgetheilt durch Pfarrer Bresch in Mühlbach.

[3] E. Mühlenbeck, Une église calviniste au XVIe siècle. Paris 1881. — Ch. Drion, Notice historique sur l'église réformée de Sainte-Marie. Colmar 1858. — Chr. E. Caspari, Die evangelisch-lutherische Kirche von Markirch. Markirch 1856.

Eine ganz eigene Stellung nahm der Schreckenszeit gegenüber Pfarrer Oberlin ein, indem er den widerchristlichen Gesetzen ihr Gift entzog und den abgeschossenen Pfeilen ihre Spitze abbrach. Zunächst einmal zeigte er seine Opferbereitschaft darin, daß er seinen Sohn ins Volksheer eintreten ließ, die Assignaten zum vollen Nennwerthe einlöste und stets zu einem niedrigeren Preise ausgab, seine Freunde ermunternd das Gleiche zu thun, damit diese Zettel allmählich verschwänden und das Gemeinwohl nicht mehr zu schädigen vermöchten. Sein Haus war ein Asyl des Friedens und ein Zufluchtsort für Flüchtlinge von verschiedenem religiösen Bekenntniß. Als die Kirchen geschlossen wurden, gründete er, um seine Pfarrkinder nicht der heilsamen Früchte eines sittlich-religiösen Unterrichtes beraubt zu sehn, einen Klub oder Volksverein, welcher seine Sitzungen in der Kirche hielt. Der Vorstand bestand aus Dorfbewohnern, und nach der Verlesung eines Protokolls und einiger Anträge forderte der Präsident den Bürger Oberlin auf, einen Vortrag über irgend einen moralischen oder patriotischen Gegenstand zu halten. Alsdann bestieg der Bürgerpfarrer die Tribüne und erbaute aufs Neue seine Pfarrkinder. Hatte er genug gesprochen, so fragte er bei den Zuhörern an, ob man nicht Lust habe, eins von den alten, lieben Liedern zu singen? Und man sang einen Psalm.

Ob dieses Verfahrens befahl ihm das Barrer Distrikts-Direktorium, sich nach Straßburg vor den allgemeinen Sicherheitsausschuß zu begeben, um daselbst sein politisches und religiöses Glaubensbekenntniß abzulegen. Darauf erwiderte er am 23. Frimaire II (23. November 1793): „Durch die Beisitzer vom Distrikts-Direktorium zu Barr habe ich den Befehl vom allgemeinen Sicherheitsausschuß erhalten, mein Glaubensbekenntniß abzulegen und mich hinsichtlich meiner religiösen und politischen Gesinnungs- und Handlungsweise zu rechtfertigen.

„Ich weiß nicht recht, über welche Punkte man meine Erklärung abfordert. Ich stimmte vollkommen den strengen Maßregeln bei, durch die man der schändlichen Wechselwucherei mit den Assignaten ein Ende gemacht hat. Ich stimme vollkommen bei, daß man die leeren Ceremonien abschaffte, und daß man jedes seichte, fruchtlose Dogma verbannte, das nur zu leeren

Streitigkeiten diente. Ich beschränkte mich immer bei meinem Unterricht auf das, was meine Mitbürger zu aufgeklärten, wackern, fleißigen Männern, guten Patrioten, guten Vätern, guten Soldaten und treuen, in jeder Lage brauchbaren Republikanern bilden muß. Den Ueberschlag und den Mantel, den ich früher trug, habe ich schon vor einiger Zeit in voller Versammlung niedergelegt; es war mir immer zuwider, diese leeren Auszeichnungen zu tragen. Was das Königthum anbelangt, so bin ich der Ansicht, daß es völlig abgeschafft bleiben soll; ich habe deshalb schon seit mehreren Jahren meinen Zuhörern republikanische Gesinnungen einzuflößen gesucht."

Welcher Art seine diesbezüglichen Mahnungen waren, mag man aus folgenden Sätzen, die einem „Sendschreiben" an die jüngeren Mitglieder seiner Heerde entnommen sind, erkennen: „Wir sind rechte Republikaner, wenn wir nur und lediglich leben, wirken, ringen und streben für das Wohl, das Aller ist; wenn wir durch Beispiel und Lehren unsere Kinder dahin bringen, daß sie Wohlwollen üben gegen Jedermann, daß sie das Heil aller Menschenseelen suchen; begierig lernen alles das, wodurch sie einst den Brüdern nützen können, vor allem aber in Kraft und That das Gebot: du sollst deinen Nächsten lieben als dich selbst.

„Wir sind Republikaner, wenn wir unsere Kinder aus allen Kräften vor jenem selbstsüchtigen Geist zu bewahren suchen, der in unsern Tagen mehr als jemals eine Nation beherrscht, welche unaufhörlich das Wort ‚Bruderliebe' in ihrem geschwätzigen Munde führt, während jeder Einzelne nur immer für sich selber sorgt, an das allgemeine Wohl aber nur dann denkt, wenn er muß. Ferne sei von uns dieser Geist des Abgrundes, welcher zugleich anti-republikanisch und anti-christlich ist."

Einem Schreiben der Munizipalität von Walbersbach an die Distriktsbehörde zu Barr entnehmen wir die nachstehende charakteristische Angabe, als Antwort auf die Frage: ob Oberlin seinem Stand entsagt habe: „Wir wissen nichts von einer Niederlegung; wir wissen bloß, daß er, von euch, Bürgerbehörden, aufgefordert, seine Erklärung dem öffentlichen Sicherheitsausschuß zu Straßburg abgab. Wir wissen außerdem, daß er schon einige Zeit vorher in der Kirche seine Ueberschläge und seinen Kirchenmantel niedergelegt hat, und daß er daraus Brustleibchen für arme Frauen machen ließ."[1]

Endlich theilen wir noch einen urkundlichen Bericht mit über einen Vorgang in Barr, bei welchem das Revolutionstribunal, unter Taffin und Schneiber, betheiligt war. „Im Dezember 1793 kam das Revolutionstribunal auch nach Barr. Auf einen bestimmten Tag wurden sämmtliche Geistlichen der Umgegend schriftlich aufgefordert, in der Kirche zu Barr zu erscheinen, ihre Erklärung zu machen und das Amt niederzulegen. Alle kamen und machten ihre Erklärung, allein nicht nach dem Wunsche der Volkstyrannen; denn nach vollendeter Deklaration bestieg einer der Richter die Kanzel und erklärte geradezu alle Geistlichen, besonders die protestantischen, für Schurken, weil keiner so ehrlich gewesen, seinen Betrug einzugestehen und abzuschwören. Damit aber Niemand auf diese schimpfliche Rede antworten könnte, wurde verboten fernerhin die Kanzel zu besteigen, und die Kirche wurde gewaltsam geleert.

„Während obiger Versammlung trat auch der Präsident Taffin auf und schlug vor: da man jetzt zu Paris ein Mittel erfunden habe, altes Papier wieder umzuarbeiten, und man die Bibel und andere Religionsbücher jetzt doch nicht weiter brauche, so wolle das Tribunal durch alle Straßen lassen Karren fahren, auf welche dann die Bürger ihre geistlichen Bücher werfen sollten, damit man sie zu einem neuen Gebrauch verwenden könne. Nur der Klugheit des Pfarrers Joh. Michael Schweighäußer, von dem damaligen viel geltenden katholischen Priester Berghauer unterstützt, gelang es, die Ausführung dieses Planes zu verhindern. Beide stellten den Richtern vor, welche verderbliche Folgen ein solches Projekt nach sich ziehen müßte; daß ja die Bibel noch das einzige Buch sei, woraus das Volk Begriffe von Sittlichkeit und Trost sich verschaffen könne. Mit großer Mühe und auf die wiederholte Frage: ob sie denn etwas Besseres hätten, das die Bibel ersetzen könnte? erhielt endlich Pfarrer Schweighäußer die Erlaubniß, die Jugend ferner nach den Grundsätzen des Neuen Testamentes unterrichten

---

[1] D. E. Stœber, Vie de J.-F. Oberlin. Strasbourg 1831, Kap. V., VI., VII.

zu dürfen. Alle anderen Religionsbücher aber waren durchaus verboten."[1]

XX. Schneiders Gefangennahme und Tod.

Als diese Vorgänge sich in Barr zutrugen, war Schneiders Schicksal besiegelt. Seit geraumer Zeit schon dachte die ultrademokratische französische Partei im Land, mit Monet an der Spitze, darüber nach, wie sie den öffentlichen Ankläger aus dem Wege räume. Sie haßte den deutschen Gesinnungsgenossen herzlich. Schneider selbst konnte diese Stimmung nicht verborgen geblieben sein, und soll er sich seiner Schwester gegenüber darüber geäußert haben. Nichtsdestoweniger fuhr er fort, sein schreckliches Amt zu verwalten, und zwar leidenschaftlicher und gewissenloser denn je. Mit schaubererregendem Gepränge, selbst unter Straßenbeleuchtung, wie zu Schlettstadt geschah, durchzogen die Richter, von den Agenten und Mitgliedern der Revolutionsarmee umgeben, die Guillotine nachführend, verschiedene Bezirke des Niederrheins. Jeden Tag fällten sie Todesurtheile, welche oft augenblicklich vollzogen wurden an Männern, alten Frauen und jungen Mädchen, oder verurtheilten andere zur Deportation, schwerer Kerker- und Geldstrafe. Unter den Urtheilssprüchen des Revolutionsgerichtes heben wir hervor, wie über den ehemaligen Pfarrer von Gries, Metz, eine vierjährige Einkerkerung und eine sechsstündige öffentliche Ausstellung am Schandpfahl verhängt wurde. Von seinen Pfarrkindern fortgejagt, schwor er, sich an ihnen zu rächen, und zeigte etliche derselben beim Revolutionsgericht als Verräther an, auf Grund eines Briefes, den er bei einem Knaben am Lichtenberger Schloß gefunden haben wollte. Den Brief hatte er, wie es sich herausstellte, selbst verfertigt, und somit fiel er in die für Andere gegrabene Grube.

Wenn wir auch diesem Spruch unsere Billigung nicht versagen können, so trifft den außerordentlichen Gerichtshof dennoch der Vorwurf, manche harte, nicht im Verhältniß mit den Vergehen stehende Strafen ausgesprochen zu haben und mit grenzenloser

---

[1] Röhrich, Handschriftlicher Nachlaß, Straßburger Stadtbibliothek, sub Barr, und Mittheilung von Pfarrer Kaltenbach in Mittelbergheim.

Leichtfertigkeit verfahren zu sein. Mehr als einmal haben, nach der eigenen Aussage des Gerichtsschreibers Weiß, die Richter in der Trunkenheit ihre Urtheile gefällt. Billig wundert man sich, daß bei solcher Haltung die Zahl der Todesopfer einunddreißig nicht überstieg. Die Summe der vom Revolutionsgericht verhängten und eingezogenen Strafgelder betrug, vom 3. November bis 20. Dezember 1793, 861,622 Livres. Diese Gelder flossen theilweise in die Kasse des Departementszahlmeisters, theils blieben sie in der Tasche der Richter oder ermöglichten ihnen zu Oberehnheim und Barr schwelgerische Mahlzeiten zum Preis von drei- bis siebenhundert Livres.

An Furchtbarkeit wetteiferte das Straßburger Revolutionstribunal mit denjenigen von Lyon, Bordeaux, Brest, Nantes. Bei einem dieser Gerichte forderte der öffentliche Ankläger das Tribunal auf, daß es Voltaire, Racine, Corneille als Autoren von aristokratischen Theaterstücken verfolgen und bestrafen sollte. Als darauf einer der Geschworenen erklärte, daß diese Männer längst todt seien, wurde er geprügelt und aus dem Gerichtssaal geworfen. Bei einem andern Gericht zeichneten die Geschworenen während des Verhörs Karikaturen. Im voraus wurden die Urtheile vorbereitet und en blanc von den Richtern unterzeichnet, später, oft erst nach der Exekution, vom Gerichtsschreiber ausgefüllt. Zuweilen sprach man gar keine Urtheile mehr; die Richter legten die Hand auf die Stirne, wenn der Angeklagte erschossen, auf ein Beil, wenn er geköpft, oder auf den Tisch, wenn er freigelassen werden sollte.[1]

In dieser Zeit ging der Schreckensrichter mit Heirathsgedanken um. Zu Barr hatte er nämlich ein junges Mädchen, die Schwester eines seiner Agenten, Namens Stamm, kennen gelernt und beschlossen, dasselbe zu ehelichen. Zuvor entledigte er sich seiner „Köchin", indem er dieselbe an einen Mönch und Bekannten aus dem Kloster her abtrat. Dieser Priester sollte mit etlichen Andern nach Besançon abgeführt werden, wo die Guillotine auf sie wartete. Da rettete Schneider seinen Kameraden zuletzt noch, unter der Bedingung, daß er seine Köchin heirathe, was denn auch geschah. Der Ex-Mönch brachte es später zum

---

[1] K. Richter, Staats- und Gesellschaftsrecht u. s. w., II, S. 266.

Polizeikommissar, und hielt sich auf dem Neuhof, bei Straßburg, auf.[1]

Schneiders Brautwerber war ein Gendarm. Die betroffene Familie willigte in das Begehren des so gefürchteten Mannes ein und erhielt von Seiten des Bräutigams, „auf Treue eines Republikaners, das Versprechen, daß er seine Frau werde glücklich machen". Noch am selben Tag, den 14. Dezember 1793, unmittelbar nach dem Verspruch, trat der Schreckensrichter mit seiner jungen Gattin die Rückreise nach Straßburg, in einem sechsspännigen Reisewagen, an. Sein Einzug durch das Kronenburgerthor, bis in die Blauwolkengasse, wo sich seine Wohnung befand, glich einem Triumphzug.[2] Berittene Nationalgardisten, den blanken Säbel in der Faust, begleiteten ihn, und als der Wagen durchs Thor fuhr, trat die Wache unter die Waffen, und rührte man die Trommel. Jetzt faßten die Volksrepräsentanten den Beschluß: „In Kenntniß gesetzt, daß Schneider, öffentlicher Ankläger beim Revolutionsgericht, ehemaliger Priester und geborener Unterthan des Kaisers, heute in Straßburg mit einer übermäßigen Pracht eingefahren, in einem sechsspännigen Wagen, von Nationalgardisten zu Pferd, die bloße Säbel trugen, umgeben; verordnen die Repräsentanten: daß besagter Schneider morgen, von zehn bis zwei Uhr Nachmittags, auf dem Schaffot der Guillotine dem Volk zur Schau ausgestellt werde, um die den Sitten der bestehenden Republik angethane Schmach abzubüßen. Darauf soll derselbe von Brigade zu Brigade vor den Wohlfahrtsausschuß des Nationalkonvents gebracht werden. Die Vollziehung dieses Beschlusses ist dem Kommandanten der Festung aufgetragen, der Morgen um drei Uhr Nachmittags den Bericht erstatten soll."

In der Nacht vom 14. auf den 15. Dezember holte der Stadtkommandant Dieche den öffentlichen Ankläger aus dem Bett und brachte ihn in das Militärgefängniß bei den Gedeckten Brücken (Ponts-Couverts). Am andern Morgen durchlief die Stadt das dunkle Gerücht, Schneider sei verhaftet und werde auf der

---

[1] Diese Nachricht verdanken wir der Freundlichkeit unseres hochgeschätzten Lehrers, des Herrn Professor D. E. Reuß zu Straßburg, welcher den Mann nicht nur kannte, sondern auch den für die damaligen Verhältnisse bezeichnenden Vorgang aus seinem Munde vernommen hat.

[2] Im jetzigen Hause Kastner.

Guillotine zur Schau gestellt. Nun füllten sich die Straßen mit Neugierigen, und um die Mittagsstunde erschien der Arrestant am Fuße des Gerüstes, das er bleichen Angesichts bestieg. Die Menge, überwältigt durch diesen unerhörten Anblick, verhielt sich vorerst ruhig; da aber Schneider vortrat, um das versammelte Volk anzureden, erhob sich ein Lärmen und Johlen, ein Schimpfen und Fluchen, in welchem seine Stimme unterging. Der Scharfrichter band ihn, mit einem Strick um den Leib, an einen der Pfosten des Mordinstrumentes fest, und das Volk, dem er so oft in seinen Reden und Schriften geschmeichelt, bewarf ihn mit Koth, Steinen, Aepfeln u. s. w. Um drei Uhr führte man ihn vom Schaffot herunter, brachte ihn mit geschlossenen Füßen in einen bereitstehenden Postwagen, und fort ging's nach Paris, wo man ihm das Gefängniß der Abtei zum Aufenthalt anwies. Er hatte in „Anbetung der fränkischen Republik" beides verleugnet, sein Vaterland und seine Kirche; am 10. April des Jahres 1794 zahlte die Revolution dem „prêtre autrichien" den Lohn dafür aus: sie ließ ihm mittelst des Fallbeils das Haupt abschlagen.

XXI. Folgen von Schneiders Sturz. — Der Rückzug der Verbündeten. — Ausschreitungen und Kirchenschändung.

Die Verhaftung des öffentlichen Anklägers und „Kopfabschneiders" war ein Sieg der französischen radikalen Partei im Elsaß über die deutschen Jakobiner, den die Häupter der Partei, Monet und Genossen, dahin ausbeuteten, daß sie die übrigen Mitglieder des Revolutionsgerichtes, Taffin, Wolf, Klavel, in Anklagezustand versetzten und ihre Anhänger und Agenten in der Revolutionsarmee thunlichst entfernten. Taffin u. A., der Gerichtspräsident, wurde nach Dijon gebracht, woselbst er sich im Gefängniß eine Kugel durch den Kopf jagte. Seine Mitgefangenen dagegen, Wolf, Vogt, Clauer, Masse, erhielten nach dem Sturz Robespierres die Freiheit wieder.

Mit der Auflösung des Revolutionsgerichtes hörten die Schreckensmaßregeln keineswegs auf; schon den 16. Dezember organisirte man einen neuen Gerichtshof, dessen Mitglieder der französischen Jakobiner-Partei zugethan waren, und die nicht minder oberflächlich und summarisch als ihre Vorgänger mit der

Rechtsprechung verfuhren, namentlich seitdem der Schurke Delatre, ebenfalls ein abgedankter Priester, den Vorsitz führte. Damit ihr Anblick auch ihrem schrecklichen Beruf entspräche, trugen die neuen Richter, nebst schwarzer Kleidung, ein mit Flor umwundenes Schwert an der Seite, und ihre Hüte waren in solchen gehüllt. Sie sollten ja die Männer des Todes sein.

Während sich die im Obigen geschilderten Vorgänge abspielten, geriethen auch die militärischen Operationen wieder in rascheren Fluß. Die französischen Generäle Pichegru und Hoche erhielten von Seiten des Nationalkonvents, der eine das Oberkommando der Rhein-, der andere das der Moselarmee, mit dem Auftrag, sich die Hand zu bieten, um die feindlichen Truppen, welche einen Theil des Landes besetzten, zurückzudrängen. Dank den mancherlei Zerwürfnissen zwischen den feindlichen Befehlshabern, Wurmser und dem Herzog von Braunschweig, und dem energischen Eingreifen genannter Generäle, erfolgte in der Zeit vom November 1793 bis Januar 1794 die Befreiung des französischen Gebietes und die Entsetzung der belagerten und hart bedrohten Festung Landau. Beinahe alltäglich fanden hie und da im Unterelsaß kleinere oder größere Zusammenstöße und Gefechte statt, die, wenn sie auch nicht jedesmal zu Gunsten der Franzosen ausfielen, doch die Oesterreicher unaufhaltsam rückwärts trieben. Bald überschritten die französischen Heere die Grenzen des Elsaß, rückten in die Pfalz ein und bezogen Winterquartiere in Frankenthal und in Worms.

Ueber das untere Elsaß und die Pfalz brachte das unsäglichen Jammer. Mit dem Rückzug der Oesterreicher begann eine großartige Auswanderung elsässischer Landleute, aus Furcht vor den Drohungen des Revolutionsgerichtes, welches in Begleitung seiner Armee des öfteren Streifzüge in das bisher besetzte Gebiet unternahm und in den Ortschaften zahlreiche Gefangene machte. Man schätzt z. B., daß von den 93,000 Einwohnern des Hagenauer Distrikts an die 50,000 den heimathlichen Herd und Boden verließen, um sich jenseits des Rheins in Sicherheit zu bringen. Die Güter dieser Emigranten beschlagnahmte man und verkaufte sie. Das führte ihren Ruin herbei; und nicht Wenige sind vor Kummer und Entbehrungen im Ausland umgekommen.

Aber auch sonst verübten die der deutschen Sprache unkundigen

Franzosen allerlei Rohheiten und Unthaten auf ihrem Zug in die Pfalz. Pfarrer Kampmann von Reitweiler schreibt darüber in seinem Tagebuch:[1] „In Brumath lagen die Deutschen unter General Wurmser. Auf dem Kochersberg lag eine Abtheilung von unsern Truppen unter dem Kommando von General Dubois, welcher die Vorposten befehligte. Hier in Reitweiler hatten wir damals keine Einquartierung, aber, weil keine rechte Ordnung unter unseren Truppen herrschte, vielen Besuch von französischen Soldaten, die uns oft Bedrängniß genug verursachten, wie wir ihnen denn oft nicht genug Essen und Wein vorsetzen konnten. Manchem nahmen sie auch ein Pferd aus dem Stall und stellten ein schlechteres dafür hin. Einmal schoß einer, der betrunken war, nach meiner Frau durch das Fenster hindurch, und die Kugel fuhr einen Grad hoch über ihrem Kopf bis an den Ofen bei der Stubenthüre, und breitgedrückt, wieder zurück gegen das Fenster." Und doch gab sich Pfarrer Kampmann alle mögliche Mühe, um die Forderungen der Generäle Dubois und La Boissière zu befriedigen, indem er seine Pfarrkinder veranlaßte, Butter, Mehl, Wein, Gemüse, Geflügel, Obst, Holz u. dgl. m. theils gegen Bezahlung, theils geschenkweise ins Hauptquartier nach Niederschäffolsheim zu liefern.

Vornehmlich ließen sich die französischen Soldaten Kirchenraub und -Schändung zu Schulden kommen, wie sie sich denn auch durch ihr gotteslästerliches Betragen in den elsässischen und später in den pfälzischen Ortschaften auszeichneten. So heißt es z. B. von Ostheim: „Die Gemeinde ist mit Truppen überladen, welche zum Theil sehr roh und irreligiös sind und ihre bösen Grundsätze und ihre Gleichgültigkeit gegen die Religion auf die Gemeindeglieder fortpflanzen." So auch von Gerstheim.[2] Und nun erst, was aus der Pfalz berichtet wird: „In den Kirchen hausten die Schandmenschen wie rechte eingefleischte Teufel. Nach dem Tabernakel, nach den Bildern der Muttergottes und der Heiligen schossen sie oder schlugen sie in Stücken, stahlen, wo sie konnten, die heiligen Gefäße, die Chorkleider und Altartücher, warfen die Meßgewänder den Pferden als Streu

---

[1] Im Privatbesitz von Direktor Erichson.
[2] Archiv des Direktoriums.

unter, erbrachen die Tabernakel, streuten die geweihten Hostien auf die Erde, spieen sie an, tanzten mit den Füßen darauf herum, oder warfen sie, während sie gotteslästerliche Lieder sangen, den Hunden vor..... Die Repräsentanten, Kommissäre, Administrateurs des vivres, Lieferanten mit ihrem Troß von Subalternen, lebten zu Ober-Ingelsheim, Lautern, Worms, Alzey, u. s. w. im höchsten Ueberfluß, gaben sich Jagden, wozu die Bauern frohnen mußten, wie einst ihren deutschen Sultans, hielten Bälle ...., spielten Hazardspiele um Louis d'or zu hunderten, aßen das köstlichste Weißbrot oder vielmehr nur dessen Rinde, denn das Uebrige gaben sie ihren Hunden oder machten Kügelchen daraus, sich einander damit zu werfen."[1]

Aehnliches geschah zu Landau zu Anfang des Jahres 1794. Nachdem die Stadt alle Schrecken einer schweren Belagerung durchgekostet und endlich befreit worden war, führten auch hier die französischen Soldaten und die Propagandisten im Bund mit andern zweifelhaften Kraftrepublikanern ein wahres Schreckensregiment ein. Die Guillotine erhielt Aufstellung auf dem Paradeplatz. Zwei französische Offiziere, ungeschickter Aeußerungen angeklagt, ließen ihr Leben in den Gräben der Festung unter den Kugeln ihrer eigenen Landsleute. Zahlreiche Bürger holte man unversehens aus ihren Betten und ließ sie nach Pfalzburg oder gar nach Paris in die Gefängnisse schaffen, ohne daß man wußte, warum. Man machte es den Landauern zum Verbrechen, daß sie „Lutheraner" seien, und die Volksrepräsentanten La Coste und Beaudot, geschworene Feinde der Elsässer, legten ihnen ungeheure Lieferungen an klingendem Gelde, Lebensmitteln und Kleidungsstücken auf, trotz der großen Opfer, welche die Belagerung schon gefordert, und ungeachtet des Dekretes des Nationalkonvents, in welchem derselbe, gleich nach der Befreiung der Stadt, vor ganz Frankreich feierlich erklärte, „daß die Garnison und die Bürger von Landau sich um das Vaterland wohl verdient gemacht haben".

Namentlich sah man es auf die Vertreibung der Geistlichen und die Schändung der Kirchen ab. Von den Pfarrern forderte

---

[1] E. Mühlenbeck, Etude sur les origines de la Sainte-Alliance. Strassbourg 1888, S. 135.

man eine Erklärung, daß sie ihrem Amte entsagen, doch gab sich keiner dazu her. Die Kirchen wurden geschlossen, die heiligen Gefäße weggenommen, und die Glocken zerschlagen, bis auf eine einzige, welche man zur Einberufung der Bürgerversammlungen und zum Gebrauche bei Feuersbrünsten hängen ließ. Die Altäre und Heiligenbilder wurden zerstört und verwüstet, und der frechste Spott mit letzteren getrieben. Die Schänder waren lauter Soldaten, und an ihrer Spitze befand sich der General Delmas, welcher die Gotteslästerung und Unverschämtheit soweit trieb, daß er im Angesichte Aller den Weihwasserkessel als Nachttopf gebrauchte, indessen Andere die Hostien auf dem Boden herumstreuten und mit Füßen traten. Aller öffentliche Gottesdienst ward aufgehoben, und der geheime in den Häusern mit Lebensgefahr verknüpft.[1]

So hausten die Franzosen unter ihren eigenen Landsleuten, denn Landau gehörte damals noch zu Frankreich. Wen will es da Wunder nehmen, wenn der Wahlspruch der Offiziere, Beamten und Agenten in Bezug auf das Ausland lautete: „Man muß ihnen nichts lassen, als die Augen zum Weinen!" Die Pfalz weiß heute noch, nach hundert Jahren, davon zu erzählen, wie treulich sie ihr Wort hielten.

XXII. Der Kultus der Vernunft.

Bisher haben wir die Revolution bei ihrer vielseitigen, zerstörenden, auflösenden Arbeit gesehn. Um die Schilderung der Schreckenszeit abzuschließen, müssen wir uns noch mit dem Theil ihrer Thätigkeit befassen, den die Revolutionshelden als das letzte Wort ihres Wissens und Könnens ausgaben, mit ihrem „Kultus der Vernunft". Bereits sahen wir die Hochpriester der neuen Vernunftreligion, Monet, Schneider, Taffin, Delatre, an der Arbeit, und vernahmen ihr Evangelium, als wir dem im Straßburger Münster am 20. November 1793 gefeierten, ersten Feste der Vernunft beiwohnten. Unter den zahlreichen Zuhörern, welche damals die weiten Hallen des alten, ehrwürdigen Gotteshauses

---

[1] J. v. Birnbaum, Geschichte der Stadt Landau u. s. w., S. 371 und 372.

anfüllten, befanden sich viele Klubisten und Jakobiner aus den meisten Ortschaften des Elsaß. Fortan hatten dieselben, in ihre Städte und Dörfer zurückgekehrt, nichts eiligeres zu thun, als das geschaute und gehörte nachzuäffen, um der neuen Lehre eine Gasse zu brechen. Sie hielten sich für die berufenen Vertreter der Vernunft, und nahmen Menschen, Kirchen, Friedhöfe, öffentliche Plätze u. s. w. für dieselbe in Beschlag. Vergeblich mahnte der Dichter Pfeffel mit beißendem, aber auch nicht ungefährlichem Spott:

> „Ein Tempel der Vernunft soll eure Städte zieren?
> Recht schön! doch macht' ich gern in Unterthänigkeit
> Die kleine Motion, eh' man ein Haus ihr weiht,
> Erst die Vernunft zu dekretieren."

Die Träger der Unvernunft und des Aberwitzes schritten auf dem einmal betretenen Wege rastlos weiter. Beinahe jede Kirche, ob katholisch oder protestantisch, mußte es sich gefallen lassen, in einen Tempel der Vernunft umgewandelt zu werden. Zu diesem Zweck errichtete man im Chor, oder da wo früher der Altar seine Stätte hatte, den „heiligen Berg", oder, wie zu Münster, den „Berg Sinai", ein dreifarbig angestrichenes Brettergerüst, mit allerlei republikanischen Emblemen, Sinnsprüchen und allegorischen Bildern, an dessen Spitze die Göttin der Vernunft, in Gestalt einer Gliederpuppe, thronte, im Volksmund das „Jaköbchen" oder das „Nationalwiwel" genannt. Auf schwarzen Tafeln längs den Wänden, oder über den Kirchenthüren, las man die Kraft- und Wahlsprüche der Revolution: „Tod den Tyrannen", „Haß den Priestern", „Freiheit, Gleichheit, Bruderliebe oder Tod", „Republik oder Tod", „Frei leben oder sterben". Hierauf versahen am Dekadi, unter dem Titel „**Volkslehrer**", allerlei Subjekte „in schmutzigen Kleidern, mit behaarten, struppigen Gesichtern, langem Haupthaar, ungewaschenen Händen, einem langen Säbel an der Seite, und einem rothen Käppchen als Orden auf der Brust, den Dienst der Göttin der Vernunft. Ihre Predigten waren meist Unsinn oder Lästerungen gegen die christliche Religion und ihren göttlichen Stifter, Lobreden auf die Schreckensmänner und Spott und Verwünschungen gegen die Aristokraten und Gemäßigten."[1] Zum

---

[1] J. v. **Birnbaum**, Geschichte der Stadt Landau, S. 372.

Schluß verlas man öffentlich „die Dekrete des Nationalkonvents, die Verordnungen der Volksrepräsentanten, Nachrichten vom Kriegsschauplatz, und politische Neuigkeiten".[1]

Nachstehend theilen wir eine ungedruckte Rede mit zur Charakteristik dessen, was diese Priester ihren Zuhörern zu bieten wußten und wagten. Dieselbe, gesprochen in Gegenwart etlicher Volksrepräsentanten, bei Gelegenheit der Einweihung eines Tempels der Vernunft, lautet also:

„Mitbürger! Gegenwärtige Feierlichkeit ist gewiß das schönste Schauspiel, das je ein Menschenfreund gesehen hat. Wessen Busen sollte nicht hochaufschwellen vor Freude, welches Herz nicht heftiger, feuriger für Menschenwohl schlagen bei einer Feierlichkeit, wo der Menschenfreund den letzten Handstreich thut, um das Gebäude, das das Glück der Menschheit für alle Zeit gründen soll, zu vollenden? Gewiß, wessen Blut kalt bei gegenwärtiger Feierlichkeit bleibt, wo der Fanatismus in seiner Wurzel angegriffen wird, wo die Pfaffen gestürzt werden, dessen Herz ist entweder von Natur verwahrloset, oder von Pfaffen verkehrt worden.

„Lange versuchte es der edle Menschenfreund durch Aufklärung, durch Belehrung, die Menschen von ihrem Irrwahne zu heilen, aber vergebens, weil man die Götzenbilder nicht zerstörte, weil man den Pfaffen ihre Gaukeleien nicht verbot, weil man selbst noch Pfaffen duldete. Vergebens war aller Weg der Güte, so lang man den Pfaffenpompanz, allen, dem dummen und irregeführten Volke heiligen Plunder noch ließ; vergebens suchte die Nation die Pfaffen zu Menschen umzubilden, indem sie den Eid der Treue von ihnen forderte, geschworene und ungeschworene blieben Volksbetrüger, sie heuchelten Gottesfurcht, um ungestraft boshaft zu sein. Man weiß, wie sie alles anwandten, die Bartholomäusnächte zu erneuern, die Zeiten Heinrichs II., Karls des IX., Ludwigs des XIV. von Neuem anzufangen. Was bleiben uns noch für Mittel übrig, der Menschheit ihre Würde wieder zu verschaffen, da Güte nichts hilft, da Belehrung fruchtlos ist; da sie höchstens nützt, daß hier und da ein Weiser von Gefühl bittere Thränen über das Schicksal der Menschheit weint, wenn er sieht, mit welcher frechen Stirne Pfaffen der Vernunft Hohn sprechen; wenn

---

[1] Archiv des Direktoriums.

er sieht, daß die heiligsten Verträge, die zum Wohl der Menschen zweckmäßigsten Anstalten vereitelt werden? wenn er sieht, daß Taugenichtse, Aufwiegler, Volksbetrüger heilig gesprochen werden, die verdient hätten auf dem Schaffot zu sterben? Was hilft aber diese Thräne, da indessen das ganze Menschengeschlecht, im tiefsten Aberglauben versunken, sein eigenes Wohl nicht kennt?

„Vertilgen, mit Gewalt vertilgen alle Pfaffen sammt ihrem Anhange, sammt ihren Gaukelspielen, sammt allem, was nur auf ihren Betrug Einfluß hat, das ist das einzige Mittel, dem Volke die Augen zu öffnen. Das Kind wird man vergebens zu nützlichen, vernünftigen Arbeiten gewöhnen wollen, wenn man ihm seine Spielzeuge, seine Puppen läßt. Schafft Tempel des Aberglaubens, des Betrugs, der Geldschneiderei in Tempel der Vernunft um, wo nicht mehr Betrug, sondern Wahrheit gelehrt wird; zernichtet die Götzenbilder, reißt die Altäre nieder, wo Betrug, Meuchel- und Vatermord ihren Zufluchtsort hatten, die dienten, das Volk in seinem Aberglauben zu erhalten; bauet an dessen Statt Altäre, die dem Vaterlande, der Vernunft und Tugend geweiht sind. Weg mit den geschnitzten heiligen Volksbetrügern; errichtet dagegen dem Volksfreund Marat eine Statue, die euch sage, daß er euch liebte, daß er sein Leben für das Wohl des Volkes gab. Vaterlandstugend, nicht Mönchstugend verdient eure Nachahmung. Statt daß ihr bisher Menschen verehrtet, die ihr heilig nanntet, weil sie ins Tollhaus eingesperrt zu sein verdient hatten, ehret nun Vaterlandsliebe und Liebe zum gemeinen Besten.

„Und ihr Pfaffen! glaubt ihr, daß eure Betrügereien gerechter sind, weil ihr in Ordnung und in einem System zu betrügen wußtet, weil ihr mit falscher Politik und einem durchdachten Plane zu Werke ginget? Glaubt ihr bei gegenwärtiger Revolution durch Heuchelei über den menschlichen Verstand zu siegen, weil euch dieses Mittel so oft gelungen ist? Eure Träume sind vergebens: die Kraft der Franken wird euch vielleicht zu spät fühlen lassen, daß Vernunft endlich einmal die Menschen zu erleuchten beginnt, daß sie den Menschen auf einem bessern Wege zur dauerhaften Glückseligkeit vorleuchte, als die Strahlen des heiligen Geistes, die Strahlen der Offenbarung, und aller eurer Pasquillen auf den menschlichen Verstand. Ein einziges Mittel bleibt euch noch übrig, die Schande von euch abzuschütteln, womit euch euer Amt brandmarket; euch von dem Verdachte zu reinigen, den euch euer Amt zuziehet; dieses einzige Mittel ist, wenn ihr im Angesichte der ganzen Welt sagt, daß euer Handwerk Betrug ist; wenn ihr bekennet, daß Tugend, diese Tochter des Himmels, nicht bei einem heimtückischen Pfaffen wohnen kann; wenn ihr bekennet, daß die Pfaffenzunft zur Geisel für das Menschengeschlecht unter dasselbe verbannet wurde. Bedenket aber, daß euer Bekenntniß aus einem aufrichtigen Herzen gehen muß; Aufrichtigkeit ist das Grundgesetz der Liebe und Freundschaft; bedenket, daß euch Gleißnerei und Verstellung nichts hilft, daß euer Eifer für das Wohl der Menschen den Schaden wieder gut machen muß, den eure Heuchelei angerichtet hat, daß ihr durch Handlungen an den Tag legen müßt, daß euer Bekenntniß von Herzen ging. Haarscharf bewachen wird man euch, und ihr werdet es doppelt büßen müssen, wenn euer Bekenntniß Gleißnerei war.

„So seie denn das Pfaffengeschlecht auf ewig aus der Gesellschaft rechtschaffener Männer und der Gesellschaft der Republikaner verbannt; ihr Name werde zum Gespötte.

„Mitbürger! In diesen Tagen der Revolution, wovon das Glück unserer Republik, das Glück des ganzen Menschengeschlechtes abhängt, das durch Pfaffen und Despoten erniedrigt, von seiner Würde herabgewürdigt ist, glaubet nicht, daß ihr eure Pflicht erfüllet habt, wenn ihr ruhige Zuschauer bleibt, wenn ihr bloß die Gesetze beobachtet, wenn ihr nicht selbst Maßregeln ausführen helft, die das Wohl des Volkes fördern. Brüder! jeder Bürger, der sich bloß leidend verhält, der nicht thätige Hilfe leistet, der ist ein Verräther, der ist ein Mörder des Glückes der Menschheit, der Fluch der Rechtschaffenen ruhet auf ihm. Glaubet nicht, Mitbürger, unsere heutige Versammlung sei eine bloße Ceremonie, um den Repräsentanten der Nation ein Kompliment zu machen; dies stehet Republikanern nicht an; nur Höflinge, niedrige Sklavenseelen schmeicheln, machen Komplimente. Unsere heutige Versammlung, die Einweihung dieses Tempels des Aberglaubens, der Dummheit, in den Tempel der Vernunft, sei zugleich ein Bruderbund, wo wir aller Pfaffenreligion entsagen. Liebe zum Vaterland, Menschenwohl, seie in Zukunft unsere einzige Religion. Es seie der Augenblick, wo wir schwören die schwarze Rotte zu vertilgen; nur die Vertilgung der Pfaffen kann uns vereinigen, kann uns zu Brüdern machen. Dieser Bruderbund, den wir heute der Vernunft, der Freiheit, dem Vaterlande, unseren Gottheiten geloben, ist das Heiligste, was je auf der Erde war; er seie fest, unabänderlich, tief in unseren Busen gegraben; Verderben treffe den, der ihn nicht erfüllt; er wird den Vorhang zerreißen, den verjährte Vorurtheile über unsere Rechte gewebt hatten. Fliehen sollen unsern Bruderbund alle Rangsüchtigen, alle Ehrgeizigen, alle Verräther und Pfaffen, die uns im Namen Gottes gebieten wollten, unsere Vernunft nicht zu gebrauchen, um ihre Bosheit in ihren Herzen nicht lesen zu können.

„Zu den Waffen, Brüder! das Vaterland ist in Gefahr, rufen uns unsere Volksrepräsentanten. Zu den Waffen, Brüder! das Vaterland ist in Gefahr, weil es noch Pfaffen giebt; so lang noch Einer von dieser verpesteten Brut in der Welt ist, so lang ist das Menschengeschlecht in Gefahr unterjocht zu werden. Zu den Waffen! Vertilgung der Pfaffen sei unser Losungswort!"[1]

Nicht minder scharf und wild zogen die Revolutionsredner gegen die Könige, die Reichen, die Gemäßigten, die Wucherer und Assignatenverächter los, dieselben zu verfluchen und zu verdammen; und wenn gar zwei, drei Sprecher, wie zuweilen geschah, auf der Kanzel oder der Tribüne sich ablösten und einander durch Wahnwitz und Heftigkeit zu überbieten suchten, so mochte den Zuhörern vorkommen, als wären sie unter wüthende Tollhäusler gerathen. Und man glaube ja nicht, daß derartige Auftritte nur vereinzelt vorkamen; allseitig wird uns die Thatsache bestätigt, daß die Kirchen auf dem Lande, auch die protestantischen, entweder geschlossen oder der Militärverwaltung als Magazine überlassen waren, oder von den Gemeinden an Private vermiethet wurden, oder, und das gilt von den meisten, als Versammlungsorte der Jakobiner und als Tempel der Vernunft dienten. Nur ganz wenige entgingen der Schändung, in irgend einem abgelegenen Dorf etwa, oder da, wo die Bevölkerung sich mannhaft dem frevelhaften Thun und Treiben entgegenstellte. „Die hiesige Kirche hatte mit andern ein gleiches Schicksal," heißt es allgemein in

---

[1] Kampmanniana, im Privatbesitz von Direktor Erichson.

den historischen Berichten über die evangelischen Pfarreien im Archiv des Direktoriums. Pfarrer Schmutz von Kutzenhausen schreibt uns: „Das hiesige Gotteshaus diente eine Zeit lang als Heumagazin." In den Kirchen zu Ingweiler, Neuweiler, Wasselnheim, Ittenheim, Schiltigheim, Bischweiler, Westhofen u. s. w. hielten die dortigen Jakobiner zeitweise ihre Sitzungen ab. Selbst die alte Burgkapelle zu Schloß Lichtenberg entging dem allgemeinen Loos nicht. Pfarrer Spach theilt uns mit: „Droben auf unserer Burg habe ich an der Kapelle, über einer mit Quadersteinen zugemauerten Eingangsthüre, die halb herausgemeißelte Inschrift entziffert: Temple de la Raison."

In den Frühlingstagen des Jahres 1794 zogen die „Volkslehrer" der Schreckenszeit zuweilen hinaus in Gottes freie Natur, um beim Freiheitsbaum oder unter der Dorflinde die „reinen Grundsätze der natürlichen Moral" zu predigen. Dann endigte der neue Baalsdienst, wie der alte einst, mit essen und trinken, mit tanzen und spielen, mit johlen und juheien. „Während der Schreckenszeit kam nach Weißlingen, an den Dekadis, ein vormaliger Lehrer, Constans, mit Schärpe, Federbusch und Schleifsäbel, und hielt patriotische Reden unter den Linden, die an Stelle der jetzigen evangelischen Kirche standen. Dann wurde Wein verzapft und die Karmagnole getanzt. Der Dorfhirte hat damals viele Kinder hinter dem Ofen getauft. Auf Hinsburg hieß der Dekadenprediger Junker, war Schulmeister und Buchbinder seines Zeichens, ein ordentlicher Mann, welcher 1842 auf Pfingsten starb. Er war nicht unkirchlich, denn er verlegte selbst das pfalzgräflich-zweibrückische Gesangbuch in ‚Hinschberg bei Junker'. Dies Gesangbuch ist heute noch Gegenstand der Verehrung der Hinsburger Patrioten, und wird ein Exemplar bis zu 12 Mark bezahlt."[1]

„Nicht immer hielt man die Festlichkeiten im Tempel der Vernunft zu Markirch ab, sondern auch, wo es anging, draußen auf einer Anhöhe, an der Straße nach St. Kreuz im Leberthal, eine Viertelstunde von der Stadt gelegen (der Ort ist heut zu Tage von einer Eisenschmelze und etlichen andern Gebäulichkeiten besetzt), wo sich ein Altar der Freiheit befand.

---

[1] Mittheilung von Pfarrer Liebrich in Tieffenbach.

Dann verließ man prozessionsweise den Tempel; voraus gingen die Musikanten, ihnen folgten die Nationalgardisten, die Behörden, weiß gekleidete Mädchen mit trikoloren Schärpen, und zahlreiches Volk. Patriotische Lieder, wie die Marseillaise, der Chant du départ u. a., wurden von den den Freiheitsaltar in großem Kreis umstehenden Anwesenden gesungen. In den Zwischenpausen ließen sich einzelne Redner vernehmen."[1]

Manchmal kam es, in der Kirche oder draußen unter freiem Himmel, zu Auftritten eines strafbaren Muthwillens oder rührender Komik. „An mündlichem Zeugniß habe ich aus dem Mund eines Augenzeugen, daß man den schon bejahrten Pfarrer Bricka von hier gezwungen, um den Freiheitsbaum auf dem Luberg zu tanzen."[2] „Im Vernunfttempel zu Markirch begann ein Klubist seine Rede mit den Worten: ‚Citoyens, avant l'origine du monde il y avait des républiques.'[3]

Zu Breuschwickersheim „hatte man draußen vor dem Dorf, auf der Wiese, neben dem Bach, der jetzigen Hanfbrechmaschine gegenüber, einen Freiheitsbaum gepflanzt und mit einer Jakobinermütze ausstaffirt, und darunter eine Rednerbühne errichtet, wo, der Reihe nach, einer vom Klub die Dekrete des Nationalkonvents verkünden mußte. Einmal bestieg ein Redner die Tribüne, um des neuen ungewohnten Amtes zu walten. Allein weil er des Lesens nicht kundig war, rief ihm ein anderer citoyen zu: „Geh herab und laß mich hinauf, du kannst nichts!"[4]

Pfarrer Ensfelder von Reichenweier berichtet uns: „Vor etwa acht bis zehn Jahren wurde allhier eine Steinplatte bei dem Neubau eines Dohlens entdeckt, die jetzt auf dem Rathhaus ist und die Inschrift trägt: „Freiheitsaltar 1792." Nach mündlichem Berichte stund dieser Altar auf dem alten Wall unseres Städtchens, da wo heute eine große Linde steht, die (wohl mit Unrecht) als ein in jener Zeit gepflanzter Freiheitsbaum gilt. Dort hielt ein Lehrer Namens Saltzmann jeden Dekadi patriotische Reden. Ein närrischer Kauz, Namens Witsch, soll einmal eine

---

[1] Mittheilung von Pfarrer S t a h l in Markirch.
[2] Mittheilung von Pfarrer L i e b r i c h in Durstel.
[3] Mittheilung von Pfarrer S t a h l in Markirch.
[4] Mittheilung von Pfarrer H ö f f e l in Breuschwickersheim.

Gans in die Versammlung der „Patrioten" geworfen haben mit dem Ruf: „Dies isch eyer ganz Freiheit!"

Auch die Häuser der Lebendigen wie die Wohnungen der Verstorbenen nahm der neue Kultus in Anspruch. „Die Bürger nöthigte man eine Tafel vor ihr Haus aufzuhängen, auf welcher in bunten Farben das Wappen der Republik zu sehen war, nämlich eine Säule mit einer rothen Kappe darauf und mit einem grünen Kranz umgeben; es stand darauf: Frei leben oder sterben."

Ueber mancher Kirchhofsthüre las man die heidnische Inschrift: „Der Tod ist ein ewiger Schlaf." Bei den Begräbnissen ging es religionslos zu. Wir haben bereits erwähnt, wie in der Schreckenszeit die Todten „ohne Sang und Klang, ohne Leichenrede und Gebet, auf den Abend, in der Stille" hinausgetragen wurden. Die großen Leichenbegängnisse waren verboten: sie verstießen ja gegen die Gleichheit, und gaben Aergerniß dem echten Sanskulotten. In den Ortschaften mit konfessionell gemischter Bevölkerung sollte fortan ein Friedhof Alle aufnehmen, Katholiken, Protestanten, Juden und Judengenossen; so forderte es die Freiheit und die Gleichheit. „Auf dem Gottesacker werden die Todten zeilenweis begraben ohne Rangordnung, alle mußten in die Zeile, Herr, Bauer, Knecht, Bürger, Soldat, Spithäler, und war die Zeile ergänzt, so fing man wieder eine neue an. Ein Pfohl, auf welchem ‚Freiheit, Gleichheit' geschrieben ist, bezeichnet jedes Grab."[1]

XXIII. **Der Umschlag.** — Das Fest des „höchsten Wesens". — Verdoppelung des Terrorismus. — Robespierres Sturz. — Ende der Schreckenszeit.

Noch feierte die Gottlosigkeit ihre Triumphe, als von Paris aus durch ganz Frankreich der Befehl erging: es sei der „Kultus der Vernunft" durch den eines „höchsten Wesens" zu ersetzen. Wie dem so kam, wollen wir im nachstehenden schildern, müssen aber zu diesem Zweck einen flüchtigen Blick auf die Begebenheiten werfen, welche sich in den ersten Monaten des Jahres 1794 in Paris zutrugen, weil die Zustände im Elsaß von den Ereignissen der Hauptstadt bedingt waren und nach diesen zu beurtheilen sind.

---

[1] Hausbuch von Dom. Schmutz, u. s. w., S. 160, 163.

Nach dem blutigen Untergang der Gironde stritten sich im Schoß des Nationalkonvents und in den übrigen Organen der Revolution drei Parteien um die Alleinherrschaft, nämlich: 1. Die Hebertisten, 2. die Dantonisten und 3. der Wohlfahrtsausschuß, schlechtweg die Partei Robespierres genannt.

Das charakteristische Merkmal der Hebertisten war blutdürstiger Terrorismus im Verein mit Atheismus und grobsinnlichem Materialismus. Die Häupter der Partei, Hebert, der schamlose Herausgeber des «Père Duchesne», einer Zeitschrift, die nach Blut roch, Chaumette, der eigentliche Urheber des „Kultus der Vernunft", Cloots, Lhullier, Mormoro u. A. zeichneten sich durch ihre unersättliche Mordlust, ihre gotteslästerlichen Reden und Zoten und ihre Sittenlosigkeit aus. Ihr Grundsatz lautete mit den Worten Chaumettes: „Jedermann hat einen Bauch, darum muß die naturgemäße Gesellschaft gegründet sein auf das Prinzip der animalischen Bedürfnisse und Instinkte." Demgemäß richteten sie, unter dem Schein sanskulottischen Verzichtes auf Schmuck und feinen Lebensgenuß, Mahlzeiten zu 300 Mark für die Person ein, und während sie die Gärten nur mit Kartoffeln angepflanzt wissen wollten, ließen sie insgeheim aus der Umgegend von Paris das Beste an Speise und Trank herbeischaffen, um zu prassen.

Die Dantonisten oder die „Nachsichtigen", so genannt nach ihrem Anführer Danton, betrieben nicht das Blutvergießen zur Förderung der Revolution, sondern empfahlen vielmehr Milde und Gnade. Nur thaten sie es nicht aus Menschlichkeit, sondern aus Schuldgefühl. Danton und sein Genosse Lacroix hatten in Belgien geraubt: drei Frachtwagen mit gestohlenen Sachen beladen waren für sie in Paris angekommen; es wurde ihnen nachgesagt, sie hätten dort eine Fabrik falscher Assignaten errichtet; Fabre d'Eglantine häufte einen Unterschleif auf den andern, und Camille Desmoulins, ein wilder Wüstling, führte ein wahres Schlaraffenleben. Wenn sie Milde empfahlen, so geschah es, weil sie für sich selbst Nachsicht und Straflosigkeit beanspruchten.

Die dritte Partei rief: „Tugend und Schrecken!" Zu ihren vornehmsten Vertretern gehörten die beiden Robespierre der ältere und der jüngere, St. Just, Barère, Couthon, Carnot, Billaud-

Varennes, Collot-d'Herbois u. A. Sie suchten die Herrschaft der Tugend und des Schreckens zur Geltung zu bringen, und zwar weniger durch offenen Kampf mit den beiden gegnerischen Parteien, den Hebertisten und den Dantonisten, als auf den Schleichwegen der Verleumdung und der geheimen Tücke. Der Gottesleugnung und dem Materialismus der Ersteren stellten Robespierre und Genossen das „höchste Wesen", den schuldigen Dantonisten ihre unerbittliche „Tugend", allen aber den „Schrecken" entgegen.

Es würde uns zu weit führen, wollten wir den Verlauf des erbitterten Kampfes schildern, wie derselbe in den Monaten März und April des Jahres 1794 zwischen diesen drei Parteien geführt wurde, und in welchem nach einander die Hebertisten und die Dantonisten ein blutiges Ende nahmen. Nur das sei zur Kennzeichnung dieser Revolutionshelden erwähnt, daß sie starben, wie sie gelebt hatten. Dem nichtswürdigen Hebert fehlte die Fassung; woher hätte er sie auch nehmen sollen? Auf dem Weg zur Guillotine mußte er von dem johlenden Pöbel die unfläthigen Worte hören, welche er im «Père Duchesne» so reichlich gespendet. Cloots predigte noch im Gefängniß den Materialismus und seinen Unglauben: ihm bangte nur vor dem einen, es möchte der eine oder der andere seiner Schicksalsgenossen durch die Todesangst dazu kommen, an Gott und an Christum zu glauben. Danton äußerte mehrmals im Gefängniß seine Zufriedenheit darüber, das Leben in vollen Zügen genossen zu haben.[1] Dem elenden Chaumette ward auf dem Gang zur Richtstätte eine frühere Gotteslästerung vorgehalten: „Wenn du vorhanden bist, hatte er einst in frevelhaftem Uebermuth gen Himmel gerufen, warum schleuderst du nicht auf mein Haupt deine Donnerkeile, mich zu zerschmettern!" Jetzt rief eine Stimme aus dem Haufen: „Heute sendet das höchste Wesen dir seine Donnerkeile."

So fiel denn der dritten Partei, dem Wohlfahrtsausschuß der Sieg zu; Robespierre hielt fortan die Macht in Händen. Mit der ihm eigenen Kaltblütigkeit suchte er seine

---

[1] «Qu'importe, si je meurs; j'ai bien joui dans la révolution, j'ai bien dépensé, bien ribotté, bien caressé des filles, allons dormir.» Riouffe, Mémoire sur les prisons, I, 67. Siehe auch: Heeren, Europäische Staaten, II. Theil. Hamburg 1842, S. 293.

Grundsätze „Tugend und Schrecken" zur Geltung zu bringen. Unerbittlich räumte er unter seinen Gegnern auf; was nicht der von ihm verkündeten Tugend und Rechtschaffenheit entsprach, sollte aus dem Wege geschafft werden, und als untrügliches Mittel, zu diesem Ziele zu gelangen, galt ihm die Vertilgung des Menschenlebens. Daher eine Verdoppelung des Terrorismus durch ganz Frankreich. Zu Paris allein betrug die Zahl der Gefangenen über eilftausend; täglich fielen 40—60 Köpfe, und der Boden, auf welchem die Guillotine stand, erwies sich endlich vom Blute so durchweicht, daß man dieselbe auf einem andern Platz aufschlagen mußte. Das Unerhörte, Schreckliche dabei aber liegt darin, daß der Bluthund Robespierre solches alles befahl und geschehen ließ im Namen der Tugend und des höchsten Wesens.

In der That auch, während der „Diktator" früher immer das Wort „die Natur" im Munde geführt, erklärte er einmal im Jakobinerklub: „Wenn Gott nicht existirte, müßte man ihn erfinden; man dürfe den heiligen Instinkt und das allgemeine Gefühl der Völker nicht verletzen." Und wie er merkte, daß man ihm diesen Ausspruch zu gut schrieb, so bediente er sich fortan mit Vorliebe des Ausdrucks „das höchste Wesen", um je länger je mehr sich als unentbehrlicher Retter der damaligen Gesellschaft und der Revolution aufzuspielen. Bald galt er bei der Menge für so tugendhaft, als sein Wort lautete, und die, welche er seinem Ehrgeiz und seiner Herrschaft opferte, achtete man für Schuldige, an denen er für die Revolution Rache nahm. Seinem System den Schlußstein einzufügen, trat er am 18. Floreal II (7. Mai 1794) im Nationalkonvent auf und sprach „über die Beziehungen der religiösen und sittlichen Ideen zu den republikanischen Grundsätzen und über die Nationalfeste". Es war als wollte er eine Weihe seiner Herrschaft vom Himmel her zu erlangen suchen. Dem Aberglauben und dem Gotte der Priester brach er den Stab, aber der Sache der Gottheit, dem höchsten Wesen, redete er das Wort, und der Nationalkonvent, in dem freilich nur Robespierres Ausfälle gegen Aberglauben und Priesterthum beklatscht, die Ideen von einem höchsten Wesen aber mit Stillschweigen angehört wurden, sträubte sich nicht, einen entsprechenden Beschluß zu fassen. Dieser besagte in Artikel I: „Das französische Volk erkennt das Dasein Gottes und die Unsterblichkeit der Seele an."

Des weiteren hieß es, wie der würdige Kultus des höchsten Wesens die Uebung der Pflichten des Menschen sei. Im ersten Range dieser Pflichten steht Verabscheuung der Wortbrüchigkeit und Tyrannei, Bestrafung der Tyrannen und Verräther und Unterstützung der Unglücklichen. Nationalfeste sollen gefeiert werden zur Erinnerung an den 14. Juli 1789, 10. August 1792, 21. Januar und 31. Mai 1793, ferner soll jeder Dekadi ein Festtag und die darauf folgenden Feste den Angelegenheiten der Nation und der Menschheit gewidmet sein, und zwar: der Nation, dem menschlichen Geschlechte, dem französischen Volke, den Wohlthätern der Menschheit, den Märtyrern der Freiheit, der Freiheit und Gleichheit, der Republik, der Vaterlandsliebe, dem Muth, der Jugend, den Ehegatten, dem Greisenalter, dem Ackerbau, der Industrie u. s. w. Am 20. Prairial II (8. Juni 1794) sollte zum ersten Mal das Fest des höchsten Wesens in ganz Frankreich begangen werden. Die Kultusfreiheit habe fortzubestehn, nur sei jede aristokratische Versammlung zu verbieten.

Es ist allerdings schlimm genug, wenn eine politische Versammlung das Dasein Gottes erst beschließen muß, und wenn der Beschluß dem Ehrgeiz und der Herrschsucht seine Entstehung verdankt. Allein in des Volkes weiten Kreisen begrüßte man denselben mit hoffnungsvoller Freude. Wirkte er doch wie das erste Frühroth in schwer dunkler Nacht, und wagte man es wieder den Namen Gottes auszusprechen. Der Nachtwächter in einem oberelsässischen Städtchen sang nun wieder aufs Neue: „lobet Gott, den Herrn", und nicht mehr: „lobet Gott, den Bürger". Auch an derbem oder witzigem Spott mangelte es nicht. Als bei Gelegenheit der ersten Feier zu Ehren des höchsten Wesens Robespierre wie dessen Hochpriester sich gebärdete, machte Einer die hämische Bemerkung: „Seht den Schuft dort; nicht genug, daß er der Herr sei, er muß auch noch ein Gott sein." [1] Pfeffel aber, der Colmarer Dichter, schuf den Reim:

> „Darfst, lieber Gott, nun wieder sein;
> So will's der Schach der Franken.
> Laß flugs durch ein paar Engelein
> Dich schön bei ihm bedanken."

---

[1] Voyez ce b.... là; ce n'est pas assez d'être le maître, il faut encore qu'il soit un dieu »

Wir berichteten bereits, daß, dem Beschluß des Nationalkonvents gemäß, das Fest des höchsten Wesens zum ersten Mal auf den 20. Prairial II (8. Juni 1794) in allen Gemeinden Frankreichs gefeiert werden sollte. Auch im Elsaß gab man allenthalben der Verfügung die verlangte Folge, und unter dem Bann des Schreckens wetteiferten die Gemeindevertretungen mit einander, um der Festlichkeit den größtmöglichen Glanz zu verleihen. Straßburg namentlich zeichnete sich aus: an allen Häusern wehte die mit der rothen Mütze gezierte Nationalfahne; die Straßen waren mit Kränzen, Laubwerk und grünen Reisern geschmückt, so daß die Stadt das Aussehen einer reizenden Landschaft hatte. Ein heiterer Himmel begünstigte das Fest.

Im Innern des Gemeindehauses und auf dem Vorplatz versammelten sich die Behörden, die Klubisten, und sonstige geladene Bürger und Bürgerinnen. Ein Musikkorps eröffnete den Zug, diesem folgte ein Bataillon junger Nationalgarden, und Artilleristen mit zwei Geschützen. Darauf weißgekleidete Mädchen, die Blumen streuten; dann Schäfer und Schäferinnen mit Ackersleuten; sie begleiteten einen mit zwei Stieren bespannten, mit Garben und Früchten beladenen Wagen. Auf diese folgten junge Frauen als Sinnbilder der vier Jahreszeiten geschmückt, in ihrer Mitte die Göttin des Ueberflusses. Dann ein Triumphwagen mit verstümmelten Vaterlandsvertheidigern; vor demselben Soldaten, hinter ihm Bürger in sinnbildlicher Kleidung, die Völkerverbrüderung darstellend. Endlich erschienen auf geschmackvoll gezierten Wagen mehrere junge und hübsche Mädchen, als Göttinnen der Freiheit, der Gerechtigkeit, der Gleichheit und des öffentlichen Wohles. Den Zug beschlossen die öffentlichen Gewalten und die sonstigen Theilnehmer.

Wieder hatte das Münster die Ehre, die Festgenossen in seinen hehren Räumen zu empfangen. Die bisherige Inschrift über dem Portal „Tempel der Vernunft" lautete jetzt: „Das französische Volk erkennt das Dasein Gottes und die Unsterblichkeit der Seele an." Musik und Gesang wechselten mit Reden und Deklamationen. Die verschiedenen Redner wußten nicht eindringlich genug die Gefahren des Atheismus zu schildern, und den Zuhörern die Verehrung des höchsten Wesens, als die Urquelle aller Tugenden, zu empfehlen, und zwar, ohne zu erröthen, mit derselben heuchlerischen Begeisterung, mit der sie, ein paar Tage zuvor noch, die Göttin der Vernunft hoch gepriesen.

Denn das gehört mit zur Charakteristik jener Tage: gerade diejenigen Klubisten, Propagandisten und „Volkslehrer", welche sich bisher als die berufenen Vertreter und Priester der Vernunftreligion ausgezeichnet, überboten sich in der Verherrlichung des neuen Kultus und seines Urhebers Robespierre.

Ob sich an diesen Feierlichkeiten im Monat Juni 1794 evangelische Geistliche betheiligten, vermögen wir nicht zu sagen. Wenigstens haben wir nirgends auch nur eine Spur entdeckt, welche auf ein Mitwirken derselben schließen ließe. Im Gegentheil, alle Anzeichen sprechen dafür, daß, wenn sie auch innerlich den Beschluß des Nationalkonvents vom 18. Floreal II hoffnungsfreudig begrüßten, sie vorerst eine abwartende Stellung beobachteten. Noch führte ja dasselbe Gelichter das große Wort; noch hatten die willkürlichen Verordnungen der Schreckenszeit volle Geltung, ja, die Regierung beharrte nicht nur im bisherigen Schreckenssystem, sondern verschärfte dasselbe noch. Gerade vom Monat Mai 1794 ab erließen Monet und Genossen neue strenge polizeiliche Maßregeln; wie die Verordnung, daß die Frauen nicht ohne dreifarbige Kokarde auf der Straße sich zeigen dürfen, ohne als verdächtig eingezogen zu werden; auch verbot man wieder die Kennzeichen des Königthums und des Christenthums: Kirchenraub- und Schändung wurden nachhaltiger betrieben denn ein paar Monate früher, und die Ausübung der christlichen Religion zog sich, wie einst in den schlimmsten Zeiten der Unterdrückung und Verfolgung, in die tiefste Verborgenheit zurück. Allenthalben waren die Gefängnisse des Landes überfüllt, „und doch, erklärte der berüchtigte Bierlyn, der damalige Polizeiverwalter der Stadt Straßburg, sei der Zweck nicht ganz erreicht, da noch so manche Gegner der Freiheit nicht eingekerkert wären". Und siehe da, der Sturm brach los, gefährlicher als je, über die elsässische Geistlichkeit, die protestantische und die katholische, selbst die jüdischen Vorsinger nicht schonend.

Am 4. Thermidor II (22. Juli 1794) nämlich erließen die beiden Volksrepräsentanten, Goujon und Henz, „im Namen des fränkischen Volkes", einen Beschluß, laut dessen „alle Priester des Ober- und des Niederrheins und des Departement Mont-

Terrible alsobald in Haft gesetzt und in die Citadelle von Besançon zu führen seien, woselbst sie als verdächtige Leute eingesperrt und behandelt werden sollen".

In Plakatform, wie er damals in allen Gemeinden der drei genannten Departemente zweisprachig angeschlagen worden ist, liegt dieser Beschluß uns vor. Nicht ohne tiefe innere Rührung und Entrüstung vermag man von demselben Kenntniß zu nehmen. Klingt er doch wie das Hallali mordsüchtiger Jäger, wenn sie ihre Meute zusammenrufen, sie auf wehrlos Wild zu hetzen. Auch beschäftigte sich der Divisionsgeneral und Stadtkommandant von Straßburg, Dièche, unverzüglich mit dem Vollzug des Beschlusses, indem er der bewaffneten Macht die nöthigen Befehle ertheilte, um die Priester gefänglich einzuziehen.

Wie dem geschah, wollen wir nachstehend an der Hand urkundlichen Materials erzählen.

Unter der Ueberschrift: „Bilder aus der Schreckenszeit" hat Dr. Rub. Reuß ein Familienmanuskript veröffentlicht, in welchem der damalige Pfarrer von Boofzheim, Johann Karl Gerold, über seine Erlebnisse u. a. folgendes mittheilt:[1] „... Den 8. Thermidor II (26. Juli 1794), Morgens um 1 Uhr, lagen wir, meine Gattin und ich, in einem tiefen und festen Schlaf. Wir hatten in den vorhergehenden Nächten beinahe keine Stunde geschlafen, weil wir jede Nacht 6 Offiziers von durchziehenden Volontaires beherberget und ihnen unsere Betten abgetreten hatten. Um besagte Stunde hörte ich plötzlich ein ungestümes Pochen an die Thüre unseres Schlafgemaches und mitunter die Stimme unseres Dienstmädchens, welches sagte: Macht nur kein solches Gelärm! worauf es zur Antwort bekam: Halt's Maul, Canaille, oder ich stürze dich die Treppe hinunter! Ich hörte zu und vermuthete, was geschehen würde. Im Augenblick pochte man zum zweiten Mal an die Thüre, und auf meine Frage: wer da? hieß es: mach' auf! Meine Gattin sprang auf, ich sprang auf, und schloß die Thüre auf. Sogleich stürzten ein Commissaire und drei gendarmes nationaux in das Schlafgemach, der erste mit den Worten: Citoyen, du bist arretirt!

---

[1] Rub. Reuß, Bilder aus der Schreckenszeit. Erlebnisse eines deportirten elsässischen Geistlichen, von Johann Karl Gerold. Straßburg 1883.

„Auf meine Frage: wo hast du die Ordres dazu? wies er mir einen von Daniel Stamm, dem Nationalagenten am Benfelder Distrikt, unterschriebenen Befehl, vermöge dessen alle Priester, Schullehrer, Siegristen und Rabbiner unverzüglich in Haft sollten genommen werden. Ich machte ihm die Bemerkung, daß wir evangelische Geistliche von der römischen Kirche und in ganz Frankreich nie als Priester angesehen wurden und auch selbst nach den Grundsätzen unserer Kirche uns nie für solche hielten, sondern bloß Prediger des Evangeliums wären. Ueberdies, fuhr ich fort, kennt man mich aller Orten als den wärmsten Patrioten, als den erklärtesten Republikaner, und solche Männer nimmt man nun in Verhaft? Alles das, erwiderte er, dient nun zu nichts, zieh' dich auf der Stelle an, du mußt mit uns fort."

Ein ähnliches Loos traf in der nämlichen Nacht, außer verschiedenen katholischen Geistlichen, Lehrern und jüdischen Vorsingern, auch den Pfarrer von Gerstheim, Georg Friedrich Busch. Derselbe berichtet in einer Art Familienchronik, „mein Familienbuch" überschrieben, wie er Nachts um 11 Uhr von zwei Gendarmen verhaftet und alsobald nach Boofzheim gebracht wurde.[1] Von dort ging die Fahrt gemeinsam mit Pfarrer Gerold, den Pfarrern Donauer von Sundhausen und Beisser von Müttersholz nach Schlettstadt, während der blinde und lahme Pfarrer Kayser von Balbenheim zurückbleiben durfte. Zu Schlettstadt erfuhren die Gefangenen, deren Zahl in jedem Dorf sich vermehrte, eine schlechte Behandlung, indem sie in die Kapuzinerkirche (das jetzige protestantische Gotteshaus) eingesperrt, auf Stroh gelegt, mit Wasser und Brot versehen wurden, aber auf eigene Kosten. In Schlettstadt verblieben sie sechs Tage und erhielten den Besuch ihrer Angehörigen. Dann gings „unter vielen Thränen und Wehklagen der lieben Ihrigen" nach Colmar, und von Colmar über „Sennen" und Sulzbach nach Belfort, woselbst man sich ihrer kaum annahm und sie zwei Nächte auf dem leeren Boden liegen ließ. Von Belfort führte sie der Weg nach Besançon, allwo sie am 20. Thermidor gegen Abend ankamen. „Wir fuhren, erzählt Pfarrer Busch, unter vielen Zuschauern, die uns theils

---

[1] Pfarrer E. Burger, „Evangelisch-protestantischer Kirchenbote für Elsaß-Lothringen". Jahrgang 1884, Nr. 4.

bemitleideten, theils unter allerlei Schand- und Schmachreden spotteten, durch die Hauptstraßen der Stadt; an der Anhöhe zur Citadelle mußten wir absteigen, hinaufgehen, die Equipage (das Gepäck) wurde uns nachgeführt; bei der Kapelle oben in der Citadelle mußten wir uns in eine gerade Linie neben einander stellen, die Gens d'armes, die uns bis dahin begleiteten, überreichten dem Generalkommandant der Stadt, welchem zur Seite der Kommandant der Citadelle stuhnde, der einen und den rechten Fuß im Hannover Krieg verloren und daher einen hölzernen hatte, die Namensliste von uns; diese mußte der Major ablesen, und wir mußten antworten; darauf hielt der General in französischer Sprache eine kurze Anrede, und schilderte uns darinn ohne Unterschied der Religion, als solche, die bis dahin zwölf Millionen Franken belogen, betrogen, bestohlen, kurz als Sceleraten.[1] Darauf wies er uns die geladenen Kanonen und die Wache mit geladenem Gewehr, sagend, wofern wir uns nicht ganz ruhig halten, sollen und werden uns diese treffen."

Pfarrer Gerold's Bericht hierüber lautet viel ausführlicher; allein weil derselbe bereits im Druck veröffentlicht ist, ertheilen wir dem damaligen Pfarrer von Heiligenstein, M. Johann Daniel Siegfried, das Wort. Derselbe schrieb in das Taufbuch der Pfarrei: „Anno 1794 u. 1795 kam das sogenannte Schreckenssystem, wo nicht nur aller öffentliche Gottesdienst bei allen Religionen gänzlich untersagt und scharf verbotten war, sondern auch alle Geistlichen, Doktores, Professores und Pfarrer, ja selbst die meisten Adeligen und die Reichsten eingethürmt, ja auch viele um die geringste oder keine Ursache guillotinirt und enthaupten worden. Die Kirchen blieben über die fünf Viertel Jahre verschlossen, und der Gottesdienst gänzlich untersagt, bis endlich die 3 Haupttyrannen, Robespierre, St. Just und Couthon nebst noch viele ihrer Anhänger arretirt, gefangen genommen und guillotinirt wurden.

„Ich (M. Joh. Daniel Siegfried, Pfarrer) wurde selbst von hier Nachts um 1 Uhr von zwei Gendarmen und einem Commissaire abgeholt und nach Besançon auf die Festung geführt, wo wir bei 500 Geistliche aller Religionen waren; einige wurden

---

[1] Rud. Reuß, Bilder aus der Schreckenszeit u. s. w., S. 41 u. ff.

in die Kammern der Kaserne eingesperrt; ich kam in die daselbst befindliche und zerstörte Kapelle mit 160 andern, wo wir keinen Tisch, keinen Stuhl, kein Bett, kein Stroh noch Heu hatten und des Nachts auf den Platten liegen mußten. Zu essen bekamen wir zwar genug um unser Geld, und für die, welche kein Geld hatten, mußten wir andere bezahlen. Doch dauerte meine Gefangenschaft nicht so gar lange, nur etwa 6—7 Wochen, wo ich und fünf andere protestantische Geistliche los und frei wurden; nach und nach wurden sie endlich alle frei, doch blieben einige bei 5 bis 6 Monate.

„Doch noch Eins muß ich sagen: Wie wir nach Besançon auf die Festung kamen, redete uns der General (Aubugeois) folgendermaßen an: allignez-vous race proscripte! il y a assez longtemps que 25 millions d'hommes ont été votre dupe! au premier mouvement entre vous, j'ai mes canons chargés à mitraille, j'ai fait aiguiser mes bajonettes, j'ai des fers à vous mettre au corps, aux pieds, aux mains, j'ai des cachots à vous y fourrer là dedans et vous y laisser crever!"[1]

Pfarrer Busch schildert sehr ausführlich, wie man den Gefangenen beim Eintritt in die Citadelle alle ihre Effekten, ihm selbst u. a. auch seine französische Bibel in zwei Bänden abnahm. Einmal, als er dieselbe vom Kommandanten zurückforderte, erwiderte dieser mit höhnischem Lächeln: „Oh! dieses schlechte Buch ist verbrannt!"

„Den 15. Fruktidor bekamen wir, auf den Antrag des citoyen Hirschel, ehemaliges Mitglied des Straßburger Distriktes, lange Tische und Bänke, an und worauf wir beim Essen, Schreiben, Lesen, Spielen, sitzen konnten. Unter Anführung Gerold's wurde täglich gesungen, deutsche, französische Nationallieder, und auch die gefangenen Juden mußten singen. Auf Begehren des Kommandanten geschah dies mehrmals; auch verfertigte Gerold den 117. Psalm in Musik. Unter vielem Beten, unter vielem Anhalten der lieben Meinen, nachdem Lutz, Siegfried, Lauth, Krug, Strauß, Donauer, Gerold vorher ihre Freiheit erhalten, und allbereit schon wieder bei den Ihrigen waren, kam den 28. Fruktidor, Morgens nach 8 Uhr, an die verschlossene Kapellthüre der Ruf: „Busch frei!"

---

[1] Mittheilung von Pfarrer Fischer in Heiligenstein.

Mehrere Juden sagten: „Busch, man rufet dir" — ich ging an die Thüre, und da der Major meinen Namen nicht recht, sondern Butsch, aussprach, sagte ich, es gehe mich nicht an, ging also von der Thür weg, dann rief Becker, der Tochtermann, und Theodor, der jüngste Sohn: „Busch, — Papa, frei", ich ging wieder an die Thüre, und weil ich diese beiden nicht erwartete, so erkannte ich sie auch nicht an der Sprache, und da sie merkten, daß ich wieder weggehn wollte, ersuchten sie den Major die Thüre zu öffnen, und er öffnete sie, und siehe, Becker und Theodor drangen auf mich zu, umarmten und küßten mich, auch alle Mitgefangenen freuten sich meiner erlangten Freiheit, halfen mir packen, gaben mir Aufträge, ich zahlte die Mittagskost, nahm unter Küssen und Segnen Abschied — und dieser Tag war ein Tag des Dankens und des Frohlockens...."

Auf Grund des oben erwähnten Beschlusses der beiden Volksrepräsentanten wurden zu der nämlichen Zeit verhaftet die zwei Steinthäler Pfarrer, Johann Friedrich Oberlin von Waldersbach und Jonas Böckel von Rothau. Sie befanden sich gerade bei einem sehr bescheidenen Mahl, wie man dieselben im Steinthal zu halten pflegt, als der Sanskulottenkommissar aus Rosheim, am Fuß des St. Odilienberges, ins Zimmer trat, sie gefangen zu nehmen. Durchs Weilerthal brachte man die Gefangenen nach Schlettstadt, um sie von dort aus mit zahlreichen andern Pfarrern nach Belfort oder Besançon zu schleppen. Noch war kein Beschluß gefaßt, als die Kunde von Robespierres Sturz und gewaltsamem Tod durch das Land eilte und die Verhafteten der Freiheit zurückgab.

Der bereits mehrfach genannte Pfarrer von Reitweiler, Kampmann, schreibt in seinem Tagebuch: „Im Julius (1794) kam der Befehl alle Geistlichen einzusetzen. So wurde Pfarrer Vierling von Bendenheim, sein Bruder, Pfarrer in Lampertheim, Pfarrer Kampmann (mein Vetter) in Berstett und ich nach Straßburg in das Gefängniß bei den Ponts-Couverts geführt. Noch indem wir und andere da saßen, wurde der Befehl gegeben, alle andern Geistlichen auch einzusetzen, und dann nach Besançon zu bringen. Von da hätte man uns wahrscheinlich nach Cayenne deportirt, vielleicht gar niedergemacht. Doch Gott schaffte Hülfe...."

Ueber die Zustände im Weißenburger Distrikt zu dieser Zeit berichtet der damalige Pfarrer von Wingen, Johann Michael Schmidt: „.... sie wurden alle im Distrikt, und ich selbst den 31. Juli dieses Jahres (1794), Morgens um 2 Uhr, von einem Schandarmen nach Lembach geführt und mit Herrn Pfarrer Mall daselbst, Herrn Pfarrer Kocher von Sultzbach und Pfarrer König von Wörth als Gefangene in die Kellerey nach Weißenburg, samt allen lutherischen, katholischen und reformirten Pfarrern, eingesetzet und sollten nach Besanson geführet werden. Aber Robespierre, der Tyrann, verlor den Kopf, und wir wurden nach 10 Tagen frei ..."[1]

Aus der Umgegend von Buchsweiler brachte man folgende Geistliche ins Gefängniß nach Weißenburg: Christian Bartholdi von Uhrweiler; Lohmüller von Gumbrechtshofen, und Roser von Engweiler. Nach zehntägigem Arrest erhielten sie die Freiheit wieder.[2]

Endlich führen wir noch als weitere Opfer der Schreckenszeit die nachstehenden Pfarrer an: Gottfried Nikolaus Elles von Weitersweiler, welcher über ein Jahr zu Mirecourt im Gefängniß schmachtete; Joh. Friedrich von Zabern, Pfarrer zu Waßlenheim; der Pfarrer von Westhofen, Joh. Daniel Mall und dessen Diakonus Joh. Christoph Fürnstein; Schweighäuser, Pfarrer zu Eckbolsheim; der Pfarrer von Wolfisheim, Heyler, und Pfarrer Rudolf Mosseder von Schiltigheim, sämmtlich im bischöflichen Seminar zu Straßburg internirt.[3]

Der oberelsässischen Geistlichkeit erging es besser, dank dem klugen Auftreten eines der Mitglieder der dasigen Departementsbehörde, Johann Ulrich Metzger aus Colmar. Der Ansicht huldigend, daß man im Oberelsaß mit zu großer Milde verfahre, beschloß der Schreckensrichter Schneider einen Zug mit der Guillotine in jene Gegend. Da ging ihm Metzger im Auftrag der Colmarer Distriktsbehörde entgegen, ihn zum Rückzug zu bewegen. Beide Männer hatten einst bei Gründung eines Jakobinerklubs zu Colmar freundschaftlichen Verkehr gepflogen. Als Metzger den

---

[1] Mittheilung von Pfarrer Martzloff in Wingen.
[2] J. Rathgeber, Hanau-Lichtenberg u. f. w., S. 247.
[3] Archiv des Direktoriums.

öffentlichen Ankläger auf der Grenze zwischen Ober- und Unterelsaß antraf, schritt er auf ihn zu mit der Frage: ob er ihn noch kenne? Schneider bejahte dies, und nun setzte Metzger ihm auseinander, wie es im Oberrhein nur gute Patrioten gebe, und die evangelischen Pfarrer keine Priester seien. Schneider gab sich zufrieden und kehrte um. Somit blieben die protestantischen Geistlichen in Freiheit, und der bereits zu Colmar eingethürmte Pfarrer Pabst von Ostheim erhielt durch Metzger seine Entlassung wieder.[1] Wie viel Gutes kann doch ein Mann wirken, der mit einem rechtschaffenen Herzen Einsicht und Muth verbindet.

Am 9. Thermidor II (27. Juli 1794) erfolgte der Sturz Robespierre's. Im Nationalkonvent ließen seine Gegner ihn nicht mehr zum Wort kommen, sondern übertönten seine Sprechversuche mit dem Ruf: „Nieder, nieder mit dem Tyrannen!" und beantragten seine Verhaftung. Ein Selbstmordversuch mißglückte und zerschmetterte ihm nur die Kinnlade. Andern Tags vollzog der Scharfrichter Sanson auch an ihm das Todesurtheil. Sein Bruder, St. Just, Couthon, Henriot, der Schuster Simon, des unglücklichen Dauphins herzloser Peiniger, und Andere, zusammen 22 Personen, gingen ihm im Tode nach. An den darauffolgenden Tagen verblutete sein weiterer Anhang, „Robespierre's Schweif".

Wohl änderte der Tod des „Tyrannen" nach außen hin nichts an dem herrschenden Terrorismus, denn derselbe galt nicht als der Sturz des Schreckenssystems, sondern nur als eine Revolution innerhalb der Bannmeile des Terrorismus. Waren doch die heftigsten Gegner Robespierre's blutbefleckte Wütheriche wie er selber, welche der Fortbauer der bisherigen Regierungsart das Wort sprachen. Nichtsdestoweniger fühlte man, daß man wieder freier athmen könne: es war das Erwachen aus einem langen schweren Fiebertraum, und mit Ungeduld sah man bessern Zeiten entgegen.

Schon gegen Ende August 1794 sandte der Nationalkonvent den Volksrepräsentanten Fousseboire in die beiden Rheindepartemente mit dem Auftrag: die Beschwerden zu vernehmen über die Gewaltthaten, deren sich die Lokalbehörden oder ihre Unter-

---

[1] Foltz, Souvenirs historiques du vieux Colmar. 1889, S. 165.

gebenen in der Schreckenszeit schuldig gemacht haben möchten, die für zweckmäßig erachteten Veränderungen innerhalb der verschiedenen Verwaltungskörper vorzunehmen, und die Freilassung der Verhafteten, gegen die keine bedeutenden Klagen sich vorfänden, zu verordnen. Mit vielem Geschick und anerkennenswerther Milde entledigte sich Foussedoire der ihm gewordenen Aufträge; das Schreckensinstrument, die Guillotine, wurde entfernt und die Schreckensmänner, wie Monet, Dièche und Genossen, veranlaßt, ihr Amt niederzulegen. Sein Nachfolger Bailly setzte noch entschiedener die begonnene Friedensarbeit fort, und allmählich nahm das Schreckenssystem in Straßburg und im übrigen Elsaß ein völliges Ende. Er hatte sich, als er das Elsaß verließ, um die ordnungsliebende Bürgerschaft hoch verdient gemacht; auch blieb sein Name lange Zeit in verehrtem Andenken.

XXIV. Die Wiederherstellung des öffentlichen Gottesdienstes.

Mit der Wiederkehr geordneter Zustände im öffentlichen Leben, in Handel und Wandel, traten auch die religiösen und kirchlichen Angelegenheiten wieder auf den Plan. Allerdings vorerst nur ganz schüchtern und vorsichtig. Die Machthaber zu Paris hielten eben die Religion, das Christenthum und die Kirche, wenn nicht geradezu für gefährlich, so doch für überflüssig und handhabten rücksichtslos die gegen die Geistlichen erlassenen Verordnungen und Beschlüsse. Es vergingen deshalb noch volle Wochen, ehe man da oder dort eine gottesdienstliche Versammlung zu halten wagte, und die Kirchen blieben geschlossen, oder öffneten sich nur am Dekadi zu nationalen und politischen Festlichkeiten. Freilich erkühnten sich einzelne beherzte protestantische Landpfarrer bereits im Spätherbste des Jahres 1794 nach altgewohnter Weise ihres Amtes zu walten, allein es geschah doch nur ausnahmsweise, und auf eigene Faust und Gefahr. So schreibt Pfarrer Kampmann von Reitweiler in seinem schon oft angeführten Tagebuch: „Den 9. Thermidor II. wurde Robespierre guillotinirt; dem ohngeachtet herrschte der durch ihn angefachte Geist noch eine Weile fort, und es durfte noch kein Gottesdienst gehalten werden. Ich wagte es endlich wieder auf den 1. Adventssonntag dieses Jahres, doch mit Beobachtung des Dekadi, und mit Unterlassung der öffentlichen Haltung der Sakramente. An eben diesem Sonntag, der auf den Dekadi fiel, taufte ich mein eigenes Töchterlein, Margaretha Salomea, nach der Kirche zu Haus. Erst einige Monate darauf stellte ich den Sonntagsgottesdienst wieder her."

Unterdessen ging man den Nationalkonvent an, in der bisherigen kirchlichen Gesetzgebung Wandel zu schaffen. Abbé Grégoire war's, der schon am 18. September 1794 die hohe Versammlung für die religiösen Interessen in Anspruch nahm, mit gewohntem Muth und christlicher Ueberzeugung. Allein das Vorurtheil gegen die Priester und die materialistische Gleichgültigkeit gegen die Religion waren noch vorherrschend im Nationalkonvent, und man lehnte seine Forderungen rundweg ab. Am darauffolgenden 8. Dezember rief er die Menschlichkeit seiner Kollegen im Konvent für die verhafteten Priester an; dies Mal beantwortete man seine Rede mit der Androhung schärferer Maßregeln gegen dieselben. Als er am 21. Dezember unbeschränkte Freiheit der Kulte, also vollkommene Duldung auch für das katholische Kirchenthum begehrte, äußerte Legendre, man sei weit genug in der Revolution fortgeschritten, um sich nicht mehr mit Religion zu beschäftigen, die Priester seien immer die festesten Stützen der Throne gewesen, und unter Beifallklatschen wurde Grégoire's Antrag bei Seite gelegt. Endlich ward am 21. Februar 1795, nach einem Vortrage Boissy d'Anglas, eines Protestanten, worin der Eingang auf all das Unheil hinwies, welches die Religion oder der Vorwand derselben über die Menschheit gebracht habe, zwar Ungestörtheit jeglichen Kultes erlaubt, aber auch ausgesprochen, daß keiner von der Republik salarirt werde, und alle äußeren Zeichen des Gottesdienstes untersagt.

Auf Grund dieses Beschlusses fand, auch im Elsaß, die Wiederherstellung der öffentlichen Gottesdienste statt, und wurden die seit 14 Monaten geschlossenen Kirchen nach und nach ihrer eigentlichen Bestimmung wieder übergeben. Nun begann der Wiederaufbau unseres protestantischen Kirchenwesens mit der Pflege und der Heilung all der Wunden, welche die Revolution ihm geschlagen. Diese Arbeit erwies sich als ungemein müh- und dornenvoll.

In der That auch, als der Sturm der Revolution vorüber gerast, glich unsere elsässische protestantische Kirche einem wahren

Trümmerfeld. Alle Verhältnisse hatte das Unwetter in seinen unheilvollen Bereich gezogen und sie alle beschädigt, ja selbst zertrümmert. Gelichtet standen die Reihen der Geistlichkeit da; die Einen hatte ihr himmlischer Herr und König vom irdischen Arbeitsfeld abgerufen, während andere ihm eigenmächtig den Dienst gekündigt, und vor Baal das Knie gebeugt hatten. Die übrig gebliebenen aber bedurften mehr denn je der inneren Stärkung, weil sie Wundenmale aus der heißen Prüfungszeit mit sich trugen, und ihnen vor der schweren Aufgabe mannigfach bangen mochte. Fehlten doch so viele äußerliche Bedingungen ihres Amtes: allenthalben sah man geschändete und geplünderte Gotteshäuser, in denen es oft keine Bänke, keinen Altar oder keine Kanzel mehr gab, keine Kanzel- und Altartücher, keine heiligen Gefäße zum Gebrauch bei Taufe und Abendmahl, keine Glocken; das Kirchengut verschleudert oder in werthlosen Assignaten bestehend, da und dort keine Pfarrwohnung mehr, und nirgends eine feste, angemessene Besoldung. Doch das schlimmste Erbe der Revolution lag darin, daß in den Gemeinden, bei Jung und Alt, die ausgestreute böse Saat des Unglaubens, der religiösen Gleichgültigkeit und der sittlichen Rohheit und Verwilderung gar üppig ins Kraut schoß. Das hatte der Feind gethan; und dagegen half nur eines, die Mahnung Jesu: „Diese Art kann mit nichten ausfahren, denn durch Beten und Fasten."

Zu Straßburg wurde der erste Gottesdienst am 10. März 1795 wiedergefeiert. Blessig war's, der ihn im großen Auditorium der Neuen Kirche hielt. Aus langer und böser Haft entlassen, bot ihm das ehrwürdige Gotteshaus, als er dasselbe zum ersten Mal betrat, ein Bild der Zerstörung dar. Alles war zu Grunde gerichtet: die steinernen Platten des Fußbodens lagen aufgerissen umher, die Erde von den Schweinen aufgewühlt, Emporbühnen, Bänke waren abgebrochen und hinausgeworfen — ein Greuel der Verwüstung! Wer will es nachfühlen, wie es dem Prediger und seinen Zuhörern zu Muthe war, als er die christlichen Versammlungen eröffnete mit dem passenden Texte aus Hosea VI, 1: „Kommet, wir wollen wieder zum Herrn; denn Er hat uns zerrissen, Er wird uns auch heilen; Er hat uns geschlagen, Er wird uns auch verbinden." — „Vergeblich würde ich es versuchen, so begann Blessig seine Rede, euch alle die Regungen der Seele, alle die frohen feierlichen, herzerhebenden Empfindungen ausdrücken zu wollen, die mich in diesem großen Augenblicke ergreifen, durchbringen, bestürmen. Zu Vieles, zu Außerordentliches hebt und bewegt jetzt meine Seele; ich mag nun zurück, um mich, oder voran blicken. Leihe mir, wer da kann, die diesem Allem angemessene Sprache; Thränen finde ich leicht, aber Worte nicht leicht. Oder geht es euch anders, meine Freunde? Seid ihr weniger erschüttert? Wechseln Wehmuth und Wonne minder in eurer Seele? Was bei dieser unserer Wiedervereinigung nun in euch und in mir vorgeht, weiß ich mit Nichts anschaulicher zu vergleichen, als mit jenem unnennbar freudigen Augenblicke, wo nach langer, herber, banger Trennung, nach tausendfach gekosteter Ahnung des Todes, die Eltern, die Kinder, die Gatten, die Freunde, die Geliebten ihres Herzens wieder in ihre vor Freuden zitternde Arme schließen, nach so manchen bittern Thränen, Thränen des Jubels über sie herab weinen, und voll Entzücken ausrufen konnten: Preis sei Gott dem Erbarmer, Gott dem Erhalter! Wir sind denn endlich nun wieder vereinigt; kommt lasset uns anbeten und knieen, und niederfallen, und nun frei den Dank bezahlen, den wir in der Tiefe, in der Nacht, in den Fesseln dem Herrn gelobten!"...

Die protestantische Gemeinde der **Jung-St. Peterkirche** hielt eine Zeit lang ihre Andachten in einem Saal des Gasthauses „zum Pflug" in der Steinstraße ab, und als die Kirche selber im Innern nothdürftig hergestellt war, fand am 13. Januar 1796 der erste öffentliche Gottesdienst in ihr statt. Die Versammlung eröffnete denselben mit dem Lied: Sei Lob und Ehr dem höchsten Gut u. s. w.

Am 5. April 1795, einem Ostersonntag, versammelte man sich zum ersten Mal wieder in der **St. Thomaskirche.** Ein gleiches geschah um dieselbe Zeit in der Kirche **St. Aurelien.**

Die evangelische **Alt-St. Peter-**Gemeinde, deren Gotteshaus damals noch als Magazin diente, fand vom 20. März bis zum 7. November 1795 eine Heimstätte in der reformirten Kirche. Bekanntlich stand dieselbe dem Jakobinerklub zu seinen Zusammenkünften offen. Durch Beschluß des Volksrepräsentanten Bailly wurde sie der reformirten Pfarrgemeinde, deren Eigenthum sie war, wieder zurückgegeben, doch mußte dieselbe dem Klub noch auf eine Zeit, und zwar gegen eine jährliche Geldentschädigung von ein hundert und zwanzig Franken, zur Verfügung bleiben. Glücklicherweise sahen sich die Jakobiner nach einem andern Versammlungsort um, und als am 3. Mai 1795 der reformirte Geistliche, Petersen, den ersten Gottesdienst verrichtete, so hatte der Auszug der Gesellschaft bereits stattgefunden. Als Kanzel diente, bis zum Jahre 1819, die von den Klubisten aufgestellte Rednerbühne.[1]

Im Verlauf des Sommers 1795 wurden auch, nach gehöriger Reparirung, die schwer beschädigten Kirchen von St. Wilhelm und St. Nikolai ihrer ursprünglichen Bestimmung wieder übergeben.[2]

Was zu Straßburg geschah bezüglich der Eröffnung und Einrichtung der öffentlichen Gottesdienste, das wiederholte sich auch im übrigen Elsaß.

Zu Colmar „wurde bei dem Bürger Niklaus Sandherr, nach Maßgabe des obgemeldten Dekrets, durch einen Lehrer hiesiger evangelischer Gemeinde ein Privatgottesdienst gehalten". Die Versammlung war so zahlreich besucht, daß es an Raum gebrach, und man die Nothwendigkeit ins Auge faßte, sich „nach bequemern Gemächern umzusehn". Dieselben fand man in einem Hause genannt „zur alten Kron" (gegenwärtig Bierbrauerei „zum Greifen"), und am 3. Mai 1795 vermiethete der Bürger J. J. Gretscher, auf die Dauer von vier Monaten, an die Bürger El. Meyer, Ph. Remm, J. Rohr und Leonh. Kobler „den großen Saal, für das Bethaus zu dienen für die Bürgern, so sich hierein versammeln wollen, um dem Gesetz gemäß, ihre Andacht zu verrichten". Unterdessen legten sich die Protestanten zu Colmar eine freiwillige Steuer auf, um durch dieselbe die Ausbesserung der Kirche zu bestreiten und die zum Gottesdienst nothwendigen Gegenstände, wie Kanzel und Altartücher, Tauf- und Abendmahlsgefäße, „Spiegel für das Kirchenstübchen" u. s. w., welche abhanden gekommen waren, aufs Neue anzuschaffen. Durch Beschluß des Direktoriums des oberrheinischen Departements vom

---

[1] A. Maeder, Notice historique sur la paroisse réformée de Strasbourg. Strasbourg 1853, S. 44 u. f.

[2] Rod. Reuss, Notes pour servir à l'histoire de l'église française de Strasbourg. Strasbourg 1880, S. 135 u. f.

3. und 10. Juni 1795 erhielten „nach vielem Gemühe, Geläufe und Arbeit" die Evangelischen ihr Gotteshaus zurück, und bald darauf, am 28. Juni, konnte in demselben zum ersten Mal Gottesdienst gehalten werden.[1] „Senior Bußmann verrichtete die Morgenpredigt über Matth. VII, 7 und 8: Bittet, so wird euch gegeben, u. s. w. Gesang: ‚Sey Lob und Ehr.' Man sammelte eine Steuer für die Ausbesserungskosten, 670 Franken und 50 Franken Assignaten. Am 29. Erneuerung des Konsistoriums von der ganzen Gemeinde. Alle 4 Pfarrer traten ihre Aemter wieder an."[2]

In dem Städtchen B a r r begann man, wie zu Colmar, mit Privatgottesdiensten, welche hin und her in den Häusern gehalten wurden. Auf Pfingsten das Jahres 1795 kehrten die Andächtigen in die Kirche zurück.

Der Pfarrer von Kolbsheim, Joh. David Karcher, berichtet: „Im Jahr 1792 wurde ich dem erkrankten Pfarrer Roser beigegeben, und nach dessen Ableben, vom Präsidenten des Konventes, D. Müller, zum Pfarrer bestätigt, allein ich konnte mein Amt erst später, nach dem Sturm antreten. Ich blieb doch in Kolbsheim, verhielt mich stille, und ob ich schon einem Volkslehrer zu Gefallen, Namens Professor Ascher, der seine Zuflucht von Ernolsheim nach Kolbsheim genommen, das Pfarrhaus räumen und eine Zeit lang das Elend bauen mußte, so hielt ich doch aus, und erst 1795, am 3. Sonntag nach Ostern, hielt ich meine erste öffentliche Predigt, als von der damaligen Ortsmunizipalität erwählter, ordentlicher Pfarrer, und habe mein Amt hier, unter göttlicher Gnade und Segen, aber nicht ohne große Schwierigkeiten und vielfacher Hindernisse fortgesetzt."

Pfarrer Schweighäuser von Eckbolsheim schrieb ins dortige Kirchenbuch: „Im März 1795 fingen die Gottesdienste wieder an; noch ungetaufte Kinder wurden getauft, die von der Hebamme getauften in der Kirche vorgestellt."

Die Pfarrgemeinden zu Westhofen und zu Waßlenheim schlossen, nach der Schreckenszeit, mit ihren bisherigen Geistlichen,

---

[1] Mittheilung von Direktor Erichson aus dem Archiv des Konsistoriums zu Colmar.

[2] Billing, Colmar und die Schreckenszeit u. s. w., S. 68 u. f.

Joh. Daniel Mall und Joh. Friedrich von Zabern, „einen Vertrag" und nahmen dieselben ihre Amtsthätigkeit wieder auf.

Ein gleiches geschah zu Wolfisheim.

Im Monat März 1795 eröffnete Pfarrer Vierling von Lampertheim, in der dortigen Kirche, die Reihe der Gottesdienste.

Sehr lehrreich nach mancher Seite hin sind die folgenden Angaben aus dem Kirchenbuch von Reitweiler. „Nach dem Sturz Robespierre's, schreibt der damalige Pfarrer dieser Gemeinde, Fr. Kampmann, regierten die Gesetze der Religionshinderung noch immer fort. Gottesdienst zu halten, Taufe und Abendmahl zu verwalten, hätte sich kein Prediger unterstehen dürfen; man wollte sogar haben sie sollten aus ihren Oertern ziehn, um zu zeigen, daß sie alles Einflusses auf's Volk sich begäben. Jedermann war niedergeschlagen. Endlich erhoben sich die Stimmen des Volks und der Journalisten, auch einiger Mitglieder der Nationalversammlung; die Bedrückungen wurden nach und nach aufgehoben, der Gottesdienst wurde durch ein Dekret vom 3. Ventos III (21. Februar 1795) wieder erlaubt und nur öffentliches Gepränge, Glockengeläute, Prozessionen u. s. w. dabei verboten.

„Sobald ich sah, daß der öffentliche Sinn sich läuterte, so fing ich des Verbots unerachtet in der Stille wieder an Kirche zu halten. Die erste wurde, so zu sagen von ohngefähr, gerade auf den ersten Adventssonntag, der zugleich ein Dekabi war, 1794 gehalten, doch feierte ich noch den Dekabi fort, außer daß ich auf Weihnachten und Gedächtniß des Namens Jesu Gottesdienst hielt, bis endlich sich die Gemeinde darüber beschwerte, daß das Gesinde beide Tage, den Sonntag und den Dekabi halten wollte, auch sich darauf berief, daß überall die Leute, sonderlich die Katholiken, den Sonntag feierten. Ich wagte es also den Gottesdienst wieder auf den Sonntag einzurichten und es traf sich, daß gerade Tags zuvor, den 3. Ventos, das Dekret wegen Aufhebung des Religionsverbots in Paris war gegeben worden.

„Doch kam es in Ansehung des Gottesdienstes nicht sogleich wieder zur vorigen Ordnung. In der kurzen Zeit der Religionsstörung — sie dauerte etwa anderthalb Jahre — hatte nicht nur der Keim der Freigeisterei und Religionsspötterei in vielen Gemüthern Wurzel gefaßt, sondern Viele waren wenigstens in eine große Gleichgültigkeit gegen Kirche und Gottes Wort gerathen und da dies dazukam, daß sie dem Prediger keine Besoldung geben wollten, damit er leben könnte, so kam die Sache lange nicht in den vorigen Stand. Ich und andere Prediger, die an ihren Orten geblieben waren, predigten aber auf Hoffnung, daß es sich schon geben würde, fort und Gott bescheerte von Zeit zu Zeit, wie in der ersten Kirche, den nöthigen Unterhalt.

„In Gimbrett mußte ich der Gemeinde selber Muth machen mich wieder zu holen, da gar keine Zusammenstimmung der Gemüther war, der Sache wieder einen Schwung zu geben. Die Gemeinde warf die Schuld auf die Vorgesetzten und diese sagten, die Gemeinde sei selbst Schuld daran, da, wenn sie die Sache vortrügen, wenige da seien, die sich dazu verstünden, dem Lehrer etwas zu geben. Auf Ostern 1795 wurde endlich der Gottesdienst daselbst wieder ordentlich angefangen und am Sonntag Quasimodo wieder, seit einem Jahr, das erste Abendmahl gehalten." [1]

„Zu Breuschwickersheim wurden im Julius 1795 die öffentlichen Gottesdienste wieder angefangen, von dem damals von der Gemeinde erwählten Religionslehrer Andreas Karcher"; in Boofzheim am Palmsonntag 1795.

Zu Neuweiler „hält Pfarrer Elles zuerst als ‚Volkslehrer' am Dekadi moralische Reden; von 1795 ab wirkt er als ‚Pfarrer', stellt etliche 50 Kinder vor, welche die Nothtaufe erhalten, nimmt den Konfirmandenunterricht wieder auf, und führt eine bessere Ordnung ein." [2]

Pfarrer Schwebel von Bischweiler schrieb an die Spitze des neuen Pfarrregisters: . . . „Die traurige, die Menschheit beschimpfende Schreckenszeit dauerte bis gegen Ende Februar 1795. Gleich nach dem Sturze Robespierre's, dieses Wütherichs, wurde Frankreich wieder mit einem sanftern und wohlthätigern Lichte beglücket, dessen Strahlen sich in der Folge der Zeit in einem immer hellern Glanze verbreiteten." [3] Auch zu Bischweiler wurde im Frühling 1795 der protestantische Gottesdienst wieder hergestellt.

---

[1] Mittheilung von Pfarrer Klein in Reitweiler.
[2] Archiv des Direktoriums.
[3] Mittheilung von Pfarrer Höpffner in Bischweiler.

An diesen Beispielen lassen wir uns genügen. Wir haben dieselben absichtlich aus den verschiedenen Gegenden des Elsaß angeführt, um den Beweis zu erbringen, daß in der ersten Hälfte des Jahres 1795 eine bessere Ordnung in kirchlicher Beziehung eintrat, und daß das Christenthum wieder anfing eine Macht zu werden. Doch wäre das Bild nicht vollständig, wenn wir nicht auch aus dem sogenannten „krummen Elsaß", dem Theil des Landes, welcher jenseits der Zaberner Steige liegt, etliche Angaben mittheilten.

Folgende Aufzeichnungen sind den Kirchenbüchern der Pfarrei Weyer entnommen und stammen aus der Feder des Geistlichen des Dorfes, Johann Georg Weyrich. „Den 21. Januarius 1795 starb dahier . . . . und wurde den 24. ej. beerdigt, und die erste Predigt wieder gehalten."

Am 26. März 1795 konfirmirte Pfarrer Weyrich in „seinem Hause" zwei Kinder, „welche vor einem Jahr den Unterricht unserer evangelischen Glaubenslehren mit vorhergehenden 17 Kindern angehört, aber vor der Konfirmation krank geworden waren". Den 29. März wurden diese zwei Kinder zum ersten Mal „in der Kirche" zum heiligen Abendmahl zugelassen.

„Den 17. Julius 1795 sind in der Kirche zu Durstel, nach einer Rede, kopulirt worden . . . ."[1]

Endlich berichtet auch noch der Pfarrer von Neu-Saarwerden, Liebrich, in seinem Tagebuch, wie in den Monaten Februar, März und folgenden nicht nur in seiner Pfarrei, sondern auch zu Keskastel, Diemeringen, Pistorf, Altweiler die kirchlichen Verrichtungen ihren Anfang nahmen.

„2. März 1795. Kamen zum ersten Mal die Konfirmanden zu mir. Rührung, die bis zu Thränen ging, empfand ich, als ich zum ersten Mal die Kinder sah. Ich fiel auf die Knie und betete . . . ."[2]

Daß die evangelischen Geistlichen, als sie solcher Art ihr Amt allenthalben wieder aufnahmen, die von der Revolution in kirchlichen Angelegenheiten erlassenen Gesetze und Verordnungen

---

[1] Mittheilung von Pfarrer Speckel in Weyer.
[2] Manuskript im Privatbesitz von Pfarrer W. Liebrich in Saar-Union.

nicht aus dem Auge lassen durften, versteht sich von selbst. Es handelte sich ganz besonders darum, den Dekadi, als den gesetzlichen Ruhe- und Feiertag, zu beobachten und sich dem unter Robespierre erlassenen Dekrete vom 18. Floreal II (17. Mai 1794) anzubequemen. Dies erforderten theils die Rücksichten auf die Gemeindeglieder, von denen etliche, ohne deswegen irreligiös oder unchristlich gesinnt zu sein, der Republik mit Leib und Seele zugethan waren, theils aber auch der Gehorsam gegen die bestehende Obrigkeit selber. Der Protestantismus hat es sich ja von jeher angelegen sein lassen, all die Pflichten zu erfüllen, welche einem evangelischen Christen seiner Obrigkeit und seinem Vaterlande gegenüber auf das Gewissen gebunden sind. Und wenn auch seine berufenen Vertreter von ganzer Seele dem Bekenntniß beipflichteten, welches inmitten der Schreckenszeit der wackere Pfarrer von Neu-Saarwerden, Liebrich, seinem Tagebuch anvertraute: „Welch' eine Wohlthat ist es unter einer christlichen Obrigkeit zu leben", sie gaben doch, einem Worte Jesu gemäß, „dem Kaiser, was des Kaisers, und Gott, was Gottes ist". Wo man sie darum anging, waren deshalb die protestantischen Pfarrer in jenen verhängnißvollen Tagen dazu bereit, wie der christlichen Religion, so auch der Gesetzlichkeit, dem Gehorsam, der Ruhe und der Ordnung das Wort zu reden. So betheiligten sie sich, in Lied und Wort, an den amtlichen Festlichkeiten zu Ehren des Höchsten Wesens, der Menschheit, des französischen Volkes, der Wohlthäter der Menschheit, der Freundschaft, der Liebe, der Kindheit, der Ehegatten, des Ackerbaues u. s. w., wie dieselben im Dekret vom 18. Floreal II aufgezählt sind.

Diesem Umstand haben z. B. zwei seltene kleine Liederbüchlein ihre Entstehung zu verdanken, welche dazumal, neben den altgewohnten Gesangbüchern, in kirchlichen Gebrauch kamen und in vielen Kirchen des Elsaß benützt wurden, nämlich: die „Dekadischen Lieder für die Franken am Rhein, Straßburg 3. Jahr der Republik" und die „Dekadengesänge der Ingweiler Volksgesellschaft". Die „Dekadischen Lieder" haben einen Straßburger, Namens A. Lamey, zum Verfasser, der dazumal mit größter Bereitwilligkeit seine Muse in den Dienst der Revolution stellte, denn man begegnet seinem Namen und seinen poetischen Ergüssen oft und viel in den politischen wie in den schöngeistigen Blättern jener Jahre. Diese Gesänge, drei und vierzig an der Zahl, behandeln fast ausschließlich die damals nicht nur beliebten, sondern auch gesetzlich vorgeschriebenen Themata: „Am Feste des Ewigen, Unsterblichkeit der Seele, Revolutionslied u. s. w." Es liegen ihnen theils kirchliche Melodien wie: Wer nur den lieben Gott läßt walten, Sollt ich meinem Gott nicht singen, Ein' feste Burg ist unser Gott, u. a. zu Grunde, theils Sangesweisen jener Zeit. Mehr als sonderbar muthet es einen an, wenn ein Lied von „der Tugend" gesungen werden soll nach der Weise: „Wechs'le deinen Binsenkranz", ein „Revolutionslied" nach der Weise: „Am Rhein, am Rhein, da wachsen unsere Reben". Oder man denke sich das „Fest des Ackerbaues", an dem die Versammlung nach der Weise: „Allons enfants de la patrie", folgendes Lied anstimmt:

  Hört ihr die satten Kühe brüllen?
  Setzt auf ihr Horn den bunten Kranz.
  Mädchen kommt, die Eimer zu füllen;
  Dann beginnt den festlichen Tanz.
  Hört, Männer, eure Rosse stampfen,
  Ziert mit rothen Bändern sie aus,
  Und führt sie festlich aus dem Haus,
  Daß sie vor dem schweren Pfluge dampfen.
  Zum Pfluge, freies Volk! Gott stärke deine Hand:
  Der Pflug, so wie das Schwert, erhält das Vaterland.

Eines Lächelns kann man sich wahrhaftig beim Klang dieser Worte nicht erwehren. Und doch, wir zweifeln nicht daran, daß die Menschen jener Tage mit Lust und Begeisterung gesungen, und zwar so gesungen haben.

Ungemein werthvoller ist die zweite Sammlung, die „Dekadengesänge der Ingweiler Volksgesellschaft", und zwar nicht nur durch ihren dichterischen Schwung, sondern auch durch ihre religiöse Wärme. Das Büchlein verdankt seine Entstehung dem damaligen Pfarrer von Pfaffenhofen, Schaller, und enthält auf 48 Seiten 12 Lieder. Denselben liegen „bekannte Melodien" zu Grunde, und theilen wir, zur Charakteristik, nachstehend den „Wechselgesang am Feste des höchsten Wesens" mit.

  Das Volk.
  Mit Flammeninbrunst bringen wir
  Anbetung, Preis und Ehre dir,
   Du Felsenhort der Freien!

Dir und dem theuern Vaterland
Schwört jeder nun, mit Herz und Hand,
 Sich ewig treu zu weihen.
O wie freuen sich die Franken heut', und danken
Dir aufs Neue dieses Tages hohe Weihe!

Vergebens höhnt der Spötter Schaar
Dich, der da sein wird, ist und war,
 Gott! Schöpfer und Erhalter!
Du zeigst uns deines Daseins Spur
Im großen Werke der Natur;
 Zeigst uns durch jedes Alter,
O Allwalter! immer neue Vatertreue.
Neuer Segen lächelt uns auch heut' entgegen.

Die Greise.

Nun will ich gern hinüber gehn
Aus Sturm und Weltgefahren.
Laß, Gott! — mein Heil hab' ich gesehn —
Mich nun in Frieden fahren.
Dich seh' ich wieder rein verehrt
Und deiner Huld die Enkel werth.

Die Männer.

In der Schöpfung Jubellieder
Mischt unser Preisgesang sich wieder,
Erhabener! mit neuer Glut.
Frevler wollten uns den Glauben
An dich und deine Fürsicht rauben.
Umsonst! ... O, sicher deiner Hut,
Für dich und Freiheit warm,
Erstarkt der Männer Arm.
Schütz uns, Vater! im Blutgefecht'
 Für unser Recht.
Der Kampf um Freiheit ist gerecht.

Die Mütter.

Heißer glüht der Mütter Liebe
Dir nun, Vater! Schöpfer! Gott!
Reiner jeder ihrer Triebe,
Trotz der Volksverräther Spott.
Laß uns Söhne nur erzieh'n,
Die für dich und Freiheit glüh'n;
Töchter — die den Söhnen gleichen,
Und vom Tugendpfad nie weichen.

Die Jungfrauen.

Gott! du Vater unsrer Jugend,
Unsrer Freuden Quell sei Du!
Leit' uns auf dem Pfad der Tugend
Stets dem wahren Glücke zu.
 Sittsame Triebe,
 Unschuld, Fleiß, Bescheidenheit,
 Güte, Treu und Redlichkeit —
 Dies krön' einst unsre keusche Liebe.

Die Jünglinge.

Stark ist des Jünglings Arm,
Hoch schlägt sein Herz und warm
Im stolzen Kampf der Freien.
Froh schwört er, wird ihm Deine Hand
 Schutz verleihen,
 Sich zu weihen
 Dir und dem Vaterland.

Alle.

Ja! Höchster! alle schwören
Mit Herz und Mund und Hand,
Nun ewigtreu zu ehren
Dich und das Vaterland.
Nur dir und ihm nur leben
Und sterben gerne wir.
Und sterben wir, erheben
Wir, Vater! uns zu dir!

Zur Kennzeichnung damaliger Predigtweise, nach Form und Inhalt, lassen wir endlich noch auf den Wechselgesang nachstehende ungedruckte Predigt folgen, welche der des öftern bereits genannte Pfarrer von Reitweiler, Fr. Kampmann, „am 10. Floreal" zum „Fest der Ehegatten" hielt, „auf Einladung des Commissaire du Directoire exécutif bei der Kantons-Munizipalität des Kantons Truchtersheim, zu Schnersheim, in der Kirche daselbst, in öffentlicher Versammlung der Munizipalität, Gendarmes und Bürger".[1] Beides, Lied und Predigt, illustriren nicht nur, denken wir, die pfarramtliche Thätigkeit jener Zeit, sondern auch die bei der Menge der Zuhörer herrschende Stimmung und Gesinnung.

---

[1] Im Privatbesitz von Direktor Erichson.

"Preiswürdig und erhaben, Mitbürger, ist jedes Werk, das den zum Stifter hat, der aller Wesen Quell und Ursprung ist. Er selbst ist der Inbegriff aller Vollkommenheiten; wie sollte etwas Mangelhaftes von Ihm herkommen? Er vereinigt alle Tugenden in sich, wie sollte er etwas stiften, das zur Untugend führte?

Geschöpf! schmähe also das Werk deines Schöpfers nicht, du schmähest ihn selber.

Laß nur sein Werk, wie er es gemacht hat; verderbe es nicht durch deine Einfälle und Mißbräuche, gehe seiner Spur nach, und bedenke den Zweck, wozu es da ist. Du wirst gewiß beim rechten Gebrauch, mit tiefer Ehrerbietung die Weisheit und die Güte deines Schöpfers bewundern, und dein eifrigster Wunsch wird sein, daß sein Zweck an dir erreicht werde.

Was demnach den Schöpfer selbst zum Stifter hat, kann nicht nur in sich selbst nichts Unreines, nichts Beflecktes sein, sondern es muß vielmehr, nach seinem Zweck angewandt, zur Tugend führen.

Unsere Gesetzgeber haben diesen Grundsatz anerkannt in Ansehung des verehlichten Standes der Bürger. Und obgleich die mißverstandenen Gesetze, die Ehescheidung betreffend, die Ausübung desselben eine Zeitlang gestört haben — daher auch die Gesetzgeber für gut gefunden haben, die Vollziehung derselben zu unterbrechen —, so beweisen doch die Gesetze, die dem Ehelosen mehr Abgaben auflegen, die Gesetze, die die Gelübde der Ehelosigkeit aufheben, die verbieten ein Testament oder Vermächtniß auf dergleichen Versprechen, oder ein anderes, das die freie Verlobung hindert, zu bauen, deutlich, daß unsere Gesetze den Ehestand ehren. Und woraus ist dies klarer zu ersehen als aus dem Zweck des heutigen Festes, das zu Ehren des Ehestands angeordnet ist.

Es ist die Frage: thun unsere Gesetzgeber wohl daran, daß sie den Ehestand dem ehelosen Leben vorziehen?

Dieses zu beantworten, wollen wir eine andere Frage aufwerfen: Ist das eheliche Leben der Erreichung einer hohen Tugend hinderlich oder förderlich?

Was ist Tugend? Jede Gesinnung, jede Handlung, die den Menschen vollkommen macht und ihn zur Selbstverleugnung und sanften Menschenliebe stimmt.

Wenn unsere Vaterlandsvertheidiger aus Liebe zu ihrem Vaterland, d. h. zu ihren Eltern, Brüdern, Gattinnen, Freunden, Mitbürgern, sich tausenderlei Verleugnung gefallen lassen, Kälte und Hitze, Hunger und Blöße und Entbehrung aller Nothwendigkeiten ertragen;

Wenn ihnen bei der Erduldung so unzähliger Beschwerlichkeiten, bei der Verstümmelung ihrer Glieder, bei der Aufopferung sogar ihres Lebens, das der süßeste Gedanke ist: aber wir thun es für unsere Freunde und Brüder, wir legen damit den Grundstein zu ihrem Wohl, so wird Niemand leugnen, daß das Tugend, hohe Tugend sei.

Aber nicht allein ist das Tugend, was hervorsticht und Jedermann in die Augen fällt, als liebenswürdig, als des Lobes werth; manche Tugend bleibt allen Augen verborgen, als dem Aug desjenigen nicht, der edle Gesinnung des Herzens und edle Thaten am besten zu schätzen weiß, des Herzenskündigers. Und eines Kenners Auge schätzt das kleine Veilblümchen nicht weniger als die Rose, wenn schon jenes niedrig im Grase steht, und diese an hohem Gesträuch hangt.

Betrachtet einmal, Freunde, jene Gattin, die bei dem Krankenbett ihres Gatten milde Thränen vergießt, sich Ruhe und Bequemlichkeit versagt, um ihres Gatten zu pflegen.

Ist's nicht Selbstverleugnung, ist's nicht Liebe, die sie so mitleidig, so geschäftig macht? Wer wird aber leugnen, daß Selbstverleugnung, daß sanfte Menschenliebe, daß Mitleiden Tugenden seien?

Betrachtet jene Mutter, wie sie, nachdem sie des Tages Last und Arbeit getragen, sich nächtlicher Weile den nöthigen Schlaf bricht, um ihren schreienden Säugling zu stillen. Wer kann ihrer Selbstverleugnung, ihrer Liebe den Namen der liebenswürdigsten, der eifrigsten, der thätigsten Tugend versagen?

Betrachtet jenen Arbeiter, der schon am frühen Morgen seinen Körper durch den kalten Morgenthau hat befeuchten lassen, und seinen unter der Arbeit gekrümmten Rücken nun den brennenden Strahlen der Sonnenhitze aussetzt. Es kostet wohl Mühe, spricht er, aber, es ist für mein Weib und Kinder, wie werde ich, wenn ich des Abends heimkomme, mich freuen sie zu sehen, mich freuen, daß ich, um sie zu versorgen, meine Pflicht gethan habe.

Ueberall sehen wir, Freunde und Mitbürger, nichts als Selbstverleugnung, nichts als Aufopferung seiner selbst zum Wohl der Mitmenschen, zum Wohl des Vaterlandes — lauter Charakterzüge wahrer Tugend.

Willst du, Freund, das Bild wahrer Tugend, Verleugnung seiner selbst zum Besten Anderer in einem Abriß sehen, gehe in die Hütte wohlgesinnter, ihre Würde kennender Ehegatten — bemerke, wie alles auf einen Zweck arbeitet, wie jedes sich freut, wenn es dem Andern wohlgeht, wie jedem alles Vergnügen zur Marter wird, wenn das Andere leidet, betrachte die Liebe des Mannes für seine Gattin, die Sorgfalt der Gattin für ihren Mann, betrachte wie das Herz der Eltern auflebt, wenn sie ihre zarten Sprößlinge um sich herum sehen, wie sich die Handlungen der Kinder nach den Blicken ihres Vaters, ihrer Mutter richten — und du hast einen täglichen, einen herrlichen Spiegel, wie sich in der großen Familie des Staates alles vereinigen soll, um das allgemeine Wohl zu befördern; wie jedes nur in der Beförderung des gemeinen Wohles die Gründung seiner besondern Wohlfahrt suchen und finden soll — und wirklich findet.

Was hindert's, Bürger, daß Viele in diesem Stand lebende Personen ihn verunehren, daß sie, ehe sie denselben erwählen, ihn als ein Mittel zur Stillung ihrer sinnlichen Lüste ansehen, und wenn sie darin stehen, bald satt sind und nach verbotener Speise gelüsten?

Ist deswegen der Saft des Weinstocks, der in seinem rechten Gebrauch des Menschen Herz stärkt, seine Verstandeskräfte erhöhet, seinen Körper zur Arbeit dauerhaft macht, zu verwerfen, weil ihn der Trunkenbold, der Schlemmer mißbraucht und, wenn er sich damit überladen hat, sich auf der Straße wälzt?

Ein giftiger Mehlthau kann die schönste Blüthe der Bäume und die schönste Saat des Feldes verderben. Soll man aber deswegen die Bäume abhauen und die Früchte des Feldes ausreißen, um nicht vom Mehlthau befallen zu werden? Ein vom Mehlthau befallener Obstbaum trägt doch vielleicht noch einige Früchte, womit ein Krankes gelabt wird, oder giebt künftiges Jahr einen reichlichern Ertrag, und das mit Schlossen befallene Feld giebt doch vielleicht noch die Aussaat, zur Hoffnung einer künftigen, reichlichern Ernte zurück. Aber ein ungebautes, unbesäetes Feld trägt statt der genießbaren Früchte nichts als saure Schlehen, Dornen und Disteln.

Freuet euch also, Ehegatten, eures Standes. Selbst die widrigen Zufälle müssen sein Verdienst erhöhen. Es ist wahr, der Ehestand hat manche Freude, manche Hilfe, manchen Trost, den der Ehelose entbehren muß, aber wo kommen auch größere Leiden vor, als im ehelichen Leben. Jedes Leid ist vervielfältigt. Der Ehelose leidet, aber wenn das Leid vorbei ist, darf er oft lange ruhige Augenblicke genießen. Der Verehlichte empfindet nebst seinem eigenen Leid die Leiden seines Gatten, seines Kindes, seines Enkels. Muß nicht sein Herz immer mehr dadurch in der Selbstverleugnung, in dem Mitleiden, in der Barmherzigkeit geübt werden? Muß nicht, wenn es mir vergönnt ist einen Blick auf die Religion zu werfen, das Herz des Ehegatten, des Vaters, der Mutter, der Kinder, desto mehr zur Anrufung des Höchsten Wesens gereizet, muß nicht der Abscheu vor, der Untugend, der Uebertretung seines höchsten Willens, die Freude an der Tugend, an der Beobachtung seiner, dem Menschen ins Herz geschriebenen Gebote, desto mehr erwachsen? Wer sucht nach Hilfe, als wer leidet? wer dient dem erhabenen Schöpfer treuer als wer seinen Ernst in Bestrafung des Unrechts, und seine Liebe und Güte in Bezeigung seiner Wohlthaten täglich zu erkennen die beste Gelegenheit hat? Wer meint es endlich auch treuer mit dem Vaterlande, als wer da weiß: was ich dem Vaterland erzeige, wenn ich auch darüber das Leben einbüßen sollte, das genieße ich in meinen Nachkommen wieder?

Freut euch also, Ehegatten, eures Standes. Er ist eine Quelle der Ehrerbietung gegen das höchste Wesen, eine Quelle der Selbstverleugnung, der Vaterlandsliebe, der Menschenliebe, kurz aller Tugend, der höchsten Tugenden, deren ein Mensch fähig ist.

Segnet die Gesetze unseres Landes, die den Ehestand ehren und belohnen.

Seid also treue Ehegatten, sorgfältige Väter und Mütter, gehorsame Kinder. Die Tugend ist sich selbst Lohns genug und hat die glücklichsten Folgen für alle Zeiten zu erwarten. Danket dem hohen und erhabenen Schöpfer, der den Ehestand zur Schule aller Tugenden, der menschlichen Gesellschaft gegeben hat, und preiset die Republik, die diese gesegnete Stiftung des Schöpfers ehret. Es lebe die Republik!

Vierter Abschnitt.

Unter dem Vollziehungsdirektorium und dem Konsulat, bis zur Organisation der Kirche.

(28. Oktober 1795 bis 8. April 1802.)

XXV. Die neue Verfassung. — Günstige Aussichten. — Der Theophilanthropismus. — Der Sturm bricht aufs Neue los. — Schwierige Lage der Geistlichkeit. — Unberufene drängen sich ins Pfarramt ein. — Besserungsversuche. — Organisation der Kirche.

Als Pfarrer Kampmann obige Predigt in der katholischen Kirche von Schnersheim hielt, war die neue Verfassung, genannt vom Jahr III, bereits in Thätigkeit getreten. Diesmal lag die gesetzgebende Gewalt in den Händen von zwei Kammern: dem „Rath der Fünfhundert", dessen Mitglieder nicht unter dreißig Jahr alt sein durften, und dem „Rath der Alten", aus zwei hundert und fünfzig nicht unter vierzig Jahre alten Abgeordneten bestehend. In diese zwei Kammern stellten die beiden rheinischen Departemente 18 Vertreter und zwar: der Niederrhein 11 und der Oberrhein 7. Die vollziehende Gewalt war fünf verantwortlichen „Direktoren" übertragen, welche der Rath der Alten wählte, auf Grund einer Vorschlagsliste des Rathes der Fünfhundert. Am 28. Oktober 1795 fand die erste Wahl derselben statt; das Loos fiel auf Barras, Reubel, von Colmar; Lareiveillère-Lepcaur, Letourneur und Carnot. Diese fünf Männer, lauter Mitglieder des blutigen Nationalkonventes, bildeten das erste „Vollziehungsdirektorium".

Eine ungemein schwierige Aufgabe erwartete die neue Regierung, als dieselbe ihr Amt antrat. Nicht nur waren unter der

Schreckensherrschaft des Nationalkonvents sämmtliche Verwaltungszweige theilweise in heillose Unordnung gerathen, sondern es handelte sich auch darum, zweien Richtungen die Stange zu halten, wenn das Land aus dem Vollzug der neuen Verfassung Nutzen ziehen sollte. Einerseits standen die Radikalen oder Jakobiner, welche mit verbissenem Ingrimm die bisher innegehabte Gewalt niederlegen mußten, andererseits erhob die royalistische, noch im Ausland fußende Partei, die an den Emigranten wie an den eidweigernden Priestern treue Bundesgenossen hatte, immer begehrlicher und drohender ihr Haupt. Ihr Widerstand lähmte zuweilen die besten Absichten der Regierung, oder ging zu für Frankreich gefährlichen und verderblichen Angriffen über.

Zunächst wandelte die Direktorialregierung auf der nach dem Sturze Robespierres und seiner Genossen eröffneten Bahn weiter, um der Bevölkerung Ruhe und Frieden zu bringen, und verwaltete ihr verantwortungsreiches Amt mit einem Geiste der Mäßigung und der Gerechtigkeit, dank welchem die evangelische Kirche ihre sammelnde, heilende, aufbauende Thätigkeit ungestört fortsetzen konnte. In Folge dessen legten diejenigen evangelischen Gemeinden, deren Pfarrhäuser, Kirchen und Pfarrgut gesetzwidrig während der Schreckenszeit mit Beschlag belegt, verpachtet oder gar als Nationalgut verkauft worden war, Verwahrung ein und forderten ihr Eigenthum zurück. Diesem Verlangen wurde, wenn es auch da und dort bei irgend einer Distriktsverwaltung auf bösen Willen stieß, doch im allgemeinen willfahren, und die Gemeinden von Ostheim, Beblenheim, Munzenheim, Mittelweier, Fortschweier, Andolsheim und Jebsheim z. B., welche bei der Departementsbehörde zu Colmar ob ihrer Pfarrhäuser und ihres Kirchengutes vorstellig geworden, sahen ihre Bemühungen mit Erfolg gekrönt.[1] Auch die Gemeinde Gertweiler, bei Barr, mußte ihren Besitz durch energisches Eingreifen zu wahren gegenüber dem Benfelder Distriktsdirektorium, das zu Schlettstadt seine Sitzungen hielt und, den Protestanten übelgesinnt, die Verpachtung der Kirchengüter und die Umwandlung der evangelischen Pfarrhäuser in Schulen oder Lehrerswohnungen anordnete. Dagegen petitionirte Pfarrer Joh. Georg Lutz von Gertweiler bis

---

[1] Recueil sur les protestants.

aus Direktorium des niederrheinischen Departements und fand bei demselben für sich und seine Pflegbefohlenen Gerechtigkeit und Hülfe.¹ Die Gemeinde Boofzheim hatte weniger Glück. Kirche, Pfarrhaus und Pfarrgut dortselbst waren Eigenthum des Herrn von Rathsamhausen und wurden deshalb am 17. Frimaire III als Emigrantengut verkauft. Das Pfarrhaus und der dazu gehörige Garten gingen in die Hände eines gewissen Johann Fuchs über, und die Pfarrwohnung ward zum Wirthshaus. Erst am 3. März 1805 gelang es den Bemühungen des Pfarrers Andreas Brenner, das Haus durch Kauf seiner einstigen Bestimmung zurückzugeben, wozu allerdings zwei Drittheile des Kirchengutes veräußert werden mußten. Dagegen erhielt die Gemeinde, nach wiederholtem Drängen, bereits im Jahr 1796 das durch die Benfeld-Schlettstadter Distriktsbehörde beschlagnahmte Gotteshaus zurück. Diese mißlichen Zustände veranlaßten nach einander die von der Gemeinde erwählten Pfarrer, Christian Stoltz und Philipp Johann Heisch, nach kurzem Aufenthalt ihre Stelle aufzugeben, um anderswo ein ruhiges Unterkommen sich zu suchen.²

Am schlimmsten erging es vielleicht — um es an dieser Stelle zu erwähnen — der Gemeinde Roppenheim. „In der Revolution wurde alles verschlungen, was nur kirchlich war: Haus, Hof, Güter, so daß die Pfarrer Laugguth, Horning, Theurer, Rauscher und Lix aus einer Bauernbehausung in die andere sich schleppen mußten. Die Pfarrwohnung kam durch Auktion als Nationalgut in fremde Hände, und erst zu Anfang dieses Jahrhunderts gelang es einem ehrsamen Bürger, namens Balthasar Keeser, dasselbe für die Kirche zurückzukaufen. Das aus vier und vierzig Aeckern bestehende Pfarrgut ging beinahe gänzlich verloren, ebenso auch das sehr beträchtliche Fabrikgut, dessen Ueberbleibsel der Agent und Maire Bareth in die katholische Kirche von Röschwoog schmuggelte."³

Dahingegen kam die lutherische Gemeinde von Altweiler

---

[1] Mittheilung von Pfarrer E. Meyer in Gertweiler.
[2] Mittheilung von Pfarrvikar Teichmann in Boofzheim. Siehe auch Archiv des Direktoriums.
[3] Papiere Röhrich auf der Stadtbibliothek zu Straßburg — Archiv des Direktoriums.

im Unterelsaß wieder in den vollen Besitz der beschlagnahmten und versteigerten Pfarrgüter; und Pfarrer Schäffer von Pistorf meldet uns: „Unsere Schaffnei- und Pfarrgüter sind noch dieselben, wie sie in unsern alten Schaffneirechnungen aus dem 16. und 17. Jahrhundert verzeichnet sind."

Während so die evangelische Kirche, der Zeiten Gunst auskaufend, sich sammelte, that sich zu Paris eine Sekte auf, welche, ohne den bestehenden Glaubensbekenntnissen nahe treten zu wollen, doch mit der Hoffnung sich trug, dieselben zweckmäßig und vortheilhaft ersetzen zu können. Man nannte diese neue religiöse Erscheinung, das Schoßkind des krüppelhaften Direktoren Lareveillère-Lepaux, den Theophilanthropismus. Förderte nämlich sein Kollege Barras, ein ausschweifender Lebemann, die Liederlichkeit und die Schamlosigkeit, so wollte er ihm durch die Pflege des religiösen Sinnes im Volke entgegenarbeiten. Zu diesem Zweck ersann er eine obigen Namen tragende Lehre, die mehr moralischer als religiöser Natur war und vorzüglich auf Pflichten ging. So stand an den Wänden des Versammlungssaales zu Paris mit großen Buchstaben geschrieben: „Wir glauben an das Dasein Gottes und an die Unsterblichkeit der Seele; betet Gott an, liebt eures Gleichen, macht euch dem Vaterlande nützlich; das Gute ist Alles, was dazu dient den Menschen zu erhalten und zu vervollkommnen, das Böse ist, was darauf ausgeht, ihn zu verderben oder zu verschlechtern; Kinder, ehrt eure Väter und Mütter; gehorcht mit Anhänglichkeit, unterstützt ihr Alter; Väter und Mütter, unterrichtet eure Kinder. Frauen, sehet in euren Ehegatten die Häupter eurer Häuser und macht euch gegenseitig glücklich." Auf einem Altar befand sich ein Korb mit Blumen oder Früchten. Der „Bürger" Redner entwickelte die Vortheile eines regelmäßigen Lebens, des tugendhaften und wohlthätigen Handelns. Nach der Rede sang man Hymnen. Eine Zeitlang hatte der Theophilanthropismus den Reiz der Neuheit für sich und ward zur Mode. Bald konnte der Versammlungssaal die Menge nicht mehr fassen und Lareveillère erlangte, daß man ihm und seinen Adepten etliche Pariser Kirchen einräumte. Doch die erste Begeisterung erlosch allmählich, und das Land selber bekümmerte sich wenig um die neue „Kirche". Dem Direktor schnitt das ins Herz, und als er eines Tages darüber klagte und mit Talleyrand sich über die

Mittel besprach seine Glaubenslehre auszubreiten, erwiderte dieser: „Ich weiß Ihnen nur ein Mittel vorzuschlagen: Jesus Christus ist, um seine Religion zu gründen, gekreuzigt worden und auferstanden; Sie müssen versuchen, Aehnliches zu thun."

Mochte auch die elsässische evangelische Kirche von den Einfällen Lareveillère's Kenntniß nehmen, so blieben dieselben doch belanglos bezüglich ihrer weitern Geschicke. Dagegen bereiteten sich unter der Hand andere Verhältnisse vor, die zu einem neuen Sturm und Angriff gegen die katholische Kirche zunächst führten, aber auch die protestantische Kirche in ihre unheilvollen Kreise zogen. Immer dreister erhob die Reaktion ihr Haupt. Emigranten und eidweigernde Priester kehrten massenhaft zurück und, die Billigkeit der Regierung für Schwachheit haltend, hetzten sie die öffentliche Meinung zunächst mehr im Verborgenen, später offen und rücksichtslos auf und suchten wie sie die öffentliche Gewalt wieder in ihre Hände bekämen. Der Ausfall der Wahlen vom 20. Germinal V (9. April 1797) brachte die reaktionäre Partei diesem Ziel um einen guten Schritt näher, denn viele der austretenden alten Konventsmitglieder wurden nicht wiedergewählt, sondern durch solche Deputirte ersetzt, deren Verhalten die Opposition in den beiden Kammern beträchtlich verstärkte. Auch die neu gewählten Abgeordneten der beiden rheinischen Departemente schlossen sich der Reaktion an und halfen mit, die bestehende Regierung zu untergraben. Es kam zu heftigen, leidenschaftlichen Verhandlungen in den beiden Kammern, namentlich im Rath der Fünfhundert, und zu einer Reihe rückschrittlicher Verordnungen und Dekrete. Dahin gehören u. a. die volle Wiederherstellung des katholischen Kultus, „der Religion der Väter, des schönsten, staunenswerthesten und prachtvollsten Systems", nebst dem Gebrauch der Glocken, und die Abschaffung der gegen die eidweigernde Geistlichkeit erlassenen Dekrete und des ihr gebotenen bürgerlichen Eides. Zugleich führte dies zu gehässigen und stürmischen Auseinandersetzungen zwischen der gesetzgebenden Versammlung und dem Vollziehungsdirektorium.

Um das Vorwärtsschreiten der reaktionären Partei kalt zu stellen, schritten drei den revolutionären Grundsätzen treu ergebene Direktoren, Barras, Lareveillère-Lepaux und Reubel, aus Colmar, zum Staatsstreich vom 18. Fruktidor V (4. September 1797).

An diesem Tag nämlich ließen sie, von General Augereau unterstützt, drei und fünfzig Abgeordnete, zwei Direktoren, Carnot und Barthelemy, nebst einer Anzahl Journalisten als Verschwörer verhaften und ohne weiteres außerhalb des Landes schaffen. Jetzt begann die fruktidoristische oder revolutionäre Reaktion. Die Wahlen von acht und vierzig Departementen, worunter auch die des Elsaß, wurden für nichtig erklärt, alle in denselben vom Volke erwählten Beamten und Richter ihres Amtes entsetzt und die Neubesetzung derselben dem Direktorium überlassen. Die reaktionären Gesetze nahm man zurück und verschärfte theilweise die früher bestehenden Verordnungen bezüglich der Emigranten, der eidweigernden Priester und des öffentlichen Gottesdienstes. Innerhalb acht und vierzig Stunden hatten die in die Heimath Zurückgekehrten ihre Gemeinde, und in vierzehn Tagen das Gebiet der Republik zu räumen. Die Priester sahen neuen Verfolgungen entgegen; der öffentliche Gottesdienst erlitt wieder Beschränkungen; es wurde streng auf die Feier des Dekadi gehalten, während das Verbot der Sonntagsfeier erging und die einst während der Schreckenszeit üblich gewesenen Aufzüge und Festlichkeiten einen erneuten Aufschwung erhielten. Unstreitig sollten diese verschärften Maßregeln alle zunächst die katholische Kirche treffen, allein, wie das schon so oft geschah, hagelten auch dies Mal wieder die Streiche auf die evangelische Kirche und ihre berufenen Vertreter, die Geistlichen, nieder. Doch die im Sturm der Schreckenszeit erprobten Pfarrer und Gemeinden erwiesen sich jetzt widerstandsfähiger und wehrten sich tapfer gegen den neu erwachten Verfolgungsgeist und die Zerstörungswuth.

So wird von Straßburg folgendes berichtet: „Es sollte nicht mehr der Sonntag, sondern der Dekadi, der zehnte Tag der republikanischen Woche, gefeiert und der sonntägliche Gottesdienst auf diesen Tag verlegt werden. Auf mehrere bringende Einladungen der weltlichen Behörden an die Kirchenvorstände, sich darnach zu richten, wurde von letzteren beschlossen, eine der Wochenbetstunden auf den Dekadi zu verlegen; aber trotz aller Drohungen und wiederholten scharfen Verbote fuhr man fort, Sonntags den Gottesdienst zu begehen, und obgleich dieser weder durch Glocken noch durch Trommeln, wie die Dekadifeier, der Gemeinde verkündigt wurde, so fand sich doch jedes Mal eine zahlreiche Menge ein, während bei dem offiziellen Gottesdienst der Dekadis nur wenige Neugierige und die zwangsweise, durch höhern Befehl, hineingeführten Schulkinder gegenwärtig waren."[1]

Allem Anschein nach nahm man es in den meisten Landgemeinden im Elsaß noch weniger genau mit den religionsfeindlichen Verordnungen des Direktoriums, als die Straßburger Glaubensgenossen. Von nirgendsher wurde uns eine ernstliche Störung der öffentlichen Gottesdienste berichtet. In einigen Gemeinden verlegte man die gottesdienstliche Erbauung auf den Dekadi, in andern hielt man mehr an der alten Sonntagsfeier fest, und versammelte sich am Dekadi nur um die Bekanntmachung der Gesetze zu vernehmen. Die aberwitzigen Zustände der Schreckenszeit ekelten eben die Leute jetzt an, und ob auch da und dort „das Bürgerthum wieder die Kanzel bestieg",[2] der Erfolg blieb aus. Ja, mancher Orts sah man es auf geflissentliche Verachtung der Dekadenfeier ab, wie das aus einer uns vorliegenden „Berathschlagung der Munizipalverwaltung des Kantons Harskirchen vom 21. Frimaire VII" (11. November 1798) zu erkennen ist.[3]

„Nachdem die Munizipalverwaltung des Kantons von Harskirchen in Ueberlegung brachte, daß das Gesetz vom 17. Thermidor VI, die Dekadenfeier betreffend, in dem Umfang dieses Kantons sehr wenig befolgt wird, und sogar von Uebelgesinnten es frecherweise unternommen wird die Feier der Dekaden herabzuwürdigen, indem nicht nur die Arbeiten und Handthierungen öffentlich getrieben werden, sondern sogar bei diesen Arbeiten gegen die Polizeiregeln gehandelt, und die Gassen und öffentliche Brunnen verunreinigt werden dergestalt, daß es scheint die schmutzigsten Arbeiten werden geflissentlich auf die republikanischen Ruhetage versparet; — in Ueberlegung ferner, daß bei der Versammlung der Bürger in dem Vaterlands-Tempel sich jederzeit Viele in der unanständigsten und unsaubersten Kleidung einfinden und dabei weder die gehörige Stille noch den Anstand beobachten, welcher der Bestimmung des Orts zukommt, so wird nach Anhörung des Commissaire des

---

[1] Friedr. Karl Heitz, Die St. Thomaskirche in Straßburg. Straßburg 1841, S. 65 u. f.

[2] E. Bourguignon, Bischwiller depuis cent ans. Bischwiller 1875, S. 202.

[3] Im Privatbesitz von Pfarrer W. Liebrich in Saarunion.

Vollziehungs-Direktoriums in öffentlicher Sitzung beschlossen...." Ob der Unteroffizier und die vier Mann der „säshaften Nationalgarde", welche forthin in jeder Gemeinde des Kantons die Aufsicht führen sollten, damit die Dekadenfeier in guter Ordnung verlaufe; ob die Aussicht „daß in Folge dessen die guten Sitten gebildet und die Laster unterdrückt werden"; ob die Drohung, „daß den Widerstrebenden jedweder Art ein gutes Bürgerzeugniß" versagt bleibe, der Dekadenfeier im Bereich des Harskircher Kantons und darüber hinaus aufgeholfen haben, darf man billig bezweifeln; denn der christliche Sonntag behielt am Ende sein altes Recht, indem die Regierung am 26. Juli 1800 erklärte, „daß die Feier des Dekadi nur für die öffentlichen Beamten verbindlich sei".

Abermals befaßte sich die Revolution mit den Gütern der Protestanten. Am 21. Frimaire VII nämlich (11. November 1798) brachte Couturier, wie einst beim Nationalkonvent, so jetzt beim Rath der Fünfhundert den Antrag ein, die Güter der Protestanten wie die Nationalgüter zu behandeln und zu verkaufen. Zwei Abgeordnete des Niederrheins, André und Laurent, unterstützten den Antrag, während ein anderer Abgeordneter des Departements, Hermann, denselben bekämpfte. Er verlangte die Vertagung des Vorschlags; allein in seiner Sitzung vom 11. Ventose VII (1. März 1799) erließ der Rath der Fünfhundert ein förmliches Dekret, in welchem es hieß: „die Güter, Renten und Einkünfte, welche von Donationen, Stiftungen und dergleichen der Protestanten herrühren, als Nationalgüter anzusehen und als solche zu verkaufen". Jetzt schien das Schicksal der vielumworbenen Güter besiegelt zu sein. Doch das Recht triumphirte auch da wieder. Professor Gottfried Schweighäuser, Sohn, der als junger Gelehrter sich damals in Paris aufhielt, setzte in einer gedruckten Flugschrift, welche er an die Mitglieder des Rathes der Alten vertheilen ließ, die Unrechtmäßigkeit des obigen Beschlusses auseinander, und der Rath der Alten verweigerte auf Grund derselben dem kirchenräuberischen Dekrete die zur Gesetzeskraft nothwendige Sanktion. Unstreitig haben dieser Schrift und dem hochherzigen Auftreten von Professor Schweighäuser die Protestanten die Erhaltung der nach der Revolution ihnen übrig gebliebenen Güter zu verdanken.[1]

---

[1] Recueil sur les protestants, Archiv des Direktoriums zu Straßburg.

Daß auch die Geistlichen in diesen Zeitläuften neuen Plackereien ausgesetzt waren, liegt auf der Hand. Immer wieder mußten sie, auf Befehl der Regierung, vor der Munizipalität ihrer Gemeinde öffentliche Erklärungen abgeben, „daß die Religion, zu welcher sie sich bekennen und lehren, sich ganz mit einer republikanischen Regierungsform vertrage, und daß sie sich den Gesetzen der Republik unterwerfen", oder folgenden Bürgereid leisten: „Haß dem Königthum und der Anarchie; Treue und Ergebenheit der Republik und der Konstitution vom Jahr III." Die Anbequemung an diese Vorschriften galt als eine unerläßliche Bedingung für die Ausübung ihres Berufes, und man hielt sehr strenge darauf, daß solches geschehe. Doch was die Lage der Pfarrer noch mehr erschwerte, das war der Umstand, daß sie endlich so ganz und gar dem guten, und noch mehr dem bösen Willen der Gemeinden Preis gegeben waren. Hatte sich doch nach und nach eine wahre kirchliche Anarchie eingeschlichen. Eine obere Kirchenbehörde gab's nicht mehr; jede Pfarrgemeinde erkannte nur ihre eigenen erwählten Aeltesten als Autorität an. Die Pfarrer wurden von den Gemeinden aufsichtslos gewählt; manchmal auch gedingt, wie man einen Knecht dingt. Wir sind in der Lage nachstehende Urkunde über die Pfarrwahl zu Enzheim mitzutheilen; im Grund gereicht dieselbe beiden, den Wählern und dem Gewählten, zur Ehre.

„Heute den 12. Prairial, dieses dritten Jahres der Fränkischen Republique, haben sich die Protestandischen Bürger unserer Gemeinde Entzheim, mit Genehmigung und in Beysehn der Municipalität versammelt, um einen Lehrer zu wählen. Als sie durch die Nationalagenten aufgeruffen worden, einen Präsidenten und Secretaire zu wählen, so haben sie einstimmig zum Präsident erwählt den Bürger Johann Adam Freyß jetzigen Maire und zu einem Secretaire den Bürger Johann Jacob Meyer.

Hierauff haben unter 48 anwesenden Stimmen gedenben fünff und viertzig den Bürger Joh. Jakob Kuß zu einem Lehrer gestimmt, mit Beding Jhme nebst der gewöhnlichen Gülth von dem Kirchenguth, welche bestehet in 36 fierbl früchten, als Weitzen 7 fierbl; Korn, 11 frbl; und Gerst 18 fierdel, annoch ane Geld beyzutragen 278 Gulden in guten klingenden Geldsorten, jährlich zwischen Martini und Weynachten einzuhändigen und zu geben. Alle übrige Puncte aber, sowohl in Ansehung dessen was er zu thun und zu leisten hat, als auch in Ansehung dessen was ihme zu leisten ist (die fixe Besoldung ausgenommen), auf dem Fuß zu lassen wie sie Anno 1790 war und vorhin.

Und ist hierauf gedachter Bürger Küß berufen worden und hat erklärt, daß er auf gemelten fuß wie oben, das Amt eines protestandischen Lehrers bey der Gemein Entzheim annehme, mit Bedingung, daß die Gemeine nicht das Recht haben solle ihn zu verwerfen oder fortzuschicken, es seye dann wegen unbürgerlicher Gesinnungen, Laster, oder schlechter Amtsverrichtung alles gehörig erwiesen. Ferner daß die Gemeine einen Kirchenvorstand von Mitgliedern ernenne, welche Zucht und Ordnung in dem Kirchenwesen handhaben, so wohl seine, als auch jedes einzeln Mitgliedes Sitten Richter seyen, mit Ihm gemeinschaftlich alles was Zucht und Ordnung in dem Kirchenwesen betrifft abreden, und jeden der ein unchristliches Leben führt erst ermahnen, im Wiederholungsfall aber von der Kirchengemeinschaft ausschließen, endlich mit ihm gemeinschaftlich über Gebete, Zeremonien und Alles äußerliche des Gottesdienstes berathschlagen.

Nachdem nun Alles obige der Gemeinde vorgetragen worden so hat die sämtliche Gemein beyderseitige Bedingung gut geheißen und zu dessen Urkund einen doppelten Verbalprozeß aufgesetzt welchen alle glieder der Gemeine auf einer und Bürger Küß auf der andern Seite eigenhändig unterschrieben."[1]

Zuweilen blieb eine Pfarrstelle zwei, drei Jahre lang unbesetzt, entweder weil sich kein Kandidat einstellte, oder aber auch weil man von vornherein keines Geistlichen zu bedürfen glaubte. Das öffnete der Verwilderung, aber auch den heillosesten Intriguen Thüre und Thor, und mancher Pfarrer wurde von seiner Gemeinde „beurlaubt", um irgend einer Persönlichkeit von zweifelhafter Herkunft und noch zweifelhafterer Bildung den Platz zu räumen. Allenthalben drängten sich Leute ins Pfarramt, denen jedwede Befähigung dazu abging, und welche die Gemeinden nach Jahr und Tag wieder entlassen mußten. Unter diesen

---

[1] Mittheilung von Pfarrer Helmstetter in Enzheim.

Persönlichkeiten heben wir eine hervor, die, als Genosse der Frau von Krüdener, zu einer Berühmtheit eigener Art gelangt ist. Wir meinen den nachmaligen Pfarrer von Oberseebach und Markirch, der unter dem Namen Karl Fontaine seine Herkunft und seine während der Schreckenszeit verübten blutigen Tollheiten zu verbergen suchte.[1]

Dabei wurden die Pfarrbesoldungen kärglich zugemessen und gewöhnlich noch theilweise zurückgehalten und verkümmert. So entstanden unerquickliche Prozesse, bei welchen Gemeinden und Pfarrer Noth litten und letztere um ihr armseliges Brot brachten. Anderseits verwalteten die Geistlichen ihr Amt ganz eigenmächtig, nach ihrer Art und Weise, und Niemand staunte mehr über kirchliche Vorfälle, die früher unerhört gewesen wären, jetzt aber sich des öftern zutrugen. Es ist nur zum Verwundern, daß solcher Wirrwarr nicht noch schlimmere Verhältnisse erzeugte.

Nicht hoch genug kann man deshalb die Verdienste solcher Männer anschlagen, die, wie Blessig, Haffner, Koch u. A., die Geschicke der elsässischen evangelischen Kirche auf betendem Herzen trugen und, für sich selbst kaum der höchsten Noth entronnen, schon wieder die Hand an den Pflug legten, um in Gottes Namen zu stärken, aufzurichten, zu verbinden, zu heilen und zu beleben das was sterben wollte. Wir theilen hier den kurzen, aber inhaltreichen Bericht mit, welchen Blessig nach seiner Befreiung im Protokoll der theologischen Fakultät niederschrieb, der erste nach längerer Unterbrechung. Am Rande steht das Wort Terror! Dann heißt es: „Nun folgt die lange düstere Schreckensperiode; die Bluttrauer der Vernunft, der Sitten, der Religion und der Wissenschaften. Noch ehe alle übrigen Geistlichen eingekerkert wurden, waren es schon die drei Professoren der Theologie: Weber, Blessig und Haffner. Diese beiden letzteren hatten doch wenigstens den Trost, dasselbe Gefängniß zu theilen; D. Müller starb in diesem Zeitraum. Die Studiosi und jungen Prediger wurden zur Armee abgeführt; die Kirchen geschlossen; alle gottesdienstlichen Handlungen und Gesinnungen verhöhnt und nieder-

---

[1] Man siehe das interessante Buch von E. Mühlenbeck, Les origines de la Sainte-Alliance. Strasbourg 1887, in welchem des Mannes Schicksale allseitig beleuchtet sind.

gedrückt. Kenntnisse machten suspekt, und Religiosität wurde als staatsgefährlicher Fanatismus erklärt in den Clubben, den Vernunfttempeln und den Versammlungen der Gesetzgeber. Verschiedene Prediger betrugen sich niederträchtig, manche schwach. Der Schrecken lähmte, blendete Alles. Allmählich kehrte man zur Besonnenheit wieder zurück, und, Dank sei es der göttlichen Vorsehung! die zerstörenden Kräfte wichen den erhaltenden. Es sammelten sich wieder die Christen in Tempeln, und hie und da einige Studiosi in unsern Wohnzimmern." [1]

So richtete denn Blessig mit seinen Kollegen von der theologischen Fakultät bereits unmittelbar nach Schluß der Schreckenszeit sein Augenmerk auf die Heranbildung des theologischen Nachwuchses, zu Nutz und Frommen der ihnen theuren evangelischen Kirche. Dies aber war nichts weniger als eine leichte Sache. Das Collegium Wilhelmitanum, die alte Pflanzschule der elsässischen evangelischen Geistlichkeit, hatte der schreckliche Sturm vernichtet, insofern die alten frommen Stiftungen zu Gunsten armer Theologiestudirender, im Werth von 70,000 Franken, verloren gingen und nie wieder ersetzt wurden. Es fehlte deshalb an den nöthigen Mitteln, um die zerfallene Anstalt aus ihren Trümmern aufzurichten. Die Jünglinge dagegen, welche nach der Schreckenszeit sich dem theologischen Studium widmeten, waren meist Söhne von in Folge der Zeitläufte in beschränkten Verhältnissen lebenden Landgeistlichen, oder andere Söhne armer Eltern. Da that Hilfe bringend Noth. Blessig, und ganz besonders sein Kollege, Professor Herrenschneider, ruhten nicht, bis es ihnen gelang, schon unter dem Direktorium, jungen Männern ein Obdach mit Verpflegung zu bieten. Sie wurden die neuen Schöpfer des Wilhelmitanums.

Von Seite der bereits erwähnten Männer gingen auch die Bestrebungen aus, welche die Herstellung geordneter kirchlicher Zustände und eine engere Verbindung der evangelischen Gemeinden in Stadt und Land bezweckten. So bildete sich zu Straßburg eine „monatlich einmal zusammentretende und aus Abgeordneten aller einzelnen Kirchen der Stadt bestehende Konferenz", um die kirchlichen Angelegenheiten zweckmäßig und gemeinschaftlich zu besprechen und zu betreiben; doch verging eine geraume Zeit,

---

[1] Mittheilung von Direktor Erichson aus dem St. Thomasarchiv.

bis hierorts die damalige, unbestimmte und willkürliche kirchliche Lage nur einigermaßen sich festigte und ordnete. Deshalb scheiterten auch die ersten Versuche der Konferenz, als sie sich daran machte, die Landgemeinden in den Bereich ihrer Thätigkeit zu ziehen: die Gemeinden und ihre Aeltesten wollten ihre Gewalt nicht beschränkt, und mancher Pfarrer sich einer höhern Behörde und sachkundigen Aufsicht nicht unterstellt wissen; man verwechselte eben die Freiheit mit der Ungebundenheit.

Um wenigstens die Letzteren einigermaßen in die Hand zu bekommen, führte man die sogenannten, bis zum Ausbruch der Schreckenszeit üblich gewesenen „Cirkularpredigten" wieder ein. Es waren nämlich bis dahin alle von Straßburg gebürtigen Landpfarrer, die sich den Zutritt zu einer Anstellung in ihrer Vaterstadt offen behalten wollten, verpflichtet, jedes Jahr einmal daselbst zu predigen. Der Versuch hatte einigen Erfolg: die Lage der einzelnen Pfarrer und Pfarreien wurde dadurch bekannter und manchem braven Mann konnte ein guter Rath ertheilt werden.

Unter der Konsularregierung ließ sich die Angelegenheit zielbewußter und energischer betreiben. Als Napoleon Bonaparte nämlich sich anschickte, die Lage der katholischen Kirche neu zu regeln und zu diesem Zweck Unterhandlungen mit dem Papst anknüpfte, achtete man die Zeit für gekommen, auch die Angelegenheiten der evangelischen Kirche Frankreichs zu ordnen. Demgemäß entwarfen die Straßburger Kirchen einen „Organisationsplan für die protestantischen Kirchen Augsburger Konfession des Elsaß". Bei Aufstellung desselben platzten die Geister gewaltig aufeinander und es zeigte sich, wie sehr die Revolutions=Ideen in Rücksicht auf Kirche und Pfarrer festsaßen. Man vergaß den Unterschied zwischen römischem und protestantischem Kirchenrecht; man eiferte gegen „Priesterstolz" und „Priesterherrschsucht" und wollte den Geistlichen den wenigstmöglichen Einfluß gestatten. Endlich gab man auf beiden Seiten soviel nach, als man mußte, und es kam ein Entwurf zu Stande, der, wenn auch republikanischen Einrichtungen nachgebildet, doch immerhin, falls er Gesetzeskraft erhalten hätte, von besserer Wirkung gewesen wäre, als die bis dahin übliche Gesetzlosigkeit. Ehe man den Entwurf an die Regierung abgehn ließ, theilte man ihn abschriftlich den bedeutendsten Gemeinden des Unter= und Ober=Elsaß zur Kenntnißnahme und

Berathschlagung mit, und forderte die Interessenten auf, demselben beizupflichten, oder eigene Pläne und Adressen an die Regierung gelangen zu lassen. Viele Gemeinden erklärten ihre Zustimmung, und jetzt trat der Organisationsplan seine Reise nach Paris an. Professor Koch gab ihm ein Begleitschreiben mit auf den Weg, in welchem derselbe sich über die protestantischen Grundsätze ausließ und Erklärungen folgenden Inhaltes u. a. abgab:

Art. 1. Die Kirche ist eine freie Gesellschaft, deren Zweck moralisch und religiös ist.

Art. 5. Die Freiheit der religiösen Ueberzeugung kann an Niemand übertragen werden, sie ist ein so unveräußerliches, so unverlierbares Recht, daß sie nie der Gegenstand der Uebertragung sein kann. Jedes Glied der Kirche ist vollkommen Herr seiner Meinung.

Art. 6. Wir erkennen kein sichtbares Oberhaupt der Kirche an, keine andere Autorität, die über Lehrsätze entscheidet, als die heilige Schrift, keinen andern Mittelpunkt der Einheit, als denselben Glauben, dieselbe Liebe, und die nämliche Theilnahme an der ewigen Glückseligkeit.[1]

Napoleons Minister, Portalis, versprach bei der Organisation des protestantischen Kirchenwesens Gebrauch davon zu machen. Doch das Versprechen blieb ziemlich unerfüllt, denn die neuen organischen Gesetze des Ministers näherten sich mehr dem Entwurf von 1791 als dem Letztern, und so entstanden die für die lutherische und die reformirte Kirche nicht nur des Elsaß, sondern auch Frankreichs noch zu Recht bestehenden „organischen Artikel". Am 18. Germinal X (8. April 1802) erhielten dieselben die Unterschrift des ersten Konsuls und mithin Gesetzeskraft.

Die Geschichte der „organischen Artikel" liegt außerhalb des Rahmens dieser Arbeit, an deren Schluß wir nun stehen.

Der religiöse Ausgang der französischen Revolution ist ungemein lehrreich. Man erlebte wieder die alte Thatsache, daß das Christenthum in jeder kirchlichen Gestalt seine Macht am stärksten bewährt, wenn es verfolgt wird und zertreten werden soll; denn noch bevor Napoleon die katholische Kirche aufzurichten beschloß, organisirte sich dieselbe in allen Gemeinden des Landes, und der

---

[1] Fritz, Leben Blessigs. Straßburg 1818, II. Theil, S. 135.

Ruhm, den französischen Katholizismus gerettet zu haben, gebührt ihm nicht. Thatsache ist, daß der erste Konsul, weil er unter die legitimen Fürsten einzutreten gedachte, und des Papstes dazu bedurfte, die Kirche zu einer dienenden Magd erniedrigt hat. Für seine Bischöfe brauchte er einen Papst, der ihm zu Willen sei, und als er seinen Unterhändler Cacault nach Rom sandte, und dieser frug, wie er den Papst behandeln soll, ward ihm die Weisung: „Behandeln Sie ihn, als wenn er 200,000 Mann unter seinem Befehl hätte". So taxirte er in seiner Münze die moralische Macht des Oberhauptes seiner Kirche. Mit grausamer Härte zwang er dem gefangenen und gedemüthigten Papste die erwünschten Zugeständnisse ab, und erlangte weit mehr als einst der bittende, fromme Ludwig XVI. Der Staatsrath ernannte die Bischöfe, die Priester und die Professoren der Theologie, und verbot oder gestattete die Bekanntmachung der päpstlichen Dekrete. Unter großartigem Gepränge feierte Napoleon zu Paris am Osterfest 1802, in der Kathedralkirche Notre-Dame, das Zustandekommen seines Vertrages mit dem Papste — das Konkordat. Als er nach beendigter Feierlichkeit einen seiner Generäle frug, wie die Feier ihm gefallen habe? hat der geantwortet: „Das war eine hübsche Kapuzinade! Es fehlte nichts dabei als die Million Menschen, welche getödtet worden ist, um das zu zertrümmern, was Sie wieder aufgerichtet haben".

Glimpflicher verfuhr der siegsgekrönte Feldherr, der dem französischen Volke für die Freiheit den Ruhm bot, mit der evangelischen Kirche. Spielte er doch dieselbe in seinen Unterhandlungen mit der römischen Kurie zuweilen, und zwar erfolgreich, dem Papste gegenüber aus, ihm das Schreckbild eines protestantischen Frankreich vor die Augen malend. Andererseits ist es Napoleons Verdienst, wenn bei der Wiederherstellung der katholischen Kirche dieselbe nicht mehr zur Staatsreligion erhoben ward; und das haben ihm die Protestanten nie vergessen. Mochte auch im spätern Verlauf seiner Regierung des Selbstherrschers eiserner Wille noch so unliebsam zur Geltung kommen, der Vortheil, auf dem Boden eines heißgeliebten Vaterlandes ihres Glaubens an des Tages hellem Licht frei und ungestört leben zu dürfen, wog in ihren Augen jeden andern Nachtheil voll auf.[1]

[1] Laut Mittheilung von Direktor Erichson aus dem St. Thomasarchiv war in der Sitzung des Kirchenkonvents vom 19. Mai 1791 ein Brief

Vor allen Dingen aber erwies der religiöse Ausgang der Revolution die Nothwendigkeit der Religion und die Unentbehrlichkeit des Christenthums für ein zivilisirtes Volk. Es bewährte sich das Wort eines der Führer jener Zeit, daß Gott und Religion einem Volke ebenso unentbehrlich sind, als die Freiheit. Auf eine Weile mögen die Gottesleugnung und der Materialismus eine Gesellschaft wohl verwirren, aber schließlich wendet sich dieselbe von diesem Treiben wieder ab. Denn nach dem Zeugniß der Geschichte hat niemals eine Gesellschaft ohne Religion existirt; und wie die Vernunft des Menschen, so bäumt sich auch seine Natur auf gegen die Ungeheuerlichkeit der Religionslosigkeit, das Erzeugniß der Verblendung, des Uebermuthes und der Tyrannisirungssucht. Eine Nation, die sich den Einflüsterungen des Atheismus überläßt, ist unrettbar verloren.

Auch die Kirche vermochte der ungeheure Freiheitstaumel nicht auszulöschen. Auch sie ist ein nothwendiger, ja unentbehrlicher Faktor im modernen Staats- und Völkerleben. Nur dann freilich, wenn sie sich nicht abseits der Kulturwege der Gegenwart stellt, sondern als ein dienendes Glied sich in den Chor der Geistesmächte einreiht und mit diesen Mächten im Bunde fortschreitet; wenn sie, eines Wortes ihres göttlichen Stifters eingedenk, es nicht vergißt, daß sie die Aufgabe hat das Salz und das Licht zu sein, und daß sie deshalb ihre Macht nur da suchen und gründen darf, wo sie wirklich liegt, in den Herzen!

der Nationalversammlung an die Straßburger Munizipalität zur Verlesung gekommen in dem es hieß: «L'assemblée nationale a manifesté une égale satisfaction en apprenant que tous les ministres protestans s'étoient empressés de prêter le serment civique. Au moment où elle vient de reconnoître d'une manière formelle la liberté absolue des cultes religieux, pour ne plus considérer les enfans d'une même patrie que sous le titre de Citoyens, il ne manqueroit rien à son triomphe si elle trouvoit dans tous les François un civisme aussi pur et aussi éclairé.» So blieben sich die Protestanten in ihrer Vaterlandsliebe gleich.